ro
ro
ro

Über den Verfasser

Rolf Zimmermann, geboren 1944 in Stuttgart, Studium der Philosophie, Soziologie und Politik in Heidelberg. Promotion 1972 bei Ernst Tugendhat in Heidelberg, Habilitation 1983 in Konstanz. Seit 1983 Professor für Philosophie in Konstanz. Von 1988 bis 2004 Management-Tätigkeit in einem bundesweiten Bildungsunternehmen.

Buchveröffentlichungen: Der «Skandal der Philosophie» und die Semantik. Kritische und systematische Untersuchungen zur analytischen Ontologie und Erfahrungstheorie, Freiburg/München 1981. Utopie – Rationalität – Politik. Zu Kritik, Rekonstruktion und Systematik einer emanzipatorischen Gesellschaftstheorie bei Marx und Habermas, Freiburg/München 1985. – Aufsätze zur analytischen Philosophie, praktischen Philosophie und Philosophie der Sozialwissenschaften.

Rolf Zimmermann

PHILOSOPHIE NACH AUSCHWITZ

Eine Neubestimmung von Moral in Politik und Gesellschaft

rowohlts enzyklopädie
im Rowohlt Taschenbuch Verlag

rowohlts enzyklopädie
Herausgegeben von Burghard König

Für Heidi

Originalausgabe
Veröffentlicht im Rowohlt Taschenbuch Verlag,
Reinbek bei Hamburg, März 2005

Umschlaggestaltung any.way, Walter Hellmann
Satz Minion PostScript InDesign
bei Pinkuin Satz und Datentechnik, Berlin
Gesamtherstellung Clausen & Bosse, Leck
Printed in Germany
ISBN 3 499 55669 3

INHALT

EINLEITUNG

Auschwitz als Problem der Philosophie und die Neubestimmung von Moral in Politik und Gesellschaft

«In weniger als sechs Jahren zerstörte Deutschland das moralische Gefüge der westlichen Welt, und zwar durch Verbrechen, die niemand für möglich gehalten hätte ...»[1] Für das Verbrechen, das Hannah Arendt mit diesem Satz anspricht, steht Auschwitz sowohl als historisch konkreter Ort wie als Inbegriff eines Geschehens, das mit ‹Holocaust› oder ‹Shoah› bezeichnet wird.[2]

Das nazistische Vernichtungsprogramm gegen das jüdische Volk und seine Realisierung an Stätten wie Auschwitz bringt immer wieder die Frage hervor, wie dieses Ereignis von Weltbedeutung zu interpretieren sei. Der moralischen Ablehnung scheinen die Worte auszugehen, wenn es darum geht, der sie bestimmenden Empörung und dem mit ihr einhergehenden Erschrecken Ausdruck zu verleihen. Insofern ist es nachvollziehbar, wenn Jean-François Lyotard die Spannung zwischen dem durch Auschwitz hervorgerufenen betroffenen Schweigen und dem Drang nach «unbekannten Sätzen» reflektiert, in denen angesichts des den Opfern zugefügten Unrechts bislang Ungeäußertes zu artikulieren sein soll, «um den Namen von Auschwitz weiter zu verketten». Die Frage ist nur, ob man die ausstehenden Sätze zu Auschwitz in einer philosophischen Sprache zu formulieren versucht, die eher spekulativ an der Gedankenfigur orientiert bleibt, wie von einem Undarstellbaren Zeugnis abgelegt werden kann, oder ob man der Vermutung folgt, dass das geschichtlich Neue von Auschwitz viel eher über eine Kooperation von Philosophie und historischer Forschung zu erfassen sein dürfte.

Für Lyotard markiert Auschwitz eine «äußerste Grenze, an der sich die Kompetenz der Geschichtswissenschaft zurückgewiesen sieht».[3] Im Gegensatz dazu halte ich eine wechselseitige Ergänzung von Philosophie und historischer Forschung für unverzichtbar, um das, was Auschwitz bedeutet, philosophisch zu erschließen.[4] Meine moralphilosophische These besteht darin, dass mit Auschwitz eine Grenzüberschreitung eingetreten ist, die ich einerseits als Gattungsbruch, andererseits als Gattungsversagen fasse. Mit dieser These glaube ich einzuholen, was Hannah Arendt mit der «Zerstörung des moralischen Gefüges der westlichen Welt» vorgeschwebt haben mag, was sie jedoch in ihrer an Kant angelehnten Rede vom «radikal Bösen» nicht fassen konnte und was sich ihr in der späteren Rede von der «Banalität des Bösen» wieder entzog. Diese These gilt es, an der historischen Forschung zu kontrollieren, so wie umgekehrt die historische Forschung im «context of discovery» dieser These situiert ist.

Den vom Nazismus ins Werk gesetzten Gattungsbruch kann man zunächst so charakterisieren, dass sich im 20. Jahrhundert Menschen daranmachten, eine Welt zu schaffen, die moralisch gesehen einem anderen Planetensystem zuzurechnen ist als dem, das bis dahin nach menschlichen Maßstäben vorstellbar schien. Durch den Ausschluss des jüdischen Volkes aus der menschlichen Gattung betreibt der Nazismus zugleich die Selbstinterpretation eines moralischen Andersseins, das auf das Problem führt, wie dieses moralische Anderssein begrifflich zu bestimmen ist. Einerseits muss man seine Unmoral charakterisieren, andererseits den Tatbestand berücksichtigen, dass die wertsetzende Kraft des Nazismus stark genug war, um das Selbstverständnis vieler Menschen so zu prägen, dass die Transformierbarkeit des Menschen in eine andere moralische Welt real möglich erschien. Der Nazismus enthüllte ein Potenzial der moralischen Transformation des Menschen, sodass es angemessen ist, von einer nazistischen Transformationsmoral zu sprechen, durch die herkömmliche moralische Grenzen verlassen werden sollten, um in einem groß angelegten Transformationsprojekt ein neues «Menschentum» zu schaffen. Nur zu viele, nicht nur die Nazi-Elite, ließen sich auf eine moralische Selbstveränderung ein, deren Konsequenz am extremsten gegenüber den Juden, jedoch auch gegenüber anderen Völkern deutlich wurde.

Was ergibt sich daraus für die ethische Begriffsbildung?[5] Zunächst einmal die Abkehr von dem, was man das Paradigma des kantischen Gattungstraditionalismus nennen kann, das bis in die Gegenwart reicht. Kant verbindet eine inhaltliche Vorstellung von universalistischer Moral, die Achtung eines jeden Menschen als Menschen, mit der Vorstellung von der Gattungsallgemeinheit dieser Moral. Diese Verbindung löst sich auf, da es offenbar keinen begrifflichen Zusammenhang zwischen dem Inhalt des moralischen Universalismus und der Idee von Gattungsallgemeinheit gibt, die noch für Kant selbstverständlich war. Der Riss im moralischen Bild des Menschen lässt keine Hoffnung auf apriorische Gattungsgewissheiten mehr zu.

Wie soll man mit dieser Konstellation umgehen? Gewiss nicht so, dass doch noch der verzweifelte Versuch gemacht wird, strukturelle oder «transzendentale» Argumente für die universalistische Moral zu finden, sondern so, dass sich die Einsicht ergibt, dass die universalistische Moral eine geschichtliche Möglichkeit unter anderen darstellt. Es gibt keine Vernunftgarantie für die universalistische Moral. Vielmehr gilt es, den Tatbestand ernst zu nehmen, dass rational nicht überbrückbare Entwürfe von moralischen Selbstverständnissen festzustellen sind, aus denen sich die offene Frage ergibt, ob und wie es jemals gelingen kann, den Inhalt der universalistischen Moral seinerseits universell akzeptabel zu machen. Natürlich ist die Identifikation mit der universalistischen Moral *für uns* ein Akt geschichtlich-existenzieller Selbstdefinition, doch dieser Akt ist aus historischen Vermittlungen aufzuklären, in denen er sich bewegt.

Die erste Vermittlung ist unsere moralische Ablehnung von Auschwitz, in der wir die Werte-Welt des Nazismus durch die universalistische Anti-These verwerfen und jedem Menschen denselben moralischen Status, denselben Anspruch auf Achtung oder dieselben moralischen Rechte zuschreiben. Die zweite Vermittlung besteht in der epochalen Entfaltung des Universalismus selbst, der seinerseits seine Wirkungsmacht erst seit der Zeitenwende zur Geltung bringt, die durch die amerikanische und Französische Revolution bezeichnet wird. Seit dieser Zeitenwende ist eine Universalisierungsdynamik in Gang, die in tief reichender Weise die moralische Selbstinterpretation von Menschen leitet und noch nicht zum Abschluss gekommen ist (z. B. Antirassismus, Frauenemanzipation). Ich schlage vor, diese Universalisierungsdynamik aus der Realgeschichte des Universalismus selbst zu verstehen und nicht aus apriorischen Vorbegriffen. Daher mein Begriff des historischen Universalismus.

Der Nazismus kann in seiner Werte-Welt als der Versuch verstanden werden, einer sich sukzessiv entfaltenden Universalisierungsdynamik das Ende zu bereiten. Im Nazismus wird die aus der Zeitenwende der amerikanischen und Französischen Revolution entstandene Tradition negiert, und wir identifizieren uns mit den Selbstverständnissen dieser Tradition, indem wir den Nazismus negieren. In dieser Perspektive öffnet sich die Einsicht in einen Wechselzusammenhang von Moral und Geschichte, bei dem die Dimension der Politik eine konstitutive Bedeutung gewinnt. Diese scheint den Schauplatz von epochalen moralischen Selbstdefinitionen im Guten wie im Schlechten abzugeben.

Trotz der damit benannten epochalen Perspektive verzichte ich darauf, philosophische oder soziologische Globaldiagnosen heranzuziehen, die den Nationalsozialismus und Auschwitz aus einer «Dialektik der Aufklärung» oder Theorien «instrumenteller Rationalität» zu erklären suchen. Solche Zugangsweisen leiden sowohl an begrifflichen Mängeln als auch an dem Verzicht auf historische Detailforschung.[6] Ähnliches gilt für die von Giorgio Agamben vorgelegte biopolitische Deutung der Moderne, in deren Rahmen das Konzentrationslager zum «nomos» der Moderne wird. Doch wenn es um Auschwitz geht, beschränkt sich dieser Deutungsansatz auf die Anknüpfung an Hannah Arendts «Banalität des Bösen» und beschreitet den Weg eines Kommentars zu Primo Levi, wobei ethische Begriffsbildungen weitgehend zurücktreten.[7]

Wie ich näher am Beispiel Adornos aufzeige, können gesellschaftstheoretische Globaldiagnosen außerdem dazu verleiten, den kategorischen Imperativ, «daß Auschwitz nicht sich wiederhole», ohne ausgearbeitete Konsequenzen für die Politik stehen zu lassen. Dies ist ein systematisches Defizit, das aufgrund meiner Interpretation des nazistischen Gattungsbruchs und seiner moralischen Epochenbedeutung der Korrektur bedarf.

Denn die oben herausgestellte doppelte geschichtliche Vermittlung aus moralischer Negation des Nazismus und moralischer Identifikation mit dem inhaltlichen Universalismus erzwingt geradezu die moralische Vorgabe, die Verhinderung von Barbarei an politische Institutionen zu binden, die einerseits wiederum aus der Negation des nazistischen Unrechtsstaats zu interpretieren sind, andererseits an Traditionen des demokratischen Verfassungsstaats angeknüpft werden müssen, die den moralischen Universalismus institutionalisieren.

Die hier relevante doppelte geschichtliche Vermittlung verfolge ich anhand der «Grundrechtsdemokratie», die mit dem deutschen Grundgesetz einhergeht. Diese verbinde ich mit dem Vergleich zu der Verfassungstradition der amerikanischen Demokratie, die als «dualistische Demokratie» (Ackerman) zu verstehen ist. Dieser Vergleich ermöglicht nicht nur, verblüffende Unterschiede auf dem Weg zu einer grundrechtsbasierten Verfassung wahrzunehmen, sondern zugleich den Stand und die Entwicklung des moralischen Selbstverständnisses der dominanten Gruppen eines Volks zu erschließen. Aus deutscher Erfahrung lässt sich so der lange Schatten von Auschwitz daran aufzeigen, dass – im Unterschied zu Amerika – die Grundrechte dem deutschen Volk in absoluter Setzung vorgegeben werden, nicht jedoch das Volk zu ihrer Quelle haben.

Da Grundrechte das wesentliche Strukturmerkmal des demokratischen Rechtsstaats darstellen, ist es von besonderem Interesse, sich mit Theoretikern auseinander zu setzen, die vor dem Hintergrund des aufgezeigten geschichtlichen Zusammenhangs Beiträge zum tieferen Verständnis von Grundrechten, zum Verhältnis von Grundrechten und Demokratie, zur Optimierung der demokratischen Ordnung oder zur utopischen Fortschreibung der liberalen Demokratie geliefert haben. Es liegt im Interesse der Vorgabe zur Verhinderung von Barbarei, die humanen Potenziale aufzuzeigen, die liberale Theoretiker der Gegenwart darzulegen in der Lage sind. Zu diesem Zweck greife ich auf Beiträge von Dworkin, Habermas, Rawls und Rorty zurück, die ich hierfür für besonders geeignet halte.

Doch in diesem Kontext muss auch den harten Herausforderungen von Politik zumindest im Grundsätzlichen Rechnung getragen werden. Wie lässt sich Humanität in politischen Institutionen und Formen bewahren, wenn es um die Dimension von Macht und Gewalt geht? Diese Frage versuche ich dadurch zu klären, dass ich die bei Richard Rorty konstruierte Idealfigur der «liberalen Ironikerin» in moralisch-politische Zeitgenossenschaft zu Max Webers «Verantwortungspolitiker» setze, um zu umreißen, wie im demokratischen Rechtsstaat moralische Maßstäbe von Politik zu diskutieren sind und angesichts moralischer Dilemmata der Politik gehandhabt werden können.

Damit spanne ich in den ersten beiden Hauptkapiteln dieser Untersuchung einen Bogen zwischen Moral und Politik, der den mehrschichtigen Begriff von moralischer Zeitgenossenschaft, den ich entwickle, in zwei entscheidenden Dimensionen ausführt.

Hinzu kommt eine dritte Dimension, die mit den ersten beiden zu integrieren ist. Moralische und politische Selbstverständnisse bilden sich sowohl an konkreten Erfahrungen als auch über Weltdeutungen aus, die den Spielraum des moralisch und politisch Möglichen stark prägen können. Ob es sich bei solchen Weltinterpretationen um die «jüdische Weltverschwörung», «Geschichtsgesetze» des Lebenskampfs der Völker oder Klassen, Sozialdarwinismus, «wissenschaftliche» Euthanasie oder Ähnliches handeln mag – solche pseudo-rationalen Weltdeutungen sind im Interesse der universalistischen Moral durch den Einsatz von theoretischer Vernunft kritisierbar. Man kann das rationale Potenzial von Sozial- und anderen Wissenschaften einsetzen, um gesellschaftlichen Irrsinn auszuschließen.

Dies natürlich nicht, um der Illusion zu verfallen, über wissenschaftliche Rationalität auf direktem Weg moralische Resultate zu erreichen. Doch immerhin besteht die Chance, so etwas wie Schneisen in die Weltdeutung der Gegenseite zu schlagen, die es allererst ermöglichen, sich der Eigendimension von Moral auch durch Kontroversen zwischen unterschiedlichen Moralauffassungen zu vergewissern. Moralische Zeitgenossenschaft drückt sich daher sowohl in der Ich-Perspektive als auch in der Wir-Perspektive durch Dispositionen zu rationaler Weltinterpretation in Gesellschaft und Politik aus, die methodisch auf einschlägige Wissenschaften zurückverweisen.

Noch systematischer tritt dieser Zusammenhang hervor, wenn man sich auf die methodologische Ebene der Sozialwissenschaft begibt und zu der Einsicht gelangt, dass der moralische Sinn der Sozialwissenschaft gerade darin besteht, für autonome Individuen, die sich universalistisch verstehen, empirische oder analytische Resultate zu erarbeiten, die der moralischen und politischen Urteils- und Motivationsbildung dienen und damit eine Kultivierung dieser Urteilsbildung ermöglichen. Diese These entwickle ich teils mit, teils gegen Max Weber, sodass sich ein Wechselbezug von Webers Postulat der Wertfreiheit und der universalistischen Moral nachvollziehen lässt, der gleichermaßen theoretisch-methodisch wie moralisch-praktisch begründet wird.

Die Fruchtbarkeit dieser Einsicht kann sich unter Einbeziehung der Diagnose der epochalen Bedeutung des nazistischen Gattungsbruchs daran bewähren, wie sich sozialwissenschaftliche Untersuchungen ihrerseits aufnehmen lassen, die der moralischen Relevanz von Auschwitz unter Gesichtspunkten der Globalisierung, des «Zivilisationsbruchs» (Diner), der «Historisierung» oder dem Thema «deutsche Identität» gewidmet sind. Last, but not least gilt es, zu einer integrierten Sicht von Empirie und Moral in den Fragen der «Einzigartigkeit» und Wiederholbarkeit von Auschwitz zu kommen. Es besteht kein moralischer Zwang, die Einzigartigkeit von Auschwitz zu behaupten, wenngleich sich dieser Tatbestand empirisch herausstellen mag. Darüber hinaus stimmt meine moralphilosophische Deutung von Auschwitz mit den an den harten Realitäten der Geschichte geschulten Urteilen von Historikern überein, dass ein Rückfall in Barbarei immer möglich bleibt. Der Riss im moralischen Bild des Menschen ist nicht mehr zu kitten. Umso mehr müssen wir daher alle zur Verfügung stehende philosophische und sozialwissenschaftliche

Rationalität einsetzen, um wachsam zu bleiben und, soweit es geht, zur moralischen und politischen Urteilsfähigkeit von Menschen beizutragen.

Hermeneutik und Methode

Die Konzeption von philosophischer Rationalität, für die ich mich in dieser Untersuchung stark mache, ist die einer kritischen Hermeneutik von Moral und Politik. Was dies bedeutet, zeige ich zunächst an einer Argumentation, durch die ich den existenzialistischen Kantianismus von Christine Korsgaard auflöse, um darzulegen, wie unterschiedliche Moralauffassungen im Rahmen einer analytisch-hermeneutischen Beschreibungsstruktur aufgenommen werden können, in die unser eigener universalistischer Standpunkt als erschließender Maßstab eingebracht wird. Nur durch diese hermeneutische Radikalisierung kann es gelingen, die rationalen Möglichkeiten oder Unmöglichkeiten sichtbar zu machen, die bei der Erkundung von Chancen der rationalen Überbrückung von unterschiedlichen Moralauffassungen bestehen. Wie das Problem des moralischen Andersseins zeigt, das die nazistische Transformationsmoral enthüllt, kann es keine «Horizontverschmelzung» (Gadamer) aus Prinzip geben. Der «clash of moral horizons» bleibt möglich.

Für die Frage der rationalen Überbrückung unterschiedlicher Moralauffassungen, in denen sich existenzielle Selbstdefinitionen ausdrücken, die das Zusammenleben von Menschen bestimmen, sehe ich nur die Perspektive einer sich vergleichend abarbeitenden Rationalität. Auf diese Weise kann es gelingen, unterschiedliche Grade an Rationalität deutlich zu machen, die aus der Sicht der Vertreter der unterschiedlichen Auffassungen selbst nachvollzogen werden können. Dies lässt sich an einer exemplarischen Bandbreite demonstrieren, die vom Extremfall des radikalen Nazis über den partikularistischen Chauvinisten bis zu einem universalistisch gezähmten Nationalisten oder elitären Nietzscheaner reicht.

Dabei ist ein komparativischer Begriff von Rationalität leitend, der sich nicht der Illusion objektivistischer «Knock-down»-Beweise hingibt. Dem entspricht ein Verständnis von moralischer Rationalität, das auf motivationale oder narrative Begründungen (Er. Tugendhat, Charles Taylor) abhebt, die in motivationalen Genesen entfaltet werden können, in die ihrerseits moralische und andere Erfahrungen eingehen. Allein ein solch personenbezogenes Verständnis von Begründung sowohl aus der Ich- wie der Wir-Perspektive scheint in der Lage, dem Phänomenbestand unterschiedlicher Moralauffassungen gerecht zu werden und die Chancen der universalistischen Moral durch die Explikation ihrer Motive zu stärken. Indem diese Erklärung auf die Realgeschichte des Universalismus zurückbezogen bleibt, grenzt sich mein Leitgedanke des historischen Universalismus von Rortys «Ethnozentrismus» ebenso ab wie von dem kantischen Gattungstraditionalismus, dem auch die Spielarten gegenwärtiger Diskursethik verhaftet bleiben.

Da sich eine moralische und politische Hermeneutik an der Faktizität von Selbstverständnissen zu orientieren hat, die Menschen immer schon prägen, kann der methodische Weg der Philosophie so bestimmt werden, dass sie Menschen, die an der Selbstinterpretation ihres Lebenszusammenhangs, an der Frage ihres eigenen oder gemeinschaftlichen «existenziellen Sinns» interessiert sind, rational kontrollierte Vorschläge zur Selbstinterpretation ebendieses Sinns macht. Solche Vorschläge sind sowohl aus der Ich- als auch der Wir-Perspektive formulierbar. Es ist sogar unverzichtbar, dass beide Perspektiven berücksichtigt werden, da moralische Motivation auf beide verweist. In diesem methodischen Sinn lassen sich daher existenzielle Reflexionsradikale herausarbeiten, die verschiedene Dimensionen des moralischen Bewusstseins freilegen.

Dadurch, dass Auschwitz auf fundamentale Fragen des existenziellen Sinns in Begriffen von Moral führt, sollte klar sein, dass die hermeneutische Philosophie Martin Heideggers hierbei nicht hilfreich sein kann. So wichtig Heideggers Originalität für ein hermeneutisch orientiertes Philosophieren ist, so enttäuschend fällt die Bilanz gerade dann aus, wenn es um die hermeneutische Erschließung von Moral und ihre geschichtliche Dimension geht.

In «Sein und Zeit» spielt ein existenzieller Sinn von Moral keine systematische Rolle. Die spätere Konzeption der «Seinsgeschichte» ehr als pauschale Globaldiagnosen zur Deutung des ns, die historische Urteilskraft vermissen lassen und we- erscheinen. Abgesehen von Heideggers nationalsozia- agement und seiner deprimierenden Unfähigkeit, den Auschwitz geschichtlich und moralisch zu reflektieren, stehen wir vor dem unbefriedigenden Tatbestand, dass in seiner Philosophie der «Geschichtlichkeit» kaum so etwas wie die reale Geschichte des Menschen und die Geschichte seiner moralischen Selbstauslegung vorkommt. Die Frage nach der Moral wird durch die Frage nach dem «Sein» verdrängt.[9] Mit der Anerkennung von Heideggers Bedeutung für die Hermeneutik muss die Einsicht in seine Grenzen einhergehen. Methodisch kann dies nur heißen, eine hermeneutische Zugangsweise zur Moral in ihrer Geschichtlichkeit anzustreben, die sich in Begriffen bewegt, die moralische Erfahrungen, moralische Selbstverständnisse und moralische Ereignisse von epochaler Bedeutung aufzunehmen und zu explizieren in der Lage sind.

Am Beispiel Heideggers mag daher auch der ergänzende Hinweis angebracht sein, dass es aus systematischer Sicht nicht darum gehen kann, die Fragestellung «Philosophie nach Auschwitz» mit einer historischen Behandlung kurzzuschließen, die darlegt, was verschiedene Philosophen zu Auschwitz an Richtigem oder Falschem gesagt haben, oder gar die historisch-biographische Aufarbeitung von Philosophie und Nationalsozialismus einzubeziehen. Arbeiten zu solchen Fragestellungen sind natürlich fruchtbar und haben mir beim Finden der eigenen Fragestellung sehr geholfen.[10]

Auch ist mir klar, dass andere philosophische Zugangsweisen offen bleiben. Ein hermeneutisches Philosophieren sollte ohnehin immer einen pluralistischen Geist pflegen. Ein solcher Geist schließt jedoch sachliche Kontroversen nicht aus, die nicht ohne die Prüfung von Argument und Gegenargument auskommen.

Das «Denkmal für die ermordeten Juden Europas»

Mit seiner Entscheidung zur Errichtung des Berliner Holocaust-Denkmals hat der Deutsche Bundestag ein Selbstverständnis zum Ausdruck gebracht, das der oft geschmähten politischen Klasse zur

Ehre gereicht. Die Entscheidung zeugt von einem reifen moralischen Geschichtsbewusstsein, das sich mit dem politischen Willen verbindet, ein für alle Mal Barbarei zu verhindern. Der begriffliche Rahmen meiner Untersuchung und die geschichtlichen Vermittlungen, die ich aufzeige, erlauben, die Entscheidung des Bundestags als kohärenten Schritt zu verstehen. Das Denkmal verbindet die Erinnerung an die Opfer mit der Betonung der epochalen Bedeutung des Ereignisses, für das es steht. Darüber hinaus kommt in der Entscheidung für das Denkmal das Selbstverständnis einer moralischen und politischen Identität zum Ausdruck, die sich nie mehr bruchlos in die deutsche Geschichte zurücknehmen kann und damit zugleich ein klares Zeichen für künftige Generationen setzt.[11]

Dass das Denkmal primär der Erinnerung an die jüdischen Opfer gewidmet ist, jedoch die verantwortliche Stiftung dazu verpflichtet, «dazu beizutragen, die Erinnerung an alle Opfer des Nationalsozialismus und ihre Würdigung in geeigneter Weise sicherzustellen», reflektiert die motivationale Dynamik des Nazismus bei der Verfolgung und Vernichtung seiner Opfer, doch hat dies selbstverständlich nichts damit zu tun, eine «Hierarchie der Opfer» (Koselleck) zu erstellen. Sehr treffend hat Yehuda Bauer (Yad Vashem) in einer Entgegnung auf Romani Rose (Zentralrat Deutscher Sinti und Roma) darauf hingewiesen, dass der Vergleich zwischen dem Genozid an den Sinti und Roma und dem Holocaust nie dazu führen kann, die Qual der Opfer – welcher Herkunft oder Art auch immer – ungleich zu gewichten, sondern dass es sich um historische Differenzierungen handelt, die herausarbeiten, warum die «Judenfrage» für den Nazismus eine so zentrale Bedeutung bekam. Meine Untersuchung unterstreicht diese Sichtweise.

Diskussionen dieser Art werden schwerlich als abgeschlossen gelten können. Doch das ist gut so. Gut erscheint im Licht meiner Untersuchung auch die Konzeption des Architekten Peter Eisenman, der mit seinem Stelenfeld die Idee verfolgt, durch das Denkmal die Besucher «zu einer Erfahrung am eigenen Leibe» zu bringen, ja geradezu «seelische Schwelbrände» auslösen möchte.[12] Erfahrungen dieser Art sind Anstöße zur Reflexion, zu der die folgende Untersuchung einen Leitfaden anbietet.

Anmerkungen Einleitung

1 H. Arendt, Besuch in Deutschland, Berlin 1993, S. 23.

2 Zur Terminologie: Auch wenn gute sachliche Gründe für die Verwendung des Terminus ‹Shoah› anstelle des Terminus ‹Holocaust› sprechen mögen, so bleibt zugunsten des letzteren aus pragmatischer Sicht kaum eine andere Wahl, als W. Laqueur (The Holocaust Encyclopedia, New Haven/London 2001, S. XIII) zuzustimmen: «… in the English-speaking world the word is so deeply rooted, that it is impractical to deviate from it.» Zu Kontroversen über den Sprachgebrauch ‹Holocaust› und ‹Shoah› vgl. P. Novick, Nach dem Holocaust, Stuttgart/München 2001, S. 178 ff. Zur strikten Ablehnung des Terminus ‹Holocaust› wegen seiner «antijüdisch gefärbten Bedeutungsgeschichte» vgl. G. Agamben, Was von Auschwitz bleibt. Das Archiv und der Zeuge, Frankfurt/M. 2003, S. 28. Der Vorwurf von Agamben, diesen Terminus zu verwenden, beweise «Unwissen oder Mangel an Sensibilität», geht jedoch zu weit. Zu Recht weist etwa Novick darauf hin, dass die offizielle englische Übersetzung der Präambel der israelischen Unabhängigkeitserklärung den Terminus ‹Holocaust› verwendet und dass dies ebenso in englischsprachigen Veröffentlichungen von Yad Vashem geschieht, die ‹Shoah› mit ‹Holocaust› wiedergeben. Beispiele dieser Art ließen sich mehren. Vgl. U. Wyrwa, ‹Holocaust›. Notizen zur Begriffsgeschichte, in: Jahrbuch zur Antisemitismusforschung 8/1999, S. 300–311.

3 J.-F. Lyotard, Der Widerstreit, München 1989 (2. Aufl.), S. 106. Zur spekulativen Thematisierung von Auschwitz vgl. ders., Streitgespräche oder Sprechen ‹nach Auschwitz›, Grafenau 1998. Vgl. S. Wendel, Zeugnis für das Undarstellbare. Die Rezeption jüdischer Traditionen in der postmodernen Philosophie Jean-François Lyotards, in: J. Valentin/S. Wendel (Hg.), Jüdische Traditionen in der Philosophie des 20. Jahrhunderts, Darmstadt 2000, S. 264–278. Ähnlich auch die indirekte Zugangsweise von J. Derrida zur Problematik des Holocaust. Dazu erhellend: D. M. Levin, Cinders, Traces, Shadows on the Page: The Holocaust in Derrida's Writing, in: A. Milchman/A. Rosenberg (Hg.), Postmodernism and the Holocaust, Amsterdam/Atlanta 1998, S. 265–286. Wenn Derrida in anderem Zusammenhang fordert, «den Begriff des Menschen neu zu denken» (Die unbedingte Universität, Frankfurt/M. 2001, S. 19), so ist zu fragen, ob man sich dazu nicht auch expliziter mit Auschwitz befassen muss. Ich orientiere mich eher an der Aussage von Jorge Semprun: «Man kann immer alles sagen. Das Unsagbare … ist nur ein Alibi.» Zitiert nach N. Berg/J. Jochimsen/B. Stiegler (Hg.), Shoah. Formen der Erinnerung, München 1996, S. 7. Das bedeutet natürlich nicht, dass es immer leicht ist, alles zu sagen, was zu sagen ist.

4 Ein solches Desiderat formuliert auch H. Kuhlmann, Ohne Auschwitz, in: Internationale Zeitschrift für Philosophie 6/1997, S. 101–110.

5 Zur Terminologie: Die Ausdrücke ‹Moral› und ‹Ethik› verwende ich im folgenden Sinn: ‹Ethik› steht für die philosophische Disziplin, die sich mit Moral als ihrem Gegenstand beschäftigt. ‹Moral› steht für die entsprechenden tatsächlichen Überzeugungen, Urteile und Prinzipien von Menschen. Andere terminologische Gebräuche werden im Lauf der Untersuchung erläutert.

6 Vgl. dazu kritisch treffend: M. Schäfer, *Die* Rationalität, *die* Moderne und der Holocaust, in: M. Dabag/K. Platt (Hg.), Genozid und Moderne, Bd. 1, S. 100–122.

7 G. Agamben, Homo sacer. Die souveräne Macht und das nackte Leben, Frankfurt/M. 2002, Teil III, Kap. 7; ders., Was von Auschwitz bleibt, a. a. O.

8 Vgl. zu dieser Thematik: A. Milchman/A. Rosenberg (Hg.), Martin Heidegger and the Holocaust, New Jersey 1996.

9 Vgl. E. Tugendhat, Heideggers Seinsfrage, in: ders., Philosophische Aufsätze, Frankfurt/M. 1992, S. 108 ff., insbes. S. 135.

10 So z. B. E. Traverso, Auschwitz denken: die Intellektuellen und die Shoah, Hamburg 2000; ders., Nach Auschwitz: die Linke und die Aufarbeitung des NS-Völkermords, Köln 2000. Zur Aufarbeitung von Philosophie im «Dritten Reich» vgl. exemplarisch: G. Wolters, Der «Führer» und seine Denker. Zur Philosophie des «Dritten Reichs», in: Deutsche Zeitschrift für Philosophie 47/1999, S. 223–251.

11 Vgl. J. Habermas, Der Zeigefinger. Die Deutschen und ihr Denkmal, in: ders., Zeit der Übergänge, Frankfurt/M. 2001, S. 47–59 (ursprünglich in: DIE ZEIT, 31.3.1999, S. 42–44).

12 DIE ZEIT, 10.12.1998, S. 51; FAZ, 17.8.2003.

1 MORAL ODER DIE VERNEINUNG DES SCHLECHTEN LEBENS

Um die Bedeutung von Auschwitz für die Ethik aufzuschlüsseln, gilt es zunächst zu sehen, worin der durch den Nazismus hervorgetriebene Zusammenhang von Gattungsbruch und Gattungsversagen genauer besteht. Sobald wir uns dies klar gemacht haben, stehen wir vor der Neuordnung von Begriffen zum Selbstverständnis des moralischen Universalismus. Eine solche Neuordnung führt auf den Weg einer kritischen Hermeneutik von Moral (Kap. 1.1). Diese gilt es zu entfalten, indem der Begriff eines historischen Universalismus für ein angemessenes geschichtliches Verständnis von Moral herausgestellt wird. Seine Vertiefung erhält dieser Begriff durch den Aufweis der Spannung zwischen Geschichtsgebundenheit und Universalisierungsdynamik, die als Grundzug der universalistischen Moral im Rahmen einer Realgeschichte des Universalismus zu sehen ist (Kap. 1.2). Aus der Negation der nazistischen Transformationsmoral und der geschichtlichen Vermittlung unserer universalistischen Selbstdefinition gelangen wir zur Beziehung zwischen Moral und existenziellem Sinn, die wir in einer Konzeption von moralischer Zeitgenossenschaft ausformulieren, die auf moralische Vorgaben für Politik und Gesellschaft führt (Kap. 1.3).

1.1 Gattungsbruch oder der Riss im moralischen Bild des Menschen[1]

Zunächst ist es aufschlussreich zu sehen, wie die von Kant so selbstverständlich unterlegte Voraussetzung eines geschlossenen moralischen Gattungsbegriffs hinfällig wird, wenn man Auschwitz als moralisches Geschehen zu durchdringen sucht.

Vom «radikal Bösen» zum Gattungsbruch

Hannah Arendt hat Kants Wendung vom «radikal Bösen» eingesetzt, um das «Grauen der Konzentrations- und Vernichtungslager» zu interpretieren.[2] Dabei geht sie zunächst gar nicht auf die Besonderheiten von Kants Wortbildung ein, sondern spricht vom «radikal Bösen», um das Spezifische der «totalen Herrschaft» herauszuarbeiten, die darin kulminiert, dass «wirklich das Wesen des Menschen auf dem Spiele steht», weil diese Art von Herrschaft, «ohne es eigentlich zu wollen, entdeckt, daß es ein radikal Böses wirklich gibt und daß es in dem besteht, was Menschen weder bestrafen noch vergeben können».[3] Das radikal Böse, das Arendt thematisiert, entzieht sich einer Einordnung in das bislang zur Verfügung stehende moralische Vokabular: «So wie die Opfer in den Fabriken zur Herstellung von Leichen und den Höhlen des Vergessens nicht mehr ‹Menschen› sind in den Augen ihrer Peiniger, so sind diese neuesten Verbrecher selbst jenseits dessen, womit jeder von uns bereit sein muß, sich im Bewußtsein der Sündhaftigkeit des Menschen zu solidarisieren.» Die Protagonisten und blutigen Akteure der totalen Herrschaft des Nazismus haben eine Grenze überschritten, die jenseits eines nachvollziehbaren Begriffs von allgemeiner moralischer Vergleichbarkeit unter Menschen liegt, und sprengen insofern herkömmliche Begriffe von Strafe oder Vergebung.

Was Hannah Arendt mit ihrer Interpretation des durch die totale Herrschaft aufgeworfenen moralischen Problems im Auge hat, wird meines Erachtens treffender in Begriffen einer moralischen Gattungskrise gefasst. Das Novum, das von ihr als radikal Böses bestimmt wird, gilt es als solches herauszustellen und als moralischen Gattungsbruch zu beurteilen. Ein erster Ertrag dieser Begrifflichkeit zeigt sich bereits daran, dass wir Arendts Diagnose der philosophischen Tradition im Verhältnis zum radikal Bösen durch die Deutung des Gattungsbruchs noch transparenter machen können:

> «Es liegt im Sinne unserer gesamten philosophischen Tradition, daß wir uns von dem radikal Bösen keinen Begriff machen können, und dies gilt auch noch von der christlichen Theologie, die selbst Satan noch einen himmlischen Ursprung zugestand, wie von Kant, dem einzigen Philosophen, der in der einzigen Wortprägung seine Existenz zumindest geahnt haben muß, wenngleich er diese Ahnung in dem Begriff des pervertiert-bösen Willens sofort wieder in ein aus Motiven Begreifliches rationalisierte. So haben wir eigentlich nichts, worauf wir zurückfallen können, um das zu begreifen, womit wir doch in einer ungeheuerlichen, alle Maßstäbe zerbrechenden Wirklichkeit konfrontiert sind.»

Was zerbrochen ist, ist die Voraussetzung eines geschlossenen, in sich homogenen moralischen Gattungsbegriffs, für den Erscheinungen des Bösen quasi nur ein Einordnungsproblem im Rahmen einer moralischen Grundkonzeption vom Menschen darstellen. Im Unterschied zu dieser Voraussetzung bedeutet es einen philosophisch viel tieferen Einschnitt, wenn wir uns das Urteil zu Eigen machen, dass mit dem Holocaust ein moralischer Gattungsbruch eingetreten ist, an dem gemessen sich Kants Begriff vom «radikal Bösen» – entgegen dem verbalen Anschein – als eher harmlos ausnimmt. Daher ist es erhellend, sich Kants Begriff des «radikal Bösen» zu vergegenwärtigen, um den Kontrast zur Diagnose des Gattungsbruchs zu verdeutlichen. Zugleich steht Kant für einen Idealtypus von Ethik, der sich weiterhin an einem geschlossenen moralischen Gattungsbegriff orientiert. Dies wirft die Anschlussfrage auf, ob eine solche Orientierung noch Sinn macht.

Für Kant ist das Moralgesetz im Sinne des kategorischen Imperativs so tief in der menschlichen Natur qua Vernunftnatur verankert, dass auch «der ärgste Bösewicht, wenn er nur sonst Vernunft zu brauchen gewohnt ist», keine Möglichkeit hat, sich der vernünftigen Einsicht in seine moralische Bindung zu entziehen.[4] Alles, was ihn hindern kann, sind die Neigungen und Antriebe der Sinnenwelt, von denen er sich jedoch auch wieder lösen kann, indem er den «Standpunkt eines Gliedes der Verstandeswelt» einnimmt, der ihn unvermeidlich auf den Maßstab des kategorischen Imperativs führt. Als Glied der Verstandeswelt folgt der Mensch der sicheren moralischen Richtschnur dieses Imperativs, jeden anderen Menschen als ein Wesen zu betrachten, dem eine Würde zukommt, die grundsätzlich zu achten ist. Mit der Thematisierung des «radikal Bösen» in der Religionsschrift ändert sich zwar nicht Kants Grundposition, doch erfolgen weitere Differenzierungen, die mit dem Problem zu tun haben, inwieweit das Böse im Rahmen einer Konzeption zu denken ist, die mit ihrem starken Freiheitsbegriff die Autonomie des menschlichen Willens geradezu in eins mit dem Moralgesetz zu setzen scheint, andererseits doch den Spielraum der Abweichung von diesem Gesetz auch so zu fassen hat, dass es dabei um willentlich gewählte sittenwidrige Maximen geht.

In Kants Systematik kann das Böse nur in einer entsprechenden Maxime, «einer Regel, die die Willkür sich selbst für den Gebrauch ihrer Freiheit macht»[5], gründen. Der Begriff der «Freiheit der Willkür» umfasst die Orientierung am moralischen Gesetz ebenso wie die «Abweichung vom moralischen Gesetze». Der Hang zum Moralisch-Bösen besteht somit «in dem subjektiven Grunde der Möglichkeit der Abweichung der Maximen vom moralischen Gesetze». Dieser Hang freilich ist für Kant beim Menschen so tief verwurzelt, dass dieser geradezu als «von Natur böse» oder böse «in seiner Gattung betrachtet» zu nennen ist. Zugleich jedoch muss dieser natürliche Hang als selbstverschuldet angesehen werden, und so können wir «ihn selbst ein *radikales*, angeborenes (nichtsdestoweniger aber von uns selbst zugezogenes) *Böse* in der menschlichen Natur nennen …»

Diese auf den ersten Blick starke und düstere These, die für Goethe einem «Schandfleck»[6] gleichkam, zieht Kant aus einer Kenntnis des Menschen durch Erfahrung. Die «Menge schreiender Beispiele, welche uns die Erfahrung *an den Taten* der Menschen vor Augen stellt», macht die Diagnose des radikal Bösen in der menschlichen Natur geradezu selbstverständlich und erspart einen «förmlichen Beweis». Sei es, dass Kant auf die Grausamkeit bei «Naturvölkern» blickt, sei es, dass er die Laster der «Kultur und Zivilisierung» in Gestalt von Falschheit, Hinterhältigkeit und Hass anführt, sei es, dass er «zivilisierte Völkerschaften» betrachtet, die als Staaten einander im «rohen Naturstand» des Krieges gegenübertreten, die empirisch in vielerlei Hinsicht zu konstatierenden üblen Taten von Menschen reichen ihm als Evidenz für seine These vom radikal Bösen in der menschlichen Natur aus.

Zu Recht lässt sich hiergegen einwenden, dass eine Reihe von Beispielen nicht eine allgemeine These über die menschliche Natur stützen kann und insofern besser nur von der Möglichkeit des radikal Bösen zu sprechen wäre.[7] Diese schwächere Annahme reicht ohnehin aus, um zu sehen, wie Kant den Hang zum Bösen im Rahmen seiner Systematik interpretiert. Dies geschieht dadurch, dass er einerseits die, wie man sagen könnte, transzendentale Reinheit des Moralprinzips festhält, andererseits vorschlägt, die empirische Verderbtheit des Menschen im Sinne einer Verkehrung der sittlichen Ordnung zu verstehen. Dabei bleibt das Moralgesetz als solches tabu, denn der Grund des Bösen kann «nicht *in einer Verderbnis* der moralisch-gesetzgebenden Vernunft gesetzt werden». Sich vom Moralgesetz als solchem loszusagen ist menschenunmöglich, denn dies könnte nur eine «gleichsam boshafte Vernunft (ein schlechthin böser Wille)», was jedoch das Subjekt zu einem «teuflischen Wesen» machen würde. Der Mensch kann zwar dem Hang zum Bösen folgen, doch nur so, dass er nicht zugleich gegen das moralische Gesetz rebelliert, denn dieses «dringt sich ihm vielmehr kraft seiner moralischen Anlage unwiderstehlich auf».

Analog ist bei Kant in der *Metaphysik der Sitten* davon die Rede, dass zu unterscheiden sei zwischen einem verbrecherischen Abweichen vom öffentlichen Gesetz und einem Verwerfen des Gesetzes selbst, das seinerseits im Leitprinzip des kategorischen Imperativs gründet. Dementsprechend stellt Kant fest, dass es «sich schlechterdings nicht erklären (läßt) … wie es aber dem Subjekt möglich ist, eine solche Maxime wider das klare Verbot der gesetzgebenden Vernunft zu fassen».[8] Die Verwerfung der Autorität des Gesetzes selbst ist mit der Schwierigkeit behaftet, dass der Verbrecher dessen Gültigkeit «vor seiner Vernunft nicht ableugnen kann», und deshalb wäre eine gegen das Gesetz gerichtete Maxime «nicht bloß ermangelungsweise (negative), sondern abbruchsweise (contrarie) … als Widerspruch (gleichsam feindlich) dem Gesetz entgegen». Somit lautet das Fazit: «Soviel wir einsehen, ist ein dergleichen Verbrechen einer förmlichen (ganz nutzlosen) Bosheit zu begehen, Menschen unmöglich, und doch (obzwar bloße Idee des Äußerst-Bösen) in einem System der Moral nicht zu übergehen.» Eine «boshafte Vernunft», die sich anheischig machen könnte, gegen den kategorischen Imperativ oder die Autorität des Gesetzes zu rebellieren, wird so allenfalls einem außermenschlichen Wesen («teuflisch») oder allenfalls dem Menschen als Grenzidee zugeschrieben. «Abbruchsweise» gegen die moralisch-rechtliche Vernunft vorzugehen bleibt ausgeschlossen.

Wenn wir uns nun die Erklärung vergegenwärtigen, die Kant für den menschlichen Hang zum Bösen gibt, so wird klar, dass es das «radikal Böse» schon immer gegeben hat und dass daher das von Hannah Arendt als Novum thematisierte Epochenereignis einer anderen Begrifflichkeit bedarf. Kants Erklärung lautet wie folgt: Da das Moralgesetz dem Menschen «unwiderstehlich» durch seine Vernunft aufgegeben ist, würde er es, wenn keine andere Triebfeder gegen es wirkte, jederzeit als hinreichenden Bewegungsgrund seiner Willkür als oberste Maxime zugrunde legen. Da jedoch der Mensch gemäß seiner Naturanlage ebenso an den Triebfedern der Sinnlichkeit hängt, nimmt er diese gleichfalls in seine Maxime(n) auf. Würde der Mensch ausschließlich der intellektuellen Triebfeder des Moralgesetzes folgen, wäre er moralisch gut; würde er ausschließlich den Triebfedern der Sinnlichkeit folgen, wäre er moralisch schlecht. Da jedoch der Mensch aufgrund seiner natürlichen Ausstattung gar nicht um hinkann, immer mit beiden Arten von Triebfedern umzugehen, kann sich der Unterschied zwischen moralisch-gut und moralisch-schlecht nur daraus ergeben, welche Art der Ordnung der Triebfedern der Mensch durch seine Maximen herstellt. Der Hang zum Bösen erklärt sich daraus, dass der Mensch «die sittliche Ordnung der Triebfedern in der Aufnehmung derselben in seine Maximen umkehrt: das moralische Gesetz zwar neben dem der Selbstliebe in dieselbe aufnimmt; da er aber inne wird, daß eines neben dem anderen nicht bestehen kann, sondern eines dem anderen als seiner obersten Bedingung untergeordnet werden müsse, er die Triebfedern der Selbstliebe und ihre Neigungen zur Bedingung der Befolgung des moralischen Gesetzes macht, da das letztere vielmehr als die *oberste Bedingung* der Befriedigung der ersteren in die allgemeine Maxime der Willkür als alleinige Triebfeder aufgenommen werden sollte.»[9]

Die Verkehrung der inneren sittlichen Ordnung also ist es, was im menschlichen Hang zum Bösen steckt, und dieses «Böse ist radikal, weil es den Grund aller Maximen verdirbt». Indem der Mensch der Versuchung erliegt, seinen Egoismus (Selbstliebe) der Achtung für andere Menschen überzuordnen, verletzt er sozusagen die Proportionen der moralischen Ordnung. Aber gleichwohl gilt: Nicht das «Böse als Böses» ist Triebfeder, denn das wäre «teuflisch», vielmehr handelt es sich um eine «Verkehrtheit des Herzens», die «mit einem im allgemeinen guten Willen zusammen bestehen kann und aus der Gebrechlichkeit der menschlichen Natur entspringt, zur Befolgung seiner genommenen Grundsätze nicht stark genug zu sein».

Hieraus wird klar, dass es sich bei Kants Begriff des radikal Bösen darum handelt, *sowohl* den alltäglichen Erfahrungen von moralischer Verfehlung und Schwäche *als auch* besonders gravierenden Fällen von Unmoral im Rahmen einer Systematik gerecht zu werden, für die das Moralgesetz qua kategorischer Imperativ unverbrüchlich feststeht. Zugleich kann vor dem Hintergrund des kantischen Begriffs deutlich werden, worin eine weit radikalere Art des Bösen bestehen könnte: in der Aufkündigung des Moralgesetzes selbst, in der Zerschlagung der Rahmenordnung des kategorischen Imperativs, in der Postulierung anderer Imperative oder anderer Werte. Der nazistische Impetus zur

Schaffung eines «neuen Menschentums», das einem anderen Gattungsbegriff folgt, zielt in diese Richtung.

Wenn wir vor dem kantischen Hintergrund die Antithese zwischen universalistischer Gattungsmoral und nazistischem Gattungsbruch auf diese Weise fassen, dann liegt auf der Hand, dass der «pervertiert-böse Wille», den Hannah Arendt anführt, um das exzeptionelle Geschehen des Holocaust zu thematisieren, von ganz anderer Art ist als Kants Begriff des radikal Bösen, der quasi einen Alltagsbegriff für immer schon vorliegende Phänomene darstellt. Die besondere Art der moralischen Verfehlung, um die es geht, kann nicht in der Dimension menschlicher Untaten gesehen werden, die Kant nur allzu gegenwärtig war. Vielmehr scheint es, als müsste man in einer nach kantischen Maßstäben paradoxen Weise in Richtung von so etwas wie einer Maxime des Gattungsbruchs und der diesen definierenden Werte denken, um der besonderen Problemlage nahe zu kommen, in der, wie Hannah Arendt sagt, «das Wesen des Menschen» auf dem Spiel steht.

In Bezug auf Hannah Arendts spätere Begriffsbildung von der «Banalität des Bösen» lässt sich dies bekräftigen. Hätte sie sich nämlich eines Begriffs wie dem des Gattungsbruchs – oder irgendeines Äquivalents – bedient, um das moralisch Extreme des Holocaust zu interpretieren, dann wäre sie weniger der Gefahr erlegen, aus Anlass der Auseinandersetzung mit Eichmann der verkürzenden Tendenz stattzugeben, die mit der Rede von der Banalität des Bösen einhergeht.[10] Sie hätte dann den Unterschied zwischen «Gattungsbrechern» und «gewöhnlichen Verbrechern» zur Verfügung gehabt, um die Eindringlichkeit ihrer Analysen zu unterstreichen.[11] Nicht zuletzt ihre Charakterisierung der Nazi-Verbrechen als «Verbrechen an der Menschheit», die Täter wie Eichmann zu «hostis generis humani» macht, verlangt geradezu nach einem Begriff wie dem des Gattungsbruchs. Die durch den Fall Eichmann provozierte Wendung von der Banalität des Bösen trifft allenfalls einen Teilaspekt der umfassenderen Problematik.[12] Um dieser gerecht zu werden, bedarf es sowohl der Berücksichtigung der nichttrivialen Wertekonzeption des Nazismus im Rahmen seiner «Weltanschauung» als auch der Behandlung des banalen Verbrechertums.[13] Nur wenn man diese Verbindung in den Blick nimmt, kann sich, so ist zu vermuten, auch zeigen, was eine illusionslose Reformulierung des moralischen Universalismus nach dem Gattungsbruch bedeutet.[14]

Gattungsbruch und Gattungsversagen

Um die Bedeutung von Auschwitz für die Ethik angemessen zu fassen, ist es aus meiner Sicht unerlässlich, in Kontakt zu der historischen Holocaust-Forschung zu treten. Dies ist nicht nur angesichts der Fülle vorliegender Forschungsarbeiten, sondern insbesondere in methodischer Hinsicht ein schwieriges Unterfangen. Da es nicht darum gehen kann, die historische Forschung philosophisch zu überbieten oder ihre Arbeitsweise zu kritisieren, bleibt nur der Weg, einerseits ein moralphilosophisches Vokabular bereitzustellen, das abstrakt genug ist, um den systematischen Ansprüchen der Ethik zu genügen, andererseits die Verwendung dieses Vokabulars auf die Erträge der historischen Forschung derart zurückzubinden, dass empirisch fundierte Korrekturen möglich bleiben. Ich tue dies, indem ich nach der Diagnose des Gattungsbruchs im Kontext der historischen Forschung frage und die Dimensionen des Gattungsbruchs thematisiere.[15]

Als Ausgangspunkt können Ausführungen von Yehuda Bauer dienen, der für die historische Forschung den zentralen Stellenwert der nazistischen Ideologie betont, um zu einem Verständnis und einer möglichen Erklärung des Holocaust zu gelangen. Die «präzedenzlose Katastrophe», die Bauer diagnostiziert, ist nicht in der Brutalität zu sehen, mit der die Nazis und ihre Helfer vorgingen, sondern «vor allem in der Motivation der Mörder».[16] Die Motivation, um die es geht, verweist auf das ideologische Gedankengebäude, in dem die Nazis ihre Haltung zu den Juden definierten: «Es ist wichtig, sich … klarzumachen, daß die ‹Judenfrage› aus der Sicht der Nazis kein deutsches, nicht einmal ein europäisches, sondern ein globales Problem von allergrößter Tragweite darstellte. Sie stellten sich die Befreiung der Menschheit von den Juden in pseudo-religiösen, messianischen Begriffen vor. Von der ‹Lösung› des Problems hing für sie die Zukunft der Menschheit ab.» Auf diesen Zusammenhang zielt auch der Begriff des «Erlösungsantisemitismus», den Saul Friedländer geprägt hat.[17]

Wenn wir der Einfachheit halber die Rede von nazistischer Ideologie äquivalent zur Rede von nazistischer Weltanschauung behandeln, so gilt es, die Quellen dieser Weltanschauung ebenso zu befragen wie die Voraussetzungen und Bedingungen dafür, dass diese Weltanschauung nicht nur eine wertsetzende Dominanz in ihrer unmittelbaren Anhängerschaft gewinnen konnte, sondern in der Lage war, mit einem hohen Grad an Akzeptanz Gesellschaft und Staat sowie die entsprechenden Institutionen zu durchdringen.

Der Begriff des Erlösungsantisemitismus verweist bereits auf Hitler und die Nazi-Elite als den Trägern eines weltanschaulichen Kerns, der nicht ohne weiteres mit den antisemitischen Auffassungen gewöhnlicher NSDAP-Mitglieder oder großer Teile der Bevölkerung und auch nicht mit dem «Radau-Antisemitismus» der SA zusammenfiel. Gleichwohl konnte sich die Nazi-Elite diese Auffassungen nutzbar machen und insbesondere auf die rassistisch-biologistischen Strömungen in der deutschen intellektuellen Elite (Universitäten) zurückgreifen. So lässt sich als Aufriss für weitere Überlegungen Bauers Erklärungsansatz für den Holocaust festhalten:

> «Insgesamt scheint es also, als habe eine politische Elite von ‹Lumpenintellektuellen› – von der pseudo-messianischen Vorstellung besessen, sie müßte die Menschheit vor den Juden retten, allerdings aus Gründen an die Macht gelangt, die wenig mit ihrem Rassismus zu tun hatten – eine breite Schicht von Intellektuellen, die die Nazi-Utopie aus vollem Herzen unterstützten, benutzt, um ihr Völkermord-Programm durchzuführen. Dieses Programm blieb weitgehend unwidersprochen, weil die antijüdischen Neigungen in der Bevölkerung – vom Unbehagen gegenüber Juden bis hin zum offenen, wenn auch nicht auf Mord zielenden Antisemitismus – der extremen, mörderischen Spielart des Antisemitismus den Weg bereitete und einen wirksamen Widerstand gegen den Völkermord verhinderte.»

Lassen wir dahingestellt, ob die Analogie zwischen Marx' Begriff des Lumpenproletariats und den deklassierten Randexistenzen der bürgerlichen Gesellschaft vom Schlage Hitlers soziologisch überzeugen mag, jedenfalls öffnet Bauers Ansatz bereits das ganze Spektrum der Problematik, das vom weltanschaulichen Kern des Nazismus als Quelle des Gattungsbruchs über seine intellektuellen Unterstützer, Sympathisanten, Helfershelfer, Tolerierer und Beschweiger reicht. Wir kommen daher nicht umhin, einen Bogen von der wertsetzenden Kraft des Nazismus bis zu der durch ihn ermöglichten Auflösung oder Verdrängung tradierter Werte zu spannen, um das moralische Geschehen zu deuten, das damit einhergeht.

Wenn man sich fragt, aus welchen Hauptelementen die nazistische Weltanschauung besteht, so dürfte die folgende Aufzählung zumindest als Diskussionsfolie unkontrovers sein:

- Antisemitismus/Antijudaismus
- Rassentheorie
- völkische Großraumkonzeption
- Geschichtstheorie des Lebenskampfes zwischen Völkern/Rassen
- Utopie: «neues Menschentum», neue Lebensform

Diese Elemente werden zwar sehr kontrovers interpretiert und mit ganz unterschiedlichen Gewichtungen versehen, doch ändert dies nichts daran, dass keine Deutung der nazistischen Weltanschauung eines von ihnen unbehandelt lassen kann, und sei es auch nur, um Skepsis gegenüber der Einheitlichkeit einer nazistischen Weltanschauung anzumelden. So selbstverständlich die Stichworte des Antisemitismus, Rassismus und der nazistischen Utopie in Bauers Erklärungsansatz zum Holocaust auftauchen, so selbstverständlich gehören die völkische Großraumkonzeption und die damit einhergehende Geschichtstheorie des Kampfes der Völker zum Interpretationsgegenstand nicht nur der Schriften und Reden Hitlers[18], sondern ebenso der «politischen Theorie der SS».[19] Gerade im Umkreis der SS sind auch die Bemühungen anzusiedeln, sowohl der Rassentheorie als auch der völkischen Theorie der Geschichte eine «wissenschaftliche» Ausarbeitung zu geben, ganz zu schweigen von einer sich wissenschaftlich drapierenden Bevölkerungstheorie, die den politischen Entscheidungsträgern als «Politikberatung» zur Seite stand.[20] Insgesamt kann kein Zweifel bestehen, dass die nazistische Weltanschauung an deutschen Universitäten auf eine große Bereitschaft stieß, in ihrem Geiste zu forschen, sie wissenschaftlich zu unterlegen und ihr rationale Kohärenz zu verschaffen.[21]

Wenn wir uns vor diesem Hintergrund Interpretationen zuwenden, die eine Deutung der nazistischen Weltanschauung in einer moralischen Terminologie zu geben versuchen, so lässt sich einerseits die These des Gattungsbruchs bekräftigen, andererseits zeigen, dass dieser Bruch mit einem moralischen Transformationsprojekt einhergeht, das die epochale Zäsur unterstreicht, mit der wir es zu tun haben. Die von Bauer betonte Wichtigkeit der Ideologie (Weltanschauung) findet sich auch bei Avishai Margalit und Gabriel Motzkin, die nach der Motivation der Mörder fragen und als ideologische Überzeugung der Nazis herausarbeiten, dass sie die «gemeinsame Menschlichkeit der Menschheit» negierten. Demzufolge ist zu unterscheiden zwischen einer schwächeren Version des Rassismus, in der die Unterlegenheit bestimmter Rassen behauptet wird, ohne die Voraussetzung einer einheitlichen Gattung zu bestreiten, und einer stärkeren Version, die für bestimmte Rassen die «Nichtzugehörigkeit zur Menschheit» propagiert.[22] Der Ausschluss der Juden aus der menschlichen Gattung ist so die leitende Vorstellung, die dem Holocaust zugrunde liegt. Diese Vorstellung können wir als Gattungsnegativismus bezeichnen. In ihm kommt die Antithese zur Gattungsmoral nach kantischem Vorbild zum Ausdruck.

Mit dem Begriff des Gattungsnegativismus lässt sich analog zur Rede von Rassismus zwischen einem gattungsneutralen (schwächeren) Antisemitismus und einem gattungsnegativen Antisemitismus unterscheiden. Dies verweist zugleich auf die Problematik, die in der Forschung das Verhältnis von Rassismus und Antisemitismus betrifft. Sicherlich gehört zur nazistischen Weltanschauung der Rassismus, doch am unteren Ende der hierarchischen Rassenskala stehen die Schwarzen («Neger»), nicht die Juden. Also scheinen die Juden noch nach anderen als rassisch-biologischen Kriterien zum Zielobjekt von Verfolgung und Vernichtung erklärt zu werden. Diese Kriterien liegen in dem, was den Juden als «Ideen» zugeschrieben wird. So hebt nach Margalit und Motzkin der Nationalsozialismus darauf ab, dass «die Idee lediglich einer menschlichen Rasse eine jüdische Erfindung, Teil einer heimtückischen und verderblichen Kampagne der Juden für den Wert der Gleichheit sei … Für diese Erfindung der einen Menschheit sollten die Juden bestraft werden.»

Wenn so aber – entgegen dem verbalen Anschein – hinter dem rassistisch aufgezogenen Antisemitismus eher ein wertorientierter Antijudaismus steht, der sich gegen die «jüdische Aufklärungsideologie des Universalismus» als «negativer Universalismus» wendet, um schließlich die Bekämpfung jüdischer Ideen durch die physische Vernichtung der jüdischen «Rasse» zu betreiben, dann wird eine Spannung zwischen Antijudaismus und Rassismus sichtbar, die für die nazistische Ideologie eher das Problem aufwirft, dem wertorientierten Antijudaismus eine konsistente rassentheoretische Grundlage zu verschaffen als umgekehrt den Antisemitismus aus der Rassentheorie abzuleiten.[23]

Dies macht den Versuch verständlich, den gattungsnegativen Antijudaismus ganz aus der Verbindung zur Rassentheorie zu lösen und die ihm zugrunde liegende Wertorientierung mit Bezug auf andere Komponenten der nazistischen Weltanschauung zu fassen. Den stärksten Versuch in dieser Richtung hat Gunnar Heinsohn unternommen. Er kann uns helfen, den nazistischen Gattungsbruch in Verbindung mit einem moralischen Transformationsprojekt zu sehen, dem es darum ging, herkömmliche Moralvorstellungen zu überwinden. Die These von Heinsohn lautet:

> «Ich vertrete die Auffassung, daß der Mord an den Juden aus Fleisch und Blut der Versuch gewesen ist, die Ethik des Judentums zu beseitigen, die ihren überwältigenden Kerngedanken in dem aus der Opferverwerfung resultierenden Recht auf Leben hat … Hitler wollte letzten Endes das gesamte – also nicht nur das europäische – Judentum vernichtet sehen, weil er hoffte, daß mit dem Verschwinden der Juden auch die Thoragesetze des Lebensschutzes sowie der Liebes- und Gerechtigkeitsgebote aus der Welt wären. Die Judenbeseitigung sollte das Recht auf Töten wiederherstellen. Auschwitz war ein Völkermord für die Wiederherstellung des Rechts auf Völkermord.»[24]

Hitler war sich nach Heinsohn des historischen Anfangs der abendländischen Moral im Judentum bewusst. Sein «Angriff auf die Heiligkeit des Lebens» resultierte aus seiner Überzeugung, dass anders das politische Leitziel der völkischen Lebensraumgewinnung, die auf eine «Ausmordung fremder Gebiete» hinauslief, nicht umsetzbar war, weil dies – zumindest auf Dauer – eine Transformation moralisch-motivationaler Grundlagen verlangte. Daher bedeutet die «ungeheure Umwälzung der Moralbegriffe», von der Hitler spricht, zugleich ein revolutionäres Erziehungsprogramm, dessen Vorhut die Totenkopfverbände der SS zu bilden hatten, die als Avantgarde für die «Austreibung des Gewissens und des fünften Gebots» standen.

Mit dieser These argumentiert Heinsohn für eine innere Verbindung zwischen der mit einer Vernichtungsstrategie einhergehenden völkischen Großraumpolitik und dem Holocaust. Letzterer folgt aus der Großraumpolitik, weil deren Rücksichtslosigkeit nach Hitler verlangt, «Erwägungen von Humanität» außer Kraft zu setzen, die beim geschichtlich-existenziellen Selbsterhaltungskampf der Völker und Rassen keine Rolle spielen dürfen. Trotz der rassistischen Sprache, deren sich Hitler und die Nazis auch gegenüber den Juden bedienen, ist demnach der tiefere Grund ihres Antijudaismus in einem geistigen Kampf mit dem Judentum zu sehen, dem auch deutlich Ausdruck verliehen wird.[25]

Das Interessante an der These von Heinsohn besteht aus philosophischer Sicht darin, dass er eine Frage behandelt, die sich für die nazistische Ideologie – man könnte sagen unvermeidlicherweise – stellen muss: Wie verhalten sich die Bestandteile dieser Weltanschauung zur herkömmlichen Moral aus Sicht eines Protagonisten oder Anhängers dieser Weltanschauung? Diese Frage ist nicht von der Hand zu weisen, weil die nazistische Weltanschauung nicht ohne Werturteile auskommt, die sich nur in Beziehung auf ein herkömmliches moralisches Vokabular artikulieren lassen, weil sich darüber hinaus die Kohärenz einer Weltanschauung kaum ohne Einbeziehung des moralischen Bewusstseins von Menschen vermitteln lässt und weil schließlich der moralisch-motivationale Zugang zu Menschen nicht nur für ein Erziehungsprogramm von elementarer Bedeutung ist, sondern als unerlässliche Bedingung angesehen werden muss, um die revolutionäre Ideologie dauerhaft akzeptabel zu machen. Diese Frage könnte man nur beiseite setzen, wenn man der Meinung ist, dass eine wie immer geartete Frage der Rechtfertigung oder inneren Kohärenz oder Akzeptanz ihrer Weltanschauung für Hitler und seine Anhänger ausschließlich ein Thema in Termini von Macht, Propaganda oder Gewalt darstellte. Dies ist offenbar so wenig zutreffend wie die Auffassung, dass sehr viele Deutsche Hitler und den Nazis nicht freiwillig, sondern nur gezwungenermaßen gefolgt seien.

Mit dieser Überlegung können wir Heinsohns These dadurch fruchtbar machen, dass wir sie als Beitrag lesen, im Rahmen der nazistischen Weltanschauung das Problem einer nazistischen Transformationsmoral aufzuzeigen, die herkömmliche moralische Vorstellungen hinter sich lässt und zugleich Wege finden muss, eine Neuorientierung akzeptabel zu machen.[26] Hinzu kommt, dass eine solche Neuorientierung in der langfristigen Zeitperspektive einer Utopie zu sehen ist, die ihre «Idee zu einer neuen Lebensform» sukzessive über Generationen hinweg umzusetzen gedenkt und ihre Vorstellungen über «wahren Sozialismus» nur in einer «völligen Umbildung des Menschen» für realisierbar hält. Diese Sachverhalte[27] unterstreichen die von Hitler selbst gesehene Erziehungsaufgabe seiner Bewegung und bekräftigen den Tatbestand, dass so etwas wie eine nazistische Transformationsmoral oder eine Konzeption von epochaler moralischer Transformation zum Kern der nazistischen Weltanschauung gezählt werden muss.[28]

Von einer solchen Konzeption zu sprechen und sie den Nazis zuzuschreiben, kommt einer idealtypischen Betrachtung im Sinne Max Webers gleich, durch die sich im Interesse rationaler Transparenz Gedankengebilde konstruieren lassen, die helfen, bestimmte Züge der Wirklichkeit besser zu verstehen. Wenn es einleuchtet, dass die nazistische Weltanschauung eine Antwort auf das selbst gestellte Problem einer epochalen moralischen Transformation braucht, dann gilt es, um mit Weber zu reden, diese Konzeption im Modus der «objektiven Möglichkeit» so zu konstruieren, dass sie zugleich im Licht der historischen Forschung als «adäquat» erscheint.[29] Bei dieser Zugangsweise bleibt zwar Hitler eine sehr wichtige Quelle zur Beurteilung der «Adäquatheit» einer solchen Konstruktion im Modus «objektiver Möglichkeit», doch kann zugleich der Gedankenwelt der übrigen Nazi-Elite und der sie prägenden Einflüsse und Motive ebenso Rechnung getragen werden, um sie als Quellen zu dem aufgezeigten Problem eines moralischen Transformationskonzepts zu interpretieren.

Mit dieser methodischen Reflexion entgehen wir der Schwierigkeit, uns in *direkte* Abhängigkeit von historischen Forschungsergebnissen zu begeben, die naturgemäß einem ständigen Prozess von Kritik, Korrektur oder Widerlegung unterworfen sind. So kann es nicht die Sache einer philosophisch orientierten Fragestellung sein, etwa entscheiden zu wollen, ob es Heinsohn gelungen ist, seine an Hitler angeschlossene These hinsichtlich der von ihm herangezogenen Quellen im Licht der historischen Forschung gegen eventuelle Einwände durchzubringen.[30] Selbst wenn seine These stark einzuschränken wäre oder gar aufgegeben werden müsste, bliebe ihr das Verdienst, das Problem eines moralischen Transformationskonzepts im Rahmen der nazistischen Weltanschauung in den Blick gerückt zu haben. Sollte sich herausstellen, dass bei Hitler selbst zum Problem des moralischen Transformationskonzepts des Nazismus wenig zu holen ist, so erledigt dies nicht die Fragestellung für die nazistische Elite oder die nazistische Bewegung insgesamt. Gleichwohl bleibt natürlich die idealtypische Betrachtung eines moralischen Transformationskonzepts auf die historische Forschung zurückbezogen. Maßgebend ist die Tauglichkeit der damit formulierbaren Fragestellung in Termini von Fruchtbarkeit. Soweit ich sehe, ist diese gegeben.

Die Frage nach der Diagnose des Gattungsbruchs im Kontext der historischen Forschung ergibt daher das folgende Zwischenresultat: Der moralische Gattungsbruch des Nazismus ist im Rahmen von dessen Weltanschauung zu sehen, die ein moralisches Transformationsprojekt des Menschen impliziert, zu dessen konstitutivem Bestandteil der antijüdische Gattungsnegativismus gehört. Wie immer im Einzelnen weiter interpretierbar, liegt in diesem Sachverhalt die «objektive Bedeutung» der mit dem Holocaust verbundenen moralischen Zäsur.

Doch diese Zäsur hat noch eine weitere Dimension. Sie ergibt sich aus der Resonanz, die der nazistischen Weltanschauung und ihrem moralischen Transformationskonzept zuteil wurde und damit die Brüchigkeit oder Angreifbarkeit herkömmlicher Moralvorstellungen zu konstatieren zwingt.[31] Dass der Nazismus große Teile der deutschen Bevölkerung ebenso wie gesellschaftliche und staatliche Funktionsträger oder die Wehrmacht durchdringen konnte, zeugt von einem durch seine Ideologie induzierten moralischen Transformationspotenzial, das weit über den engeren Kreis von «wahren Gläubigen»[32] oder den organisierten Nazismus in Partei und SS hinausging. Das antisemitische Vokabular, dessen sich Hitler und seine Gefolgsleute schon früh bedienten[33], sowie die sich sukzessive steigernden Praktiken der Diskriminierung, Entrechtung und Verfolgung von Juden nach der «Machtergreifung»[34] zeigen deutlich, dass die nazistische Weltanschauung eine *Option der physischen Vernichtung* mit sich führte, die herkömmliche moralische Grenzen, wie sie der christlich-humanistischen Tradition oder Maßstäben der Weimarer Verfassung entsprachen, hinter sich ließ.

Insofern besteht die «objektive Bedeutung» des moralischen Geschehens, das in der Unterstützung, sympathisierenden Begleitung oder wohlwollenden Tolerierung des Nazismus zum Ausdruck kommt, darin, dass die Bereitschaft zu einem Gattungsversagen gegeben war, welches daran greifbar wird, dass der Vernichtungsoption gegenüber den Juden nicht mit Verweigerung begegnet wurde. Dies zu konstatieren hat nichts damit zu tun, in sicherem Abstand den moralischen Zeigefinger zu erheben. Vielmehr ergibt sich diese Deutung in spiegelbildlicher Formulierung der idealtypischen Betrachtung des nazistischen Transformationskonzepts. Denn es ist klar, dass sich aus dem antijüdischen Gattungsnegativismus die Vernichtungsoption ergibt. Hieraus ist zu schließen, dass ein Nicht-Verweigern gegenüber dieser Option die Bereitschaft nahe legt, den Gattungsnegativismus zu akzeptieren, und dies kann man als Gattungsversagen bezeichnen. Damit erreichen wir als allgemeines Ergebnis, dass die moralische Bedeutung des Holocaust in einem Wechselzusammenhang von Gattungsbruch und Gattungsversagen besteht.

Dieser Zusammenhang kann vielleicht auch die Tragik der jüdischen Opfer weiter erschließen helfen. Raul Hilberg hat gemeint, dass die Opfer in der «Zwangsjacke ihrer Geschichte» gefangen blieben, weil sie der Verfolgung und Vernichtung durch den Nazismus größtenteils mit gleichsam traditionellen Mitteln der Anpassung und Beschwichtigung begegneten, die ihren zweitausendjährigen Exilerfahrungen entsprachen.[35] Die Untauglichkeit solcher Verhaltensmuster liegt angesichts der Dimension des Geschehens auf der Hand. Doch welche Anstrengung an reflexiver Selbstdistanz zu der eigenen moralischen Identität wäre unter diesen Umständen nötig gewesen, um aus Sicht der jüdischen Opfer überhaupt nachvollziehen zu können, dass an ihnen mit der Gewalt eines moralischen Andersseins ein Gattungsbruch begangen wurde, der sie als menschliche Wesen negierte? Wäre es nicht geradezu einer Selbstverleugnung und dem Eingeständnis völliger Hoffnungslosigkeit gleichgekommen, wenn sie sich hätten eingestehen müssen, in einem völlig anderen moralischen Planetensystem gelandet zu sein?

Wenn wir hieran weitere Differenzierungen und einige wenige historische Ergänzungen anschließen, so kann dies die Adäquatheit des gewonnenen analytischen Rahmens unterstreichen. Im Sinne einer Abstufung an Radikalität habe ich bereits oben auf die Variante des gattungsneutralen Antisemitismus – oder besser: Antijudaismus – hingewiesen, der, wie wir jetzt sagen können, nicht zwingend eine exterministische Option impliziert, wohl aber in seinen verschiedenen Ausprägungen (kulturelle, religiöse, rassistische) schlimme Auswüchse an Repression bis hin zu Morden, Pogromen und Massakern einschließen und in den Dienst des gattungsnegativen Antijudaismus genommen werden kann. Weitere Diskussionen zum Antisemitismus, nicht zuletzt auch die Goldhagen-These von einem in Deutschland weit verbreiteten «eliminatorischen Antisemitismus», wären in diesem Rahmen weiterzuführen.[36]

Offenbar haben sich die verschiedenen Spielarten des Antijudaismus in der Wirklichkeit durchdrungen, sodass Verschiebungen nach Maßgabe der einen oder anderen Variante möglich blieben. Dem entspricht, dass es weder für den einfachen Nazi noch für die intellektuellen Führungszirkel immer klar war, wie die «Judenfrage» schließlich zu lösen sei. Auch bei Hitler bedarf es nicht der Unterstellung einer bruchlosen Intentionslinie von seinen frühen Äußerungen zur «Entfernung der Juden» (1919)[37] bis zu Auschwitz. Es genügt festzustellen, dass Hitler und die Nazi-Elite – in welchen Begriffen auch immer – über die Vernichtungsoption in Orientierung am gattungsnegativen Antisemitismus verfügten. Dass in ihrem Umfeld «wissenschaftliche» Diskussionen darüber stattfinden konnten, ob die Rechtfertigung der Judenvernichtung in der «Andersartigkeit» oder «Anderswertigkeit» der Juden oder in beidem zu sehen sei[38], dokumentiert die Wirkungsmächtigkeit der exterministischen Option. Dasselbe gilt im Hinblick auf die barbarische Sprache oder Einstellung der unmittelbaren Peiniger oder Mörder von Juden, die der Überzeugung waren, es mit «Tieren» oder Exemplaren einer anderen Spezies zu tun zu haben.[39] Wie weit diese Einstellung auch bei Parteimitgliedern ging, zeigen interne Berichte des Sicherheitsdienstes (SD), die angesichts von Pogromen in Wien (1938) zu der für sie plausibelsten Erklärung griffen, die Parteiangehörigen hätten «den Augenblick zur endgültigen Liquidierung der Judenfrage» für gekommen gesehen.[40] Schließlich kann an den verschiedenen Phasen der Judenverfolgung und -vernichtung nachvollzogen werden, wie sich die exterministische Option nach und nach durch immer systematischere Vernichtungsaktionen konkretisierte und welche Schlüsselfunktion der «Judenpolitik» für das Selbstverständnis des Nationalsozialismus zukam.[41] Im Rahmen des Krieges blieb der nazistischen Utopie quasi nur noch ihre negative Grundbedingung: die Verfolgung und Vernichtung der Juden.

In diesem Zusammenhang ist es aufschlussreich, wenn wir auf ein Projekt zur «territorialen Endlösung» eingehen, das stellvertretend für andere stehen mag, den «Madagaskar-Plan». Denn auch aus diesem Plan (1940), der von einer Denkschrift Himmlers seinen Ausgang nahm, spricht der Geist des Gattungsnegativismus.[42] Der «territorialen Endlösung» der Judenfrage auf Madagaskar, der nach dem Krieg gegen Frankreich zur Verfügung stehenden Kolonie, haftet nur auf den ersten Blick ein Hauch von Humanität an. Auch wenn es richtig ist, dass Hitler diesem Plan zustimmte und Himmler zum damaligen Zeitpunkt die «physische Ausrottung … als ungermanisch» ablehnte, so kann doch kaum ein Zweifel bestehen, dass die exterministische

Option der «physischen Endlösung» im Rahmen der «territorialen Endlösung» aktualisiert worden wäre, falls das politische Kalkül nicht aufgegangen wäre, das mit dem Madagaskar-Plan einherging: das Offenhalten eines Friedensschlusses mit Großbritannien und die Möglichkeit, durch ein «Großgetto» das jüdische Volk in Geiselhaft zu nehmen, um «feindselige Handlungen von Juden in USA gegen Deutschland» zu unterbinden. Es gehört wenig Phantasie dazu, sich vorzustellen, was den «Geiseln» geschähen wäre, wenn die Realisierung dieses Plans nicht die gewünschten Resultate gezeitigt hätte, ganz abgesehen davon, dass in einem solchen «Großgetto» alle Möglichkeiten der sukzessiven physischen Vernichtung bestanden hätten.

Angesichts der zentralen Bedeutung der «Judenpolitik» für die «Durchdringung der deutschen Gesellschaft» und später des europäischen Kontinents[43], die aus einer Vergegenwärtigung des Gesamtkomplexes der Judenverfolgung deutlich wird, scheint es erst recht einleuchtend, das Problem einer nazistischen Transformationsmoral in den Blick zu rücken, ohne die eine solche «Durchdringung» kaum denkbar ist. Die moralische Deutung des Holocaust als Komplementarität von Gattungsbruch und Gattungsversagen dürfte also durch die historische Forschung gedeckt sein. Wir können uns daher weiteren philosophischen Überlegungen zuwenden.

Abschied vom Gattungstraditionalismus

Der Zusammenhang von moralischem Gattungsbruch und Gattungsversagen, mit dem uns das Geschehen des Holocaust konfrontiert, sollte Anlass geben, die philosophische Begrifflichkeit zu überdenken, in der wir uns für den moralischen Universalismus als Antithese zum Nazismus stark machen. Denn in dieser Begrifflichkeit scheint sich nicht nur die moralische Empörung über den nazistischen Gattungsbruch ausdrücken zu müssen, sondern auch so etwas wie die moralische Trauer darüber, dass mit dem eingetretenen Gattungsversagen das feste Gefüge eines geschlossenen moralischen Gattungsbegriffs erschüttert ist, das für Kant noch so selbstverständlich war. Karl Jaspers, der noch in dieser Tradition steht, hat gleichwohl das Gattungsversagen aus der Sicht des unmittelbaren Zeitgenossen auf seine Weise artikuliert, wenn er aus der Ich-Perspektive von «metaphysischer Schuld» spricht:

«Metaphysische Schuld ist der Mangel an der absoluten Solidarität mit dem Menschen als Menschen. Sie bleibt noch ein unauslöschlicher Anspruch, wo die moralisch sinnvolle Forderung schon aufgehört hat. Diese Solidarität ist verletzt, wenn ich dabei bin, wo Unrecht und Verbrechen geschehen ... wenn ich dabei war, und wenn ich überlebe, wo der andere getötet wird, so ist in mir eine Stimme, durch die ich weiß: daß ich noch lebe, ist meine Schuld ... Wir Überlebenden haben nicht den Tod gesucht. Wir sind nicht, als unsere jüdischen Freunde abgeführt wurden, auf die Straße gegangen, haben nicht geschrien, bis man auch uns vernichtete. Wir haben es vorgezogen, am Leben zu bleiben, mit dem schwachen, wenn auch richtigen Grund, unser Tod hätte doch nichts helfen können ... Unter unserer Bevölkerung waren wohl viele empört, viele tief ergriffen ... Aber noch mehr setzten ohne Störung ihre Tätigkeit fort ... als ob nichts geschehen sei. Das ist moralische Schuld ... Diejenigen aber, die in völliger Ohnmacht, empört, verzweifelt es nicht hindern konnten, taten wiederum einen Schritt in ihrer Verwandlung durch das Bewußtwerden der metaphysischen Schuld.»[44]

Die Differenzierung zwischen moralischer und metaphysischer Schuld, die Jaspers in so eindringlichen Worten des Zeitgenossen zu bestimmen sucht, lässt sich zwar nicht in seiner Begrifflichkeit aufrechterhalten, zumal für ihn «Gott» als Instanz der absoluten Solidarität des Menschen mit dem Menschen fungiert. Und sicher entfällt für uns die Ich-Perspektive der unmittelbaren Zeitgenossenschaft. Was jedoch nicht entfällt, ist die Einsicht von Jaspers, dass es über die Dimension von unmittelbarer moralischer Schuld, Verantwortung oder Pflichterfüllung hinaus eine Dimension des moralischen Bewusstseins gibt, in der uns die moralische Bedeutsamkeit der Welt insgesamt zur Frage werden kann. Moralisch-existenzielle Ausweglosigkeit führt auf die Frage nach den Grenzen der Moral und darüber hinaus auf so etwas wie die Einsicht in die moralische Unheilbarkeit der Welt, ihre, wenn man so will, moralische Unrettbarkeit. Wenn wir hierzu bei Jaspers weitere Stichworte wie das Bewusstsein von «Versagen» und «Scham» hinzunehmen, dann können wir uns von seinem Begriff von metaphysischer Schuld lösen und zugleich die Idee von Jaspers in der Interpretation bewahren, dass uns die Komplementarität von Gattungsbruch und Gattungsversagen zu einer Verarbeitung der moralischen Bedeutsamkeit der Welt in Begriffen zwingt, die mit einer «Verwandlung» unseres moralischen Bewusstseins einhergeht. Wie kann das geschehen?

Eine Möglichkeit besteht darin, den Gattungstraditionalismus dadurch hinter uns zu lassen, dass wir in *formaler* Hinsicht auch die nazistische Transformationsmoral als ein moralisches Konzept einordnen, weil es sich als ein solches erklärt oder verstehen lässt. Auch wenn dieses Konzept in unserer moralischen Wertung als unmoralisch beurteilt wird, so scheint das Potenzial an Gattungsversagen, das es mit sich führt, kaum eine andere Wahl möglich zu machen. Umso schärfer ist dann der *materiale* Gegensatz zur universalistischen Moral herauszustellen und das Rationalitätspotenzial zu entfalten, das für diese spricht. Eine andere Möglichkeit liegt darin, weiterhin auf einem Gattungstraditionalismus zu beharren, der die Moral in einem humanen Kern ansiedelt, der vom moralischen Desaster des Holocaust untangiert geblieben ist. So verständlich und respektabel die Motivation für eine solche Position ist und so engagiert sie sich als Reaktion auf die Unmoral der nazistischen Transformation artikulieren mag[45], es ist eine Position, die sich auf kaum mehr als eine metaphysische Hoffnung stützen dürfte.

Ich meine also, dass wir dem humanen Paradigma Kants einen besseren Dienst erweisen, wenn wir den moralischen Universalismus über Kant hinaus in einen formalen Bezugsrahmen stellen, der diesen Universalismus als ein inhaltlich-moralisches Spezifikum in einem Spektrum von Möglichkeiten zu verstehen erlaubt, das andere Moralentwürfe enthält, die real möglich, wenngleich inhaltlich völlig konträr zu dem unsrigen sind.[46] Wir müssen in anderen Worten die Gattungsperspektive als *Frage* der Universalisierung unseres inhaltlich verstandenen moralischen Universalismus behandeln, wenn wir die kantischen Stichworte aufnehmen (Mensch als Zweck an sich selbst, Würde etc.). Moralischer Universalismus impliziert inhaltlich nicht eo ipso moralische Gattungsallgemeinheit, wenngleich der Anspruch des moralischen Universalismus auf Gattungsallgemeinheit zielt. Diese These, die ich zunächst bewusst abstrakt formuliere, bietet sich aus der Einsicht in das Gattungsproblem an, das der Holocaust aufwirft.

Selbstverständlich kann man dies philosophisch auch anders sehen, und so bleibt nur eine Abarbeitung an Versuchen, den kantischen Gattungstraditionalismus sozusagen in Reinheit weiterzuführen. Ein solcher Versuch liegt in der Ethik von Christine Korsgaard auf hohem Niveau vor. Daher ist es aufschlussreich, das abstrakt gestellte systematische Problem an dieser Ethik exemplarisch zu diskutieren. In der Familie des kantischen Gattungstraditionalismus steht Korsgaard auch näher bei Kant als etwa die Diskursethik[47], weil sie eine klassisch subjektorientierte Zugangsweise beibehält, um die Grundlagen der Moral herauszuarbeiten. Umso interessanter ist es daher, gerade an diesem Beispiel des Kantianismus zu demonstrieren, wie seine Intentionen nur in einem systematisch veränderten Bezugsrahmen aufrechtzuerhalten sind. Dazu gilt es, den Gedankengang von Korsgaard zu verfolgen.

Von Kant über Korsgaard zur kritischen Hermeneutik von Moral

Die Idee, die Korsgaards Überlegungen leitet, ist dadurch gekennzeichnet, dass sie versucht, einerseits einen Begriff von moralisch-praktischer Identität zu entwickeln, der inhaltlich über Kant hinausgeht, andererseits ihr kantisches Modell durch ein «transzendentales Argument» abzusichern. Denn es soll sich das Ergebnis einstellen, dass die Moral der Aufklärung schlicht wahr ist.

Beginnen wir damit, dass Korsgaard moralische Verpflichtungen als Verpflichtungen «gegenüber der Menschheit als solcher» versteht.[48] Damit knüpft sie an Kants «Zweckeformel» des kategorischen Imperativs an, nach der die Menschheit in der Person eines jeden Menschen jederzeit zugleich als Zweck, niemals bloß als Mittel gebraucht werden darf. Zugleich ist für sie «Autonomie» der Ursprung von Verpflichtungen ganz analog zu Kants Vorstellung von der Autonomie des Willens, die zum Moralprinzip führt. Im Unterschied zu Kant führt sie jedoch eine wichtige Distinktion ein:

«Ich nenne das Gesetz, nur nach Maximen zu handeln, von denen du wollen kannst, dass sie allgemeines Gesetz werden, den ‹kategorischen Imperativ›. Diesen unterscheide ich von dem, was ich das ‹moralische Gesetz› nenne ... Kants Argument zeigt ..., dass *der kategorische Imperativ* das Gesetz eines freien Willens ist, aber zeigt nicht, dass das *moralische Gesetz* das Gesetz eines freien Willens ist.» (S. 98 f.)

Nötig erscheint Korsgaard vielmehr, den *Bereich (domain)* zu bestimmen, auf den sich das Gesetz des freien Willens beziehen muss. Da es hierfür verschiedene Möglichkeiten gibt, bedarf es des Bezugs auf den Bereich aller rationalen Wesen. Ein solcher Bezug ist z. B. dann nicht gegeben, wenn der freie Wille sich ein Gesetz gibt, das ausschließlich auf den Bereich der eigenen Lebensplanung in egoistischer Manier ausgerichtet ist. Für Korsgaard ist daher erforderlich, dass der Handelnde sich selbst als «Bürger eines Reichs der Zwecke» verstehen muss, um als moralisch Handelnder bezeichnet werden zu können (S. 100). Mit der damit in Ansatz gebrachten Unterscheidung zwischen dem kategorischen Imperativ qua Gesetzgebung eines freien Willens und dem moralischen Gesetz qua Gesetzgebung eines freien Willens in einem Reich der Zwecke gelingt Korsgaard ein erster wichtiger Argumentationsschritt, den ich keinen Anlass sehe, in Frage zu stellen. Wie immer buchstabengetreue Kantianer dazu stehen mögen, es kann kaum bezweifelt werden, dass Korsgaards kantische Variante eine Lesart darstellt, die sich aus Kant herausholen lässt.[49]

Wenn wir daher weitergehen und fragen, was es heißt, sich als Bürger eines Reichs der Zwecke zu verstehen, so stoßen wir auf den für Korsgaard relevanten Begriff von «praktischer Identität», der darin besteht, dass ich mich unter einer Beschreibung verstehe, unter der ich mich selber schätze *(value yourself)*, einer Beschreibung, unter der ich mein Leben lebenswert finde und meine Handlungen wert finde, ausgeführt zu werden (S. 101). Moralisch kann ich nur sein unter einer Konzeption von praktischer Identität, zu der das Selbstverständnis gehört, Bürger eines Reichs der Zwecke zu sein. Anders als bei Kant wird diese Überlegung jedoch durch keine Zwei-Welten-Lehre gestützt, sondern in der Perspektive weltlicher Diesseitigkeit ausgeführt. Korsgaard verweist auf die Komplexität der gewöhnlichen Rede von «Identitäten» in Gestalt verschiedener Rollen (Frau, Mann, Beruf, religiöse Mitgliedschaft, Zweierbeziehungen, Gruppen etc.), die jeweils Handlungsgründe und Verpflichtungen generieren. Analog zu normativen Verpflichtungen durch Rollenidentitäten sieht sie den Zusammenhang von Verpflichtung und praktischer Identität in einem elementaren Sinn. Alltägliche Wendungen wie «ich könnte nicht mit mir weiterleben, wenn ich das täte» verweisen auf eine Grunddimension von praktischer Identität, auf die es ankommt. Diese herauszuheben macht die Originalität von Korsgaards Ansatz aus und ermöglicht ihr, den Begriff der Verpflichtung in Rückbeziehung auf den Begriff von praktischer Identität einzuführen und zu erklären.

Korsgaard kann daher sagen:

«Konzeptionen von uns selbst, die wir für am wichtigsten für uns halten, lassen unbedingte Verpflichtungen entstehen. Denn diese zu verletzen, bedeutet, die eigene Integrität und daher Identität zu verlieren und so nicht länger der zu sein, der du bist. Das heißt, nicht länger fähig sein, dich unter der Beschreibung zu denken, unter der du dich selbst schätzt und dein Leben lebenswert findest und deine Handlungen wert, getan zu werden. Es ist, wie für alle praktischen Zwecke tot zu sein oder schlimmer als tot. Wenn eine Handlung nicht ohne Verlust eines fundamentalen Teils der eigenen Identität ausgeführt werden kann und ein Handelnder genauso gut tot sein könnte, dann ist die Verpflichtung, nicht so zu handeln, unbedingt und vollständig. Wenn Gründe aus reflexiver Bekräftigung entstehen, dann entsteht Verpflichtung aus reflexiver *Zurückweisung*.» (S. 102)

Aufgrund der von ihr angesetzten Verknüpfung von praktischer Identität und Verpflichtung kommt Korsgaard zu der Aussage, dass Verpflichtung dann «tief» *(deep)* zu nennen sei, wenn es um wirklich wichtige Dinge gehe. Verpflichtung ist immer unbedingt (z.B. in Berufsrollen: Wer als Rechtsanwalt «Mandantenverrat» begeht, ist professionell «tot»), dagegen ist Verpflichtung nur bei wirklich wichtigen Dingen tief. Damit ist der relevante Begriff von praktischer Identität für unseren Kontext so weit erläutert, dass wir uns nun dem entscheidenden Schritt in der Argumentation von Korsgaard zuwenden können. Mit Blick auf Kant stellt Korsgaard fest, dass sie zunächst

Kants Idee der Selbstgesetzgebung des Willens als Quelle von Normativität freigelegt habe, weil die reflexive Struktur des menschlichen Bewusstseins verlange, dass man sich mit einem Gesetz oder Prinzip identifiziere, das Handlungsentscheidungen leitet (S. 103 f.). Doch im Unterschied zu Kant ist noch gar nicht geklärt, mit welchem Gesetz oder Prinzip sich der Wille identifiziert. Diese Sachlage ergibt sich aufgrund von Korsgaards Distinktion zwischen dem kategorischen Imperativ und dem moralischen Gesetz sowie nach Maßgabe ihres Begriffs von praktischer Identität als Quelle von tiefer Verpflichtung.

Der ausstehende Schritt liegt damit auf der Hand: Um nicht, wie sie meint, bei einem Relativismus («relativism in the system», S. 113) zu verharren, bedarf es des Nachweises, dass unsere moralische Identität quasi die richtige Identität darstellt, eine Identität, die – wie Korsgaard in historischer Reflexion hervorhebt – im Verständnis der Aufklärung die Beziehung zur Menschheit als solcher einschließt. Sie braucht ein Argument, das dies zeigt. Anders gesagt, sie muss und will zeigen, dass der aufklärerische Begriff von moralischer Identität, der dem inhaltlich verstandenen moralischen Universalismus als einem Prinzip moralischer Selbstdefinition korrespondiert, für jeden Menschen zwingend ist, sodass kein Mensch umhinkann, diesen Begriff sich zu Eigen zu machen. Dies führt zu Korsgaards «transzendentalem Argument», dem zufolge die Aufklärungsmoral «wahr» ist (S. 123). Doch wie sieht dieses Argument aus? Im Wesentlichen lautet es wie folgt:

1. Um mir überhaupt praktische Identität zuschreiben zu können, muss ich über irgendeine Konzeption von praktischer Identität verfügen.
2. Meine Konzeption von praktischer Identität, die meine Handlungsentscheidungen leitet, kann nicht aus partikularen Identitäten meiner selbst entspringen, da sie diesen partikularen Identitäten als Orientierung zugrunde liegt.
3. Die Grundorientierung meiner praktischen Identität als solcher, die Gründe bereitstellt, welche partikularen Identitäten meiner selbst mit ihr übereinstimmen oder nicht, kann daher nur resultieren aus meiner Identität als ein menschliches Wesen, «eines re

flektierenden Tiers, das Gründe zu handeln und zu leben braucht» (S. 121).

4. Um also überhaupt Handlungs- oder Orientierungsgründe zu haben, muss ich «mein Menschsein als praktische, normative Form von Identität betrachten, d.h. mich als menschliches Wesen schätzen» (S. 121).
5. Wenn ich mich jedoch selbst aufgrund meiner bloßen Identität als menschliches Wesen schätze, dann muss ich jedes andere menschliche Wesen auch aufgrund seiner bloßen Identität als ein menschliches Wesen schätzen.
6. Ergo ist die Aufklärungsmoral wahr, weil ihre Konzeption von praktischer Identität darin besteht, jedem Menschen als solchem eine praktische Identität nur aufgrund seines Menschseins zuzuschreiben.

Worin steckt nun der aufschlussreiche Fehler dieses Arguments? Darin, dass aus der menschlichen Fähigkeit, sich eine bestimmte praktische Identität zuzuschreiben, nicht folgt, dass diese Selbstzuschreibung zu nichts anderem führen kann, als sich als ein menschliches Wesen mit einer Identität als Mensch wie jedes andere menschliche Wesen zu verstehen. Alles, was folgt, ist – und dieser strukturelle Punkt ist unproblematisch –, dass wir jeden Menschen so betrachten, ob er in der Lage ist, sich irgendeine Konzeption von Identität zu geben. Die für jeden Menschen zu unterstellende strukturell-identische Fähigkeit, sich eine Identität zu geben, ist jedoch etwas anderes, als sich eine Identität als Mensch zu geben, die dem inhaltlichen Verständnis folgt, dass jeder Mensch in seinem Menschsein geschätzt wird.

In der Tat kann sich jeder Mensch seiner Identität als ein Wesen innewerden, das in der Lage ist, sich eine Identität zu geben und sich in dieser menschlichen Eigenart zu schätzen; doch dies fällt nicht zusammen mit der Selbstzuschreibung einer praktischen Identität, in der jeder Mensch sein Menschsein so schätzt wie das Menschsein jedes anderen Menschen. Die qualitative Identität eines Wesens, das in der Lage ist, sich eine sich selbst schätzende Identität zu geben, ist zu unterscheiden von der qualitativen Identität eines solchen Wesens, sich eine sich selbst schätzende Identität zu geben, die das Menschsein jedes Menschen schätzt. Diese Differenzierung wird in den Schritten des obigen Arguments verwischt. Die Aufklärungsmoral ist nicht in dem Sinn wahr, in dem Korsgaard dies meint.[50]

Dennoch geben die Überlegungen Korsgaards fruchtbare Gesichtspunkte ab, um weitere Schritte zur Klärung von Begriff und Stellenwert der Moral anzuschließen. Die von Thomas Nagel kritisierte «existentialistische Idee»[51], der Korsgaard mit ihrem Begriff von praktischer Identität folgt, sehe ich nicht als Nachteil, sondern als Vorzug ihrer Position. Ihre Stärke liegt darin, dass sie die inhaltliche Seite der kantischen Konzeption sehr deutlich heraushebt und damit das Selbstverständnis als «Bürger eines Reichs der Zwecke» als Verallgemeinerungsproblem in Termini praktischer Identität formuliert. Warum sollen alle Menschen diesem Verständnis von praktischer Identität folgen?

Diesem Vorzug an Klarheit steht natürlich der Nachteil gegenüber, das von ihr im Geiste Kants angestrebte Beweisziel nicht erreicht zu haben. Aber auch diesem Nachteil lässt sich wieder ein deutlicher Vorzug abgewinnen. Denn nachdem sich herausgestellt hat, dass die menschliche Fähigkeit, sich eine praktische Identität unter einem bestimmten inhaltlichen Selbstverständnis zuzuschreiben, als unproblematische strukturelle Voraussetzung anzusehen ist, verliert die Rede von «Selbstgesetzgebung» oder «Autonomie» bei der Konstitution von Normativität qua praktischer Identität ihre spezifisch kantischen Konnotationen. Der Bezug dieser Begriffe auf das moralische Prinzip wird nicht aufgegeben, aber er verliert den Charakter der Notwendigkeit. Die Rede von Selbstgesetzgebung oder Autonomie wird so noch formaler als bei Kant, weil sie sich nur noch auf die Fähigkeit bezieht, die eigene praktische Identität selbstbestimmt unter einem inhaltlichen Prinzip zu definieren, einem Prinzip, das für uns durch die universalistische Moral repräsentiert wird, das aber für andere Menschen anders bestimmt sein kann.

Wenn wir mit diesen systematischen Korrekturen auf Korsgaards Begriff der Verpflichtung zurückkommen, so ergeben sich weitere produktive Gesichtspunkte. Denn die «Tiefe» der moralischen Verpflichtung (vgl. oben) lässt sich jetzt so fassen, dass sie die moralische Selbstbindung repräsentiert, die sich aus dem Selbstverständnis der eigenen praktischen Identität unter dem Prinzip der universalistischen Moral ergibt. Kants «Pflicht» wird so zur Selbstbindung unter diesem Prinzip. Der rationale Wille besteht – um mit Robert Brandom zu reden – darin, «verläßlich auf die eigene Anerkennung einer Festlegung (einer Norm, die einen bindet) zu reagieren».[52] Der Gewinn, den die Auseinandersetzung mit Korsgaard erbringt, besteht darin, dass wir bei der Frage nach der Grunddimension von Moral eine Differenzierung erreichen, die auf der einen Seite strukturelle Elemente («praktische Identität», «Autonomie», «Verpflichtung», «moralisches Prinzip») in unproblematischer Lesart aufzunehmen erlaubt, auf der anderen Seite umso deutlicher erkennen lässt, dass die inhaltliche Seite unserer praktischen Identität im Sinne eines an Kant orientierten Achtungsprinzips zwischen Menschen als Menschen einer formalen Ableitung entzogen bleibt.

Damit lässt sich die Differenzierung in eine unproblematisch-strukturelle und inhaltlich-spezifische Seite von Moral weiterführen. Denn nachdem klar geworden ist, dass ein inhaltlich nicht präjudizierender Begriff von Autonomie darin besteht, die eigene praktische Identität unter einem inhaltlichen Prinzip zu definieren, ergibt sich eine zunächst gleichfalls unproblematische allgemeine Vergleichsfrage unterschiedlicher Moralauffassungen dadurch, dass wir fragen können: Durch welche praktische Selbstdefinition unter welchem Prinzip bestimmt die jeweilige Moral das Verhältnis des einzelnen Menschen zu anderen Menschen? So selbstverständlich für uns die Antwort durch das kantische Achtungsprinzip ausfällt, das durch seinen Universalismus alle Menschen einbezieht und in jedem anderen Menschen die «Menschheit» respektiert, so evident ist auch, dass nicht alle Menschen mit Notwendigkeit ihre praktische Identität unter diesem Prinzip definieren müssen und es faktisch auch nicht tun. Diese Menschen nehmen ihre Autonomie im Sinne ihrer Fähigkeit, die eigene praktische Identität selbst zu bestimmen, in inhaltlich anderer Weise wahr. Hiergegen können wir nur inhaltlich, nicht mehr «formal» argumentieren.

Aus der Kritik an Korsgaard kann man demnach eine Beschreibungsstruktur von Moral gewinnen, die sich folgendermaßen liest:

1. Von jedem Menschen erwarten wir, dass er in der Lage ist, sich eine praktische Identität zuzuschreiben.
2. Die Zuschreibung einer praktischen Identität geschieht unter einer bestimmten Konzeption von praktischer Identität.
3. Konzeptionen von praktischer Identität definieren Prinzipien von moralischen Grundorientierungen, die das wechselseitige Verhältnis zwischen Menschen betreffen.
4. Das Prinzip unserer moralischen Grundorientierung besteht in der wechselseitigen Achtung zwischen Menschen als Menschen.
5. Das Prinzip unserer moralischen Grundorientierung grenzt unsere Moral von anderen Moralauffassungen ab und liefert den erschließenden Maßstab gegenüber allen anderen Moralauffassungen.
6. Ergo haben wir nur eine Chance, unser Moralprinzip als universell akzeptabel zu demonstrieren, wenn es uns gelingt, andere Moralauffassungen zugunsten unseres Moralprinzips zu erschüttern und zu verändern.

Diese Beschreibungsstruktur lässt sich als analytisch-hermeneutischer Rahmen betrachten, in dem wir einerseits das Spezifische unserer moralischen Position formulieren können, andererseits die Perspektive festhalten, den moralischen Universalismus gegenüber anderen Moralauffassungen zur Geltung zu bringen.

Wenn wir in diesem Beschreibungsrahmen auf die idealtypisch gekennzeichnete Konzeption einer nazistischen Transformationsmoral zurückblicken, so ist festzustellen, dass diese Transformationsmoral eine reale Möglichkeit zu einer Konzeption von praktischer Identität darstellt. Die mit Korsgaard über Kant hinaus formalisierbare Rede von Selbstgesetzgebung und Autonomie lässt keinen anderen Schluss zu. *Horribile dictu:* Auch die nazistische Transformationsmoral ist eine Möglichkeit von Moral.

Es ist eine rein terminologische Frage, ob man bei der Charakterisierung dessen, was ich als nazistische Transformationsmoral bezeichnet habe, das Wort «Moral» zu vermeiden vorzieht und stattdessen etwa von einem nazistischen Wertekonzept der menschlichen Transformation oder Ähnlichem spricht. Im Sinne der Bedeutung des moralischen Problems, das dahinter steht, scheint es mir besser, bei der Rede von nazistischer Transformationsmoral zu bleiben. Denn damit wird auch die Abgrenzung umso transparenter, die wir aufgrund der Orientierung am kantischen Achtungsprinzip vollziehen, nämlich die Wertung dieser Transformationsmoral als unmoralisch. Der analytisch-hermeneutische Beschreibungsrahmen ermöglicht beides, die Einordnung unterschiedlicher Moralauffassungen und ihre Bewertung.

Zugleich können wir in diesem Rahmen eine triftige Einsicht von Korsgaard bewahren, die darin besteht, dass sie das Verständnis von Moral auf eine «tiefe» Verpflichtung unter dem Begriff von praktischer Identität anlegt. Diese «tiefe» Verpflichtung kann in Form existenzieller Entscheidungsalternativen expliziert werden, aus denen die Relevanz von Moral und deren Härte spricht: Wenn die eigene praktisch-moralische Identität zu verlieren bedeutet, «für alle praktischen Zwecke tot zu sein oder schlimmer als tot» (vgl. oben), dann kann uns Korsgaards existenzialistischer Kantianismus auch als Folie dafür dienen, das moralische Geschehen einzuschätzen, in dem sehr viele Menschen nicht der Auffassung waren, es sei besser zu sterben, als unschuldige jüdische Menschen umzubringen.

Die kritische Hermeneutik von Moral, die vor diesem Hintergrund zu entfalten ist, kann nun in Grundzügen umrissen werden. Nach der analytisch-deskriptiven Seite zeigt sich im Fall der nazistischen Transformationsmoral, dass es sich dabei um ein Gebilde handelt, das nur im komplexen Kontext der nazistischen Weltanschauung zu erfassen ist. Simplifizierende Stilisierungen des «Nazi» zum Zwecke moralphilosophischer Widerlegung enden leicht in Zirkularität.[53] Der bessere Weg besteht darin, die Grenzen der rationalen Überbrückung unterschiedlicher Moralauffassungen klar zu benennen und zugleich über eine hermeneutische Erschließung zu erkunden, wo überhaupt Chancen zur argumentativen Erschütterung der Gegenseite liegen könnten. Aufgrund der Einbettung der nazistischen Transformationsmoral in die sie tragende Weltanschauung bietet diese den Ansatzpunkt, um zu klären, ob die Möglichkeit besteht, das Geflecht aus Antisemitismus/Antijudaismus, Rassentheorie, deutsch-völkischer Raum- und

Lebenskampftheorie sowie Utopie eines «neuen Menschentums» (vgl. oben) wenigstens so weit zu entwirren, dass die dabei mitgeführten Voraussetzungen oder Theoreme für sich genommen angreifbar werden. Ob es dabei um die Fragwürdigkeit der «jüdischen Weltverschwörung», den vermeintlich wissenschaftlich fundierten Sozialdarwinismus oder Ethno-Biologismus oder das «Naturgesetz» eines Lebenskampfs der Völker oder andere Theoreme gehen mag, offenbar stellt sich die Aufgabe, mit Hilfe von theoretischer Vernunft so etwas wie Schneisen in die Weltinterpretation der Gegenseite zu schlagen.

Dass etwa die «Protokolle der Weisen von Zion» eine antisemitische Fälschung darstellen[54], dass der Darwinismus keine haltbare Grundlage für eine Wissenschaft vom Sozialen abgibt, dass hierarchische Rassentheorien naturwissenschaftlich nicht fundierbar sind, dass es keine Naturgesetze des Lebenskampfs zwischen Völkern und auch keine Gesetze der Geschichte welcher Art auch immer gibt – an all diesen Stichworten zeigen sich Streitpunkte mit der Gegenseite, die in den Bereich der theoretischen Vernunft fallen. Falls es überhaupt Sinn macht, mit einem Vertreter der nazistischen Transformationsmoral in eine Diskussion einzutreten, müsste der moralische Universalist versuchen, das Rationalitätspotenzial der Sozialwissenschaften oder anderer Wissenschaften (Religionsgeschichte, Naturwissenschaft) so ins Spiel zu bringen, dass durch analytische und empirische Verobjektivierungen, zu denen rational betriebene Wissenschaft in der Lage ist, einer Weltinterpretation das Wort geredet wird, die zulässt, dass die moralische Dimension als eigenständige Dimension normativer Intersubjektivität hervortreten und ein sinnvoller Streit über Prinzipien allererst Raum greifen kann. Auf diese Weise können Wissenschaften in den Dienst der Moral genommen werden, natürlich nicht, um wissenschaftlich irgendetwas Moralisches «ableiten» zu wollen, sondern um umgekehrt eine Weltinterpretation zu verteidigen, die der Moral einen eigenständigen Spielraum und ein Feld von Argumentationsmöglichkeiten zwischen unterschiedlichen Moralauffassungen zuweist.

Gesetzt den Fall, eine solche Argumentation hätte im Extremfall der nazistischen Transformationsmoral Erfolg, so müsste sich dies daran zeigen, dass die veränderte Position, die der Vertreter der nazistischen Transformationsmoral nun einnimmt, eine solche ist, die auch aus Sicht des moralischen Universalisten als Moralauffassung diskutierbar ist. Dies wäre dann der Fall, wenn der ursprünglich im Sinne seiner Transformationsmoral radikale Nazi dazu überginge, sich auf eine partikularistisch-nationalistische Gemeinschaftsmoral zurückzuziehen, die er jedoch immer noch als radikale Alternative zu anderen Moralauffassungen verstanden wissen wollte. Aber immerhin: Diese anderen Moralauffassungen (christliche, jüdische, säkular-universalistische) kämen nicht mehr nur als solche in den Blick, die der sukzessiven Überwindung preisgegeben wären, sondern würden im Status eigenständiger Grundüberzeugungen belassen. Für den moralischen Universalisten würde dies bedeuten, sein Werturteil gegenüber dem solcherart veränderten Nazi zu modifizieren. Aus der Kennzeichnung der nazistischen Transformationsmoral als unmoralisch wäre das veränderte Werturteil geworden, dass man es nun immerhin mit der Formulierung einer Moralauffassung zu tun habe, die als partikularistisch-nationalistische zwar nach wie vor abzulehnen sei, der man aber nicht mehr den Anspruch bestreiten könne, eine diskutable Moralauffassung zu formulieren.[55] Bei diesem Stand der Dinge wäre die Voraussetzung eingeholt, die offenbar gegeben sein muss, damit Diskussionen zwischen unterschiedlichen Moralauffassungen in Termini von Moral überhaupt Sinn machen, nämlich die wechselseitige Anerkennung der unterschiedlichen Auffassungen als *Moral*auffassungen.

Im Rahmen unseres analytisch-hermeneutischen Beschreibungsrahmens haben wir insoweit zwei Schritte vollzogen: erstens die negatorische Abgrenzung zwischen universalistischer Moral und nazistischer Transformationsmoral durch das Werturteil, dass letztere als unmoralisch oder pseudomoralisch zu qualifizieren ist; zweitens die kritische Überleitung der nazistischen Transformationsmoral in eine partikularistisch-nationalistische Gemeinschaftsmoral, die bedeutet, letztere als eine Moralauffassung unter anderen anzuerkennen. Mit dieser Anerkennung geht die Erschütterung der nazistischen Transformationsmoral einher.

Der dritte Schritt, der hieran anzuschließen ist, betrifft die Überwindung der partikularistisch-nationalistischen Moral zugunsten des moralischen Universalismus. Dieser Schritt erfordert weitere Differenzierungen hinsichtlich der Unterschiedlichkeit der sich gegenüberstehenden Positionen. Der Partikularist, den wir nun idealtypisch mit oder ohne Nazi-Vergangenheit charakterisieren können, hätte seine Position näher zu verdeutlichen, etwa so, dass er erklärt, es gehe ihm darum, dass nur eine möglichst homogene Gruppengemeinschaft oder national-homogene Gemeinschaft in der Lage sei, stabile moralische Werte wie Solidarität zwischen Menschen oder auch Patriotismus zu verbürgen. Kritisch befragt würde er die Unterstellung des Rassismus oder Chauvinismus, geschweige denn des Antisemitismus, weit von sich weisen und kontern, auch er habe aus der Geschichte seine Lehren gezogen. Der Partikularist kann sich darüber hinaus als Egalitarist stilisieren, aber sich weigern, über einen Egalitarismus hinauszugehen, der nicht an bestimmte Qualitäten der Menschen seiner Gemeinschaft gebunden bleibt. Ein abstraktes kantisches Achtungsprinzip unter Menschen als Menschen, das seinen näheren Niederschlag in der Rede von abstrakter Gleichheit zwischen Menschen oder überhaupt in der Konzeption von abstrakten Rechten aller Menschen findet, sind für ihn Unbegriffe, die ins moralische Niemandsland führen. Im Übrigen beharrt er darauf, dass seine Position nichts mit einem diffusen Aufgehen des Individuums in der Gemeinschaft zu tun habe, sondern es darum gehe, dem Individuum allererst seine Entfaltungsmöglichkeiten aus der vertrauten Stärke der Gemeinschaft heraus zu ermöglichen.

Ein solcher Partikularist könnte sich sogar bereit finden, das Zugeständnis zu machen, was er für seine Gemeinschaft in Anspruch nimmt, gestehe er jeder anderen auf qualitative Homogenität bedachten Gemeinschaft ebenso zu. Damit wären wir bei einer Variante dessen gelandet, was man als rational kohärenten Partikularismus bezeichnen und mit Ernest Gellner als «rational symmetrische» Fassung des Nationalismus illustrieren kann, eine Variante, die zwar nicht die historisch dominante war, die sich jedoch in einem «ethischen, ‹universalistischen› Geiste» formulieren lässt.[56]

Hiermit wäre eine Position erreicht, die den Partikularisten als permanenten Kritiker des Universalismus zeigt. Er dürfte als ernst zu nehmender Diskussionspartner gelten, weil der Universalismus ja seinerseits in einer Dimension historischer Partikularität reflektiert werden muss, nicht nur, was seine eigene Geschichte angeht, sondern auch, was seine Ausprägung in unterschiedlichen geschichtlich-konkreten Ordnungen betrifft, die durch die Familie demokratischer Rechtsstaaten und verwandter Gebilde repräsentiert werden. Der Partikularist beißt sich an dem Problem fest, dass der Universalismus seinerseits nicht um eine Verhältnisbestimmung von Universalismus und Partikularismus herumkommt. Dies verweist zugleich auf die Chance des Universalisten. Denn diese besteht darin, dieses Problem zuzugestehen, aber dafür zu argumentieren, dass die partikularistischen Einwände nur in einem universalistischen Rahmen Gewicht bekommen können. Ob der Universalist seine Chance erfolgreich wahrzunehmen versteht, müsste wiederum im Detail entwickelt werden, wobei an den Kontext der Diskussion zwischen Kommunitarismus und Liberalismus zu denken ist.[57]

Wir können an dieser Stelle offen lassen, wie sich die so weit umrissene Diskussion fortsetzen wird, weil wir bereits aus der dargelegten Schrittfolge ein systematisches Fazit in Termini moralischer Rationalität erreichen. Im kritischen Rückblick auf Korsgaard zeigen die charakterisierten Schritte, dass sich der systematische Sinn eines Begriffs von praktischer Identität, unter dem moralische Selbstbindung zu denken ist, nicht verträgt mit einem Rationalitätsmodell, das sich an transzendentalen Argumentationen orientiert, die darauf abzielen, wahre Aussagen zu gewinnen. Nicht Wahrheit oder «Widerlegung» qua Nachweis von Falschheit sind offenbar die rationalen Leitbegriffe moralischer Argumentationen zwischen unterschiedlichen Moralauffassungen, sondern eher personenbezogene vergleichende Kohärenz im Licht vorgängiger praktisch-moralischer Identitäten und ihrer möglichen Veränderung (vgl. unten Kap. 1.3).

Zu einem möglichen Veränderungsprozess gehört im Fall der nazistischen Transformationsmoral, dass sie zunächst als unmoralisch ausgegrenzt wird, um ihrem Vertreter die Möglichkeit zur Veränderung in Richtung einer radikal-partikularistischen Gemeinschaftsmoral einzuräumen. Je nach Ausformulierung kann diese Moral als eine diskutable Moralauffassung betrachtet werden, da sie dem nun explizit gewordenen Kriterium moralisch-dialogischer Rationalität genügt, das lautet: Eine Moralauffassung X ist dann moralisch rational, wenn sie von einer anderen Moralauffassung Y kritisch so wahrgenommen werden kann, dass nicht ihr Status als Moral (Unmoral, Pseudomoral) in Frage steht, sondern nur ihre Ausprägung als eine bestimmte Konzeption von praktischer Identität.

Darüber hinaus ergibt sich, dass im Prozess der Veränderung oder Bekräftigung von Moralauffassungen ohne weiteres eine graduelle Rede von Rationalität Sinn macht, die sich im Fall einer Orientierung an der Wahrheit von Aussagen verbietet. Falls der Partikularist seine Moralauffassung so modifiziert, dass sie auch unter universalistischen Prämissen diskutabel wird, etwa nach dem Motto «So viel abstrakte Rechte wie nötig, so viel konkrete Gemeinschaft wie möglich», gewinnt er an rationaler Kohärenz sowohl gegenüber seinem radikalen Ahnherrn als auch gegenüber dem Universalisten. Freilich: eine Steigerung an rationaler Kohärenz nach Maßgabe einer Annäherung an den moralischen Universalismus, den wir als unseren Orientierungsrahmen immer schon zugrunde legen.

Doch selbst im Bewusstsein dieser unvermeidlichen Festlegung ist in Termini von komparativischer Rationalität ein Kriterium formulierbar, das aus dem hermeneutischen Zirkel eine progressive Spirale macht. Denn wir können sagen: Eine Moralauffassung X ist moralisch-rationaler als eine Moralauffassung Y, wenn es möglich ist, das Leitmotiv von Y in die Konzeption von X *unter Zustimmung* des Vertreters von Y zu integrieren, aber nicht umgekehrt. Die im Diskussionsprozess modifizierte Position des Partikularisten lässt sich als Spezifikation einer universalistischen Position beschreiben, die ihren Widerpart vielleicht in Gestalt eines libertären Universalisten findet; nicht jedoch lässt sich die universalistische Position – welcher Spielart auch immer – als Spezifikation einer radikal-partikularistischen Position beschreiben.

Aus der ethischen Reflexion des Holocaust ergibt sich damit die

Perspektive eines Rationalitätsvergleichs von Moralauffassungen, der als permanenter Prozess hermeneutischer Anstrengung zu verstehen ist.

1.2 Moral und Geschichte: Historischer Universalismus

Um vor dem Hintergrund des aufgezeigten Gattungsbruchs und des mit ihm einhergehenden Gattungsversagens ein angemessenes Verständnis der Geschichtlichkeit von Moral zu gewinnen, halte ich die Begriffsbildung des historischen Universalismus[1] für einen produktiven Leitfaden. Als *historisch* müssen wir den Universalismus in Abgrenzung von einem Gattungstraditionalismus verstehen, dessen apriorische Begründungsmodelle der Moral von Kant bis Korsgaard und zur Diskursethik reichen. Dem *Inhalt nach* müssen wir gleichwohl an einem universalistischen Selbstverständnis festhalten, aber an einem solchen, das reflexiv schon immer an der Frage gebrochen ist, wie es gelingen kann, die inhaltlich-universalistische Überzeugung gegenüber anderen Moralauffassungen zur Geltung zu bringen.

Was man von Richard Rorty lernen kann

Dies führt auf ein Abgrenzungsproblem anderer Art, das durch die von Richard Rorty entwickelte Position des «Ethnozentrismus» aufgeworfen wird. Diese Position zeichnet sich nicht nur dadurch aus, dass sie in besonderer Weise die Geschichtlichkeit von Moral reflektiert, sondern dass der «liberale Ironiker» Rorty darüber hinaus auf eine enge Verbindung von Moral und Politik zielt, die zutreffende Einsichten zu formulieren erlaubt. Gleichwohl wird das ethnozentrische Selbstverständnis den in Frage stehenden Problemlagen nicht gerecht. Ich möchte daher zeigen, wie Rortys Ethnozentrismus ebenso wie das kantische Paradigma des Universalismus in der Konzeption des historischen Universalismus «aufgehoben» werden. Dies wird unterstrichen durch die enge Beziehung von Moral und Politik im Rahmen einer Realgeschichte des Universalismus, die dessen Universalisierungsdynamik freilegt.

Den Beiträgen von Richard Rorty zu Ethik und Politik kann man nur dann gerecht werden, wenn man sie als einen Versuch ernst nimmt, die geschichtlich-existenzielle Situiertheit von Menschen zum radikalen Ausgangspunkt philosophischer Reflexion zu machen. Wenn wir uns dies näher vergegenwärtigen, lässt sich zunächst einmal nachvollziehen, dass hinter Rortys Kritik an den traditionell rationalistischen oder objektivistischen Positionen von Kant bis Korsgaard nicht nur eine Destruktion von ahistorischen Begründungsgewissheiten steht, die sich mehr oder weniger konventionell im Rahmen des üblichen philosophischen Argumentationsspiels bewegt. Der entscheidende zusätzliche Punkt scheint vielmehr der, dass Rorty den Varianten objektivistischer Moralphilosophie vorwirft, sie seien nicht in der Lage, moralische Erfahrungen aus der Geschichte in ihrer Relevanz und Tragweite zu begreifen, und würden daher der Verarbeitung moralischer Desaster mit verbrauchten rationalistischen Mustern begegnen. Wer demgegenüber einen schonungslosen Blick auf das moralische Drama der Geschichte und speziell der neueren moralischen Katastrophen aushält, kann gar nicht mehr auf die Idee kommen, den Schwerpunkt ethischer Reflexion in objektiven Moralbegründungen zu sehen. Dieses Paradigma hat ausgedient und ist nach Rorty durch eine neue Sicht auf das Verständnis von Moral im Kontext geschichtlich-existenzieller Situiertheit zu ersetzen.

Werfen wir zunächst einen Blick darauf, wie Rorty seine Position bestimmt. Allgemein gilt: «Es gibt, wenn man so will, nur das Urteil der Geschichte – dieser partikularen Geschichte, die zu uns führt, mit den praktischen Identitäten, die wir gegenwärtig haben.»[2] Diese «praktischen Identitäten» definieren sich gegen solche Identitäten, die wir auf gar keinen Fall akzeptieren, wodurch zugleich das moralische «Wir» konkretisiert wird, auf das immer schon zu rekurrieren ist:

«Was die Diskussion über Juden, aber nicht was die Diskussion über Arithmetik oder Musik betrifft, ist unser ‹Wir› ein anderes ‹Wir› als das der Nazis. Das liegt daran, dass wir lieber sterben als unschuldige jüdische Kinder töten würden, während die Nazis (wie wir, um ein extremes Beispiel zu nennen, sagen wollen) lieber sterben würden, als den Führer zu verraten, indem sie die unschuldigen Judenkinder nicht umbringen. Wir haben, um mit Korsgaard zu reden, eine ‹andere praktische Identität› als sie, das heißt: wir könnten, wenn wir genauso handelten wie sie, keine zusammenhängende Geschichte über uns selbst ersinnen und umgekehrt.»[3]

Indem Rorty sehr konkret «unsere» moralische Identität gegen die Nazi-Identität abgrenzt, eröffnet er zugleich eine geschichtliche Perspektive für die Relevanz von Moral, die darin besteht, «dass wir aus dem Tod von Millionen das Bestmögliche machen, indem wir die Umstände, unter denen sie starben, als aufschlussreich betrachten, um künftiges Sterben zu verhindern. Es hieße, dass wir unsere Kenntnis der diversen Schlächter, die an den Schlachtbänken der Geschichte das Kommando hatten – also unsere Kenntnis von Personen wie Hadrian und Attila, Napoleon und Stalin, Hitler und Mao –, zur Verhütung ihrer Nachahmung benutzen.»[4] In dieser Perspektive kommt der engen Verbindung von Moral und Politik eine zentrale Bedeutung zu und wird zum primären Gegenstand der ethischen Reflexion, weil die «moralische Identität», auf die es ankommt, darin besteht, «dass man Bürger eines liberalen Gemeinwesens ist».[5] Was es heißt, die moralische Identität von Bürgern eines liberalen Gemeinwesens zu haben, zeigt sich daran, worüber man sich moralisch empört und wogegen man ist: gegen Nazismus, Fremdenfeindlichkeit und Rassismus, gegen die Unterdrückung von Minderheiten, Folter etc. Ebenso gegen die Benachteiligung von Frauen, gegen die Diskriminierung von Homosexuellen etc. Insofern kann Rorty unmoralische Handlungen dadurch charakterisieren, dass sie von der Art sind, «was *wir* nicht tun.»[6] Positiv ausgedrückt führt dies auf ein Verständnis des Worts «moralisch» im Sinne von «in etwa die praktische Identität haben, die wir teilen»[7].

Sieht man sich nach einer allgemeinen Charakterisierung der so in Ansatz gebrachten praktischen Identität des moralischen «Wir» um, so stößt man bei Rorty wie von selbst auf das Stichwort einer «Menschenrechtskultur», die er im Anschluss an Eduardo Rabossi «als ein neues und begrüßenswertes Faktum der Welt nach dem Holocaust» bezeichnet, ein Faktum, das inzwischen so sehr für sich selbst spreche, dass – um mit Rabossi zu reden – «der Gedanke einer Fundierung der Menschenrechte durch das Phänomen der Menschenrechte aus der Mode kommt und belanglos wird»[8].

Der Inhalt unserer Moral

Betrachten wir zunächst das hier in Anspruch genommene Faktum etwas näher. Die Rede vom Faktum der Menschenrechtskultur nimmt Bezug auf eine De-facto-Gemeinschaft von Menschen, deren moralisches Selbstverständnis dem *Inhalt nach* als «universalistisch» zu bezeichnen ist, völlig unabhängig davon, welche spezielle philosophische Interpretation damit verbunden wird. «Universalistisch» ist einfach deshalb die hermeneutisch angemessene Charakterisierung dieses Selbstverständnisses, weil sich das moralische Wir dieser Gemeinschaft gegen Partikularismen welcher Art auch immer definiert. Dies lässt sich auch so ausdrücken, dass hinter dem Faktum der Menschenrechtskultur ein universalistisches Menschenbild steht, das sich in wenigen Sätzen zusammenfassen lässt. Wenn wir uns den moralischen Inhalt der Menschenrechtskultur vergegenwärtigen, haben wir eine Grundlage, um verschiedene Bedeutungen von «Universalismus» zu unterscheiden und Rortys kritische Intentionen zu würdigen. Zugleich können wir in den folgenden Formulierungen die Aufnahme eines kantisch inspirierten Moralprinzips dem Inhalt nach sehen, dessen wir uns bereits bei der Erarbeitung unseres analytisch-hermeneutischen Beschreibungsrahmens von Moral bedient haben.

Als Inhalt des moralischen Universalismus kann man festhalten: *Jeder* Mensch genießt den gleichen moralischen Status, will sagen, ist in den Kreis moralisch zu achtender und moralischer Haltung fähiger Wesen aufzunehmen. Man kann auch sagen, jeder Mensch wird betrachtet, als komme ihm eine eigene Würde zu, die von anderen Menschen zu respektieren ist, so wie von ihm erwartet wird, dass er die Würde anderer respektiert. Dies kennzeichnet ganz allgemein die Idee des Universalismus, sein Grundpostulat, das universalistische

Anerkennungspostulat zwischen Menschen als Menschen, ein Postulat des universell gedachten interhumanen Respekts. Wer diesem Postulat folgt, sieht z.B. davon ab, andere Menschen zu beleidigen, physisch zu bedrohen oder zu schädigen, rassistisch zu diffamieren oder wegen ihres Geschlechts zu diskriminieren. Der interhumane Respekt, den der moralische Universalismus fordert, bedeutet aus der Perspektive des einzelnen Individuums die Übernahme einer moralischen Selbstbindung und die Erwartung, dass andere dieselbe Selbstbindung übernehmen. Komplementär zur moralischen Selbstbindung steht daher die Selbstzuschreibung eines moralischen Rechts auf interhumanen Respekt. Daher ist es möglich, das universalistische Anerkennungspostulat im Sinne von abstrakten individuellen Grundrechten auszudifferenzieren. Grundrechte definieren auf der Basis wechselseitiger Selbstbindung anerkannte Ansprüche und Garantien von Menschen gegenüber Menschen als Menschen. Als Kernpostulat des moralischen Universalismus kann man daher festhalten: Respektiere den anderen Menschen, wer immer sie/er sei, und achte ihre/seine Grundrechte!

Diese Charakterisierung ist so gewählt, dass sie in allgemeinen Worten das Selbstverständnis der De-facto-Gemeinschaft von Menschen ausdrückt, auf die sich Rorty mit seinem Hinweis auf die Menschenrechtskultur bezieht, auf eine Gemeinschaft von Menschen, die selbstredend nicht auf Intellektuelle oder Philosophen begrenzt ist, sondern alle Menschen umfasst, die sich – in welchen Sprachen und Worten auch immer – mit dem Kernpostulat des moralischen Universalismus identifizieren, auch wenn sie noch nie eine Zeile von Kant oder Dworkin gelesen oder sich noch nie bemüßigt gefühlt haben, die Grundrechtsartikel des deutschen Grundgesetzes zu studieren. Die Formulierungen, die ich gebraucht habe, nehmen zwar indirekt auf diese Quellen Bezug, doch sind andere Varianten zur Formulierung des universalistischen Inhalts ohne weiteres möglich. Entscheidend ist, dass der universalistische Geist bzw. Habitus des moralischen Wir klar zum Ausdruck kommt.

Wer aus philosophischen Gründen die Rede von individuellen Grundrechten oder Menschenrechten, die mit dem Universalismus eng verwandt sind, ablehnt, mag eine andere Version des Universalismus vorschlagen, doch ist diese, wenn sie ernst genommen werden soll, dem Kriterium zu unterwerfen, dass wenigstens annähernde deskriptive Adäquatheit hinsichtlich der tatsächlichen Auffassungen und moralischen Praxis von Menschen erreicht wird. Prima facie spricht für die Verbindung des universalistischen Postulats des interhumanen Respekts mit der Begrifflichkeit der individuellen Rechte die faktische Ausprägung, die der Universalismus in den Verfassungen und Rechtsordnungen der westlichen Welt gefunden hat, und die damit einhergehende Artikulation und Selbstinterpretation von Menschen in einer Sprache der Rechte und das durch diese zugleich ermöglichte kritische Potenzial (z. B. «Gleiche Rechte für Frauen!»).

Ebenso spricht dafür die Sprache der Menschenrechte in der UN-Deklaration von 1948 und in nachfolgenden Dokumenten auf internationaler Ebene bis in die Gegenwart. Wenn wir die historische Perspektive weiter fassen und auf die Geschichte der englischen, amerikanischen und französischen Revolution zurückgehen, in deren Tradition die Ausprägung eines universalistischen Selbstverständnisses von Menschen der modernen Welt steht, so kann eine solche Vergegenwärtigung eigentlich nur die Selbstverständlichkeit unterstreichen, mit der wir von einem universalistischen Menschenbild und dem universalistischen Inhalt von Moral reden. Mit derselben Selbstverständlichkeit können wir uns auch der Rede von einer universalistischen Menschenrechtskultur bedienen, wenn wir damit die inhaltlich-moralische Bedeutung dieser Kultur und zugleich die Tradition zum Ausdruck bringen wollen, in der sie steht. All dies bildet keinen Gegensatz zu Rortys inhaltlichen Auffassungen, sondern verweist darauf, dass seine Kritik des Universalismus nur darauf abzielt, verfehlte philosophische Theorien des Universalismus aufzulösen.

Da die inhaltliche Übereinstimmung nicht zur Debatte steht, ist es bei der kritischen Auflösung solcher Theorien angemessen, verschiedene Varianten des philosophischen Universalismus zu unterscheiden und diejenige Variante durch eine sachgerechte Spezifikation herauszuheben, die der philosophischen Interpretation und Kritik am besten standhält. Rorty schließt eine solche Perspektive aus, indem er den philosophischen Universalismus mit der folgenden Fassung identifiziert: «Der typische Universalist ist ein moralischer Realist, mithin jemand, der glaubt, dass moralische Urteile durch etwas in der Außenwelt Existierendes wahr *gemacht* werden. Wahr gemacht werden sie nach universalistischer Auffassung im Regelfall von inneren Wesensmerkmalen des Menschen als Menschen.»[9]

In der Tat: Wenn man diesen objektivistischen Universalismus zum Definiens von Universalismus macht, bleibt nur, sich aus dem Begriffsfeld des Universalismus hinauszubegeben und sich terminologisch anderweitig festzulegen. Rorty geht diesen Weg, indem er seinen «Ethnozentrismus» dem objektivistischen Universalismus gegenüberstellt, nicht ohne klar zu machen, dass der Gegensatz zu dieser Art von Universalismus «schon alles ist, worauf mein ethnozentrischer Partikularismus hinausläuft»[10]. Mit dieser Auskunft scheint es ein Leichtes, Rortys kritische Intentionen in der Terminologie eines inhaltlich verstandenen Universalismus aufzunehmen und zugleich von den Varianten eines objektivistischen Universalismus abzugrenzen. Für unsere Zwecke lassen sich zwei Spielarten des objektivistischen Universalismus unterscheiden: erstens der formal-strukturelle Universalismus, zweitens der Essenz-Universalismus.

Der formal-strukturelle Universalismus wird repräsentiert durch Namen, die bei Rorty immer wieder auftauchen: Kant, Apel, Habermas, Korsgaard etc. Bei allen Unterschieden ist für diese Variante charakteristisch, dass sie darauf abzielt, aus einer vorgängigen Struktur von Vernunft oder Sprache ein universalistisches Moralprinzip zu gewinnen. «Formal-strukturell» ist eine adäquatere Charakterisierung dieser Variante als die Bezeichnung «transzendental», weil u. a. Habermas dieser Variante zuzurechnen ist, aber keinen Anspruch (mehr) auf transzendentale Begründungen erhebt. Nach der obigen Diskussion zu Korsgaard dürfte deutlich sein, dass wir den Versuch, ein «transzendentales Argument» für ein universalistisches Moralprinzip zu gewinnen, als äquivalent zum Aufweis einer Formalstruktur der universalistischen Moral ansehen können.

Als Essenz-Universalismus lässt sich diejenige inhaltlich-objektivistische Variante bezeichnen, die auf Argumentationen über die

Natur des Menschen zurückgreift, sei es in Gestalt eines Neo-Aristotelismus des objektiv guten Lebens, sei es in Gestalt eines «anthropologischen» Universalismus.[11] Beide Varianten des objektivistischen Universalismus lassen sich mit Rorty als Theorien verstehen, die in der einen oder anderen Weise auf Wesensmerkmale des Menschen rekurrieren, d.h. auf vermeintlich objektiv ausweisbare Tatbestände in Hinsicht auf die Leitbegriffe Natur, Vernunft oder Sprache.

Mit dieser Klarstellung wird deutlich, dass wir auf der Ebene philosophischer Interpretation einen nichtobjektivistischen Begriff des Universalismus formulieren können. Ich verstehe ihn inhaltlich als Resultat eines geschichtlichen Prozesses moralischer Selbstdefinition, der keinem irgendwie vorgezeichneten Wesensmuster des Menschen folgt, sondern sich allenfalls aus der besonderen geschichtlichen Konstellation erschließt. Damit ist zugleich einzuräumen, dass die Rechtfertigungsmöglichkeiten für den geschichtlich situierten Universalismus nur mehr indirekt sind: Die rationalen Potenziale philosophischer Argumentation sollten darauf konzentriert werden, die geschichtliche Unhintergehbarkeit des damit erreichten moralischen Niveaus zu verteidigen und antiuniversalistische Positionen wenigstens in die Defensive zu zwingen, ohne sich der Illusion hinzugeben, dass das komparativisch rationale Potenzial des Universalismus auf eine irgendwie prinzipiell zu gewinnende Lösung bei der Konfrontation von Moralauffassungen rekurrieren kann (vgl. oben Kap. 1.1). Daher also auch in Termini von Begründung: historischer Universalismus.

Der Vorteil dieser Begriffsbildung besteht einerseits darin, dass wir alle Varianten des philosophischen Universalismus hermeneutisch auf die Interpretation der De-facto-Gemeinschaft universalistisch gesinnter Menschen beziehen können und zugleich die kritische Auflösung des objektivistischen Universalismus zu betreiben vermögen. Indem sich die Argumentationen zugunsten des objektivistischen Universalismus sukzessive erschöpfen, wird dieser gleichwohl als kultureller Beitrag zur Beförderung des Universalismus historisch «aufgehoben». Auf diese Weise wird die universalistische Familienähnlichkeit respektiert und zugleich der historische Universalismus als künftig dominanter Zug favorisiert. Freilich: Die Einlösung einer solchen Perspektive bleibt dem geläufigen philosophischen Argumentationsspiel überlassen, bei dem sich zeigen wird, inwiefern es den Kritikern des objektivistischen Universalismus gelingt, von Einzelfall zu Einzelfall gegenüber Vertretern dieser Art des Universalismus nicht mehr zu überwindende Beweisnöte aufzuzeigen. Von «Beweisnöten» zu sprechen, schließt natürlich immer das reflexive Verständnis ein: soweit man in der Philosophie überhaupt etwas «beweisen» kann – und sei es auch im negativen Sinn.

So gesehen fällt ein gelassener Blick auf den Stand philosophischer Kontroversen in der Familie der philosophischen Universalisten, da es dem Prozess des philosophischen Argumentationsspiels überlassen bleibt, wie viele Generationen von Philosophen z. B. noch das Paradigma Kants oder seiner diskursethischen Nachfolger annehmen. Dieser gelassene Blick ist deshalb möglich, weil wir als Mitglieder einer De-facto-Gemeinschaft universalistisch gesinnter Menschen unsere moralische Überzeugung nicht deshalb ändern, weil gewisse philosophische Begründungen nicht tragen. Insofern beschreibt Rorty das Verhältnis von moralischer Faktizität und philosophischer Reflexion mit treffender Lockerheit, wenn er seinen Gegensatz zu Habermas als «bloß philosophisch» versteht, um ihn zugleich in aller Freundschaft als «fundamentalistisch» oder «metaphysisch» zu kritisieren.[12] Der philosophische Dissens mit den Varianten des objektivistischen Universalismus ist im guten Sinn des Worts rein akademischer Natur, da es lediglich um das «Wie», nicht um das «Ob» der Übereinstimmung mit der universalistischen Moral geht. Entsprechend ist Habermas' Feststellung, universalistische Moral bedeute «gleichmäßiger Respekt gegenüber jedermann»[13], nicht zu kritisieren, sondern nur die philosophische Begründungsstrategie, die er damit verbindet.

Entmenschlichung und moralischer Riss

In Rortys Verständnis von Ethnozentrismus gibt es jedoch eine geschichtlich-existenzielle Dimension, die zu einem weit radikaleren Umdenken hinsichtlich philosophischer Fragestellungen führt. Für dieses Umdenken steht bei Rorty eine Argumentation, die sich von einem einheitlichen Bild des Menschen verabschiedet, weil das «Thema der Entmenschlichung» so etwas wie einen Riss im Bild des Menschen bedeutet. Dieser Riss wird z.B. daran sichtbar, «daß serbische Mörder und Vergewaltiger nach eigenem Urteil keine Menschenrechte verletzen. Es sind nämlich keine Mitmenschen, denen sie diese Dinge antun, sondern *Muslime.* Sie verhalten sich nicht unmenschlich, sondern sie machen einen Unterschied zwischen wirklichen Menschen und Pseudomenschen.»[14]

Dieses Beispiel ist nicht isoliert zu sehen, sondern gehört in eine Reihe von geschichtlich massiven Prozessen der Entmenschlichung, von denen der Nazi-Terror gegen die Juden ein Extrem darstellt, aber zugleich den Blick auf andere Phänomene der Entmenschlichung in Gegenwart und Geschichte lenkt. So lassen sich neben der Polarität Mensch–Pseudomensch die Gegensätze von Erwachsener–Kind zur rassistischen Diskriminierung (Weiße–Schwarze) ebenso einsetzen wie der Gegensatz von Mann–Frau zur sexistischen Hierarchisierung zwischen dem, was primär als Mensch gilt und was nicht. Diese Phänomenologie der Entmenschlichung, die aufzeigt, wie die aus unserer Sicht unerheblichen Unterschiede zwischen Menschen zu prinzipiellen Gegensätzen zwischen Mensch und Pseudomensch etc. gemacht werden, führt Rorty auf die Diagnose:

> «... um dazu beizutragen, daß sich unsere Spezies zu der von einer Menschenrechtskultur dominierten ‹planetarischen Gemeinschaft› verbindet, ... nutzt es gar nichts, im Anschluß an Kant zu sagen: Erkennt, daß das, was euch gemeinsam ist – eure Menschlichkeit –, wichtiger ist als diese belanglosen Unterschiede. Denn die Leute, die wir zu überreden versuchen, werden erwidern, daß sie nichts dergleichen erkennen. Solche Leute fühlen sich *moralisch* gekränkt, wenn man vorschlägt, sie sollten jemanden, mit dem sie nicht verwandt sind, wie einen Bruder behandeln, einen Nigger wie einen Weißen, einen Schwulen wie einen Normalen oder eine Gottlose wie eine Gläubige. Was sie kränkt, ist das Ansinnen, sie sollten Menschen, die nach ihrer Auffassung keine Menschen sind, wie Menschen behandeln. Sie glauben es einfach nicht, wenn ihnen von utilitaristischer Seite gesagt wird, alle von Angehörigen unserer biologischen Spezies empfundenen Annehmlichkeiten und Schmerzen seien im Hinblick auf moralische Erwägungen von gleicher Bedeutung, oder wenn ihnen von kantianischer Seite gesagt wird, die Fähigkeit zur Teilnahme an der Beratung über solche Erwägungen sei ausreichend für

die Zugehörigkeit zur moralischen Gemeinschaft. ... Diese Erwiderung ist nicht bloß ein rhetorischer Kunstgriff, und sie ist auch keineswegs irrational. Sie ist tief empfunden. Die *Identität* dieser Leute, die wir dazu überreden möchten, ebenfalls in unsere eurozentrische Menschenrechtskultur einzutreten, ist eng verknüpft mit ihrem Gefühl für das, was sie *nicht* sind.»

In dieser Diagnose steckt eine durch moralisch-historische Urteilskraft angeleitete Bestandsaufnahme, der das Vertrauen in ein einheitliches Bild des Menschen unter *moralischen* Gesichtspunkten verloren gegangen ist. Es wäre ganz vordergründig, gegen diese Diagnose das Argument anzuführen, man könne dem Kantianer nicht vorhalten, dass es ihm nicht durch schnelle Knock-down-Argumente gelinge, sozusagen x-beliebige Rassisten auf der Straße zu überzeugen. Die Diagnose Rortys verliert auch dann nicht ihre Kraft, wenn man den Kantianern zugesteht, dass sie natürlich gegebenenfalls eine gehörige Portion Zeit und überhaupt geeignete äußere Argumentationsbedingungen bräuchten. Wie immer Kantianer und andere Objektivisten es anstellen mögen – ihr Ansatz lebt von der durch nichts mehr gedeckten Unterstellung eines einheitlichen moralischen Bildes vom Menschen. Diese Unterstellung versagt angesichts geschichtlicher Erfahrungen von Entmenschlichung und kann allenfalls noch als Hoffnung bewahrt werden. Systematisch gesehen ist sie unbrauchbar und «altmodisch» geworden. Der Riss im moralischen Bild des Menschen, der Rorty bewegt, verweist uns auf eine tief reichende Skepsis seines moralischen Ansatzes trotz aller sonstigen Leichtfüßigkeit und stilistischen Brillanz des «liberalen Ironikers». So definiert er seine Position in der Antwort auf Habermas wie folgt: «... wir sollten eher retrospektiv statt prospektiv verfahren: die Forschung sollte eher von konkreten Ängsten der Regression angetrieben werden statt von abstrakten Hoffnungen auf Universalität.» «Furcht vor Rückfall in die Barbarei»[15] gibt so den Angelpunkt für Rortys praktische Philosophie ab.

Es kann keine Frage sein, dass Rortys Thema der Entmenschlichung und die Absage an ein einheitliches moralisches Bild des Menschen im Kontext der obigen Analyse des Gattungsbruchs, der mit dem Holocaust einhergeht, bestärkt werden. In Übereinstimmung mit Rorty können wir festhalten, dass es für eine geschichtlich-existenziell angeleitete Hermeneutik des Moralischen *den* Menschen nicht mehr gibt, weil die Gefahr des Rückfalls in Barbarei als reale Möglichkeit bestehen bleibt. Die Bedeutung «des Menschlichen» steht nicht mehr einfach fest, sie muss vielmehr allererst erschlossen werden.

Zugleich verweist die Beschäftigung mit Fakten der Entmenschlichung auf die Motivation, die sich in Konfrontation mit moralischen Desastern bilden kann. Die Erfahrung, was Menschen imstande sind, anderen Menschen anzutun, ist in der Lage, die Identifikation mit einem absoluten moralischen Standpunkt freizusetzen, der definiert, wie Menschen auf gar keinen Fall miteinander umgehen dürfen. Was wir positiv im Sinne des Inhalts des Universalismus formuliert haben, kann so verstanden werden als Negation der Negation von Menschlichkeit: Keinem Menschen darf der «Status des Menschen» bestritten werden, was positiv bedeutet, dass jeder Mensch in den Kreis moralisch zu achtender und moralischer Haltung fähiger Wesen aufzunehmen ist. Das Grundpostulat des Universalismus im Sinne des interhumanen Respekts ergibt sich so aus der Negation von Inhumanität. Dabei von einem absoluten moralischen Standpunkt zu sprechen, ist völlig konsistent, auch wenn wir auf den objektivistischen Universalismus verzichten. Denn dieser Standpunkt ist der einer praktisch-existenziellen Selbstdefinition, die aus unserer geschichtlichen Situiertheit kommt. Es ist die Absolutheit des «Hier stehe ich, ich kann nicht anders!».[16] Oder noch besser: «Ich will nicht anders!»

Mit Rorty weitet sich der Blick auch auf andere moralische Katastrophen, um die Relevanz des Problems der Entmenschlichung angemessen zu fassen. Die epochale Inhumanität ist nicht nur am Nazismus festzumachen. Ohne die extreme Besonderheit von Auschwitz in Frage zu stellen, sind die Verbrechen des Kommunismus in vergleichbarer Weise einer Diagnose zu unterwerfen, die Szczypiorski vom «Ende aller Zivilisation» sprechen lässt, welche in gewisser Weise «das Ende aller Vorstellungen vom Menschen» bedeute.[17] So wie Szczypiorski hinsichtlich des Gulag und der Völkermordpraxis des

Stalinismus eine zum Nazismus analoge moralische Bewertung ansetzt, so geben die inzwischen von Courtois und anderen vorgelegten Untersuchungen Anlass, den «Klassen-Genozid» Stalins und anderer Vertreter kommunistischer Herrschaft in eine epochale moralische Menschheitsbilanz aufzunehmen.[18] «Wir stehen vor gigantischen Menschheitsverbrechen, und bei allem Streit um Definitionen darf nicht verkannt werden, dass neben dem Nationalsozialismus auch mit dem Kommunismus in diesem Jahrhundert ein Qualitätssprung ins Negative erfolgt ist.»[19] Auch hier stoßen wir auf das Phänomen, dass bestimmten Volksgruppen, z.B. den Kulaken, der «Status des Menschseins» abgesprochen wurde, um sie gezielt zu vernichten. Dies legt nahe, in einer zur Erforschung des Nazismus analogen Weise nach den ideologischen Motivationen der stalinistischen und anderer kommunistischen Eliten im Kontext der jeweiligen geschichtlichen Konstellation zu fragen, um zu klären, inwieweit die kommunistischen Verbrechen sich ihrerseits einer Transformationsmoral verdanken, die zu ähnlichen Rückschlüssen einer Komplementarität von Gattungsbruch und Gattungsversagen führen wie im oben analysierten Fall des Nazismus.

Die Verarbeitung des Themas der Entmenschlichung gibt daher triftige Argumente an die Hand, um Rortys Position als geschichtlich-existenzielles Paradigma der Moralphilosophie zu würdigen. Der «Ethnozentrismus» tritt dem objektivistischen Universalismus nicht mehr bloß in Gestalt einer radikalen Kritik an dessen vermeintlichen Moralbegründungen entgegen. Vielmehr geht es darum, die stillschweigende Voraussetzung fallen zu lassen, mit der die Begründungsanstrengungen und Diskurse des objektivistischen Universalismus immer schon operieren: der Voraussetzung eines einheitlichen Bildes vom Menschen, eines nicht in Frage gestellten natürlichen Umkreises des Menschlichen, der immer schon alle Menschen umfasst. Man kann auch sagen, der objektivistische Universalismus arbeitet mit einer hermeneutischen Normalvorstellung vom Menschen, die sich diesen in einer quasi homogenen moralischen Totalität der Menschheit vorstellt. Deshalb reagiert der objektivistische Universalismus auf das Thema der Entmenschlichung traditionalistisch-kon ventionell: Die Negation von Inhumanität soll durch den Nachweis einer objektiv-rationalen Moral ein für alle Mal auf sicheren Boden gestellt werden, sodass man die Unmoral der Entmenschlichung so diagnostizieren kann, dass es sich dabei um Irrationalismen, partikularistische oder subjektivistische Verirrungen handelt. In diesem gedanklichen Szenario verändert jedoch auch die schlimmste Unmoral nicht das einheitliche Bild des Menschen. Der Nazismus wird so in der Perspektive einer Irrationalität von gigantischen Ausmaßen wahrgenommen, nicht aber als Infragestellung des einheitlichen Bildes vom Menschen bzw. als Riss im Bild des Menschen. Und in analoger Weise gilt dies auch für andere Erscheinungen der Entmenschlichung.

Dieses gedankliche Szenario löst Rortys Paradigma auf. Indem wir erkennen, dass die geschichtlich-moralische Erfahrung das Festhalten eines einheitlichen Menschenbildes nicht mehr zulässt, kehrt sich die Blickrichtung um. Unsere moralisch-existenzielle Selbstdefinition steht nicht mehr unter dem Vorzeichen einer bruchlosen Universalisierungshoffnung. Auch wenn sich unser moralischer Standpunkt inhaltlich universalistisch versteht, haben wir ein Universalisierungsproblem ebendieses inhaltlichen Standpunkts. Dem widerspricht nicht, sich um die inhaltliche, möglichst universelle Verbreitung von universalistischer Moral zu bemühen, auch wenn man dabei auf die tröstenden Gewissheiten des objektivistischen Universalismus verzichten muss. Auch in der *philosophischen* Betrachtung können wir Fortschritte bei der Ausweitung der universalistischen Moral nur mehr als Erschließungsprozesse verstehen, in denen ein Zurückdrängen von Entmenschlichung erst noch zeigen muss, ob jemals wieder ein einheitliches Bild des Menschen auch nur annäherungsweise in Sichtweite kommen könnte.

Es liegt auf der Hand, dass diese Lesart von Rortys geschichtlich-existenziellem Paradigma übereinstimmt mit der Auflösung des kantischen Gattungstraditionalismus, zu der uns die ethische Reflexion des Holocaust geführt hat. In Aufnahme von Rortys Überlegungen können wir daher den objektivistischen Universalismus dadurch charakterisieren, dass dieser die *petitio principii* eines einheitlichen moralischen Bildes vom Menschen mit sich führt. Demgegenüber führt der historische Universalismus keine solche *petitio* mit sich, sondern entfaltet die universalistische Perspektive in einer kritischen Hermeneutik von Moral.

Realgeschichte des Universalismus und Universalisierungsdynamik

Die Voraussetzung eines einheitlichen moralischen Bildes vom Menschen kann man auch durch die Vorstellung wiedergeben, es gebe so etwas wie einen unberührbaren moralischen Kern im Menschen, der sich durchhält und letztlich durch keine Geschehnisse in der Welt der Zerstörung anheim fallen könnte. Nachdem sich diese Vorstellung als hinfällig erwiesen hat, ist es in der Perspektive eines historischen Universalismus umso aufschlussreicher, genauer den geschichtlichen Vermittlungen nachzugehen, in denen die Herausbildung eines universalistischen Selbstverständnisses steht. Diese Herausbildung hat etwas mit Geschehnissen in der Welt zu tun, die uns auf die Realgeschichte des Universalismus verweisen. Im Rahmen einer solchen Geschichte gilt es, den epochalen Prägungen und Umbrüchen nachzugehen, die zu einem universalistischen Selbstbild des Menschen geführt haben. Umso mehr erschließt sich daraus die moralisch-geschichtliche Weltbedeutung, die in dem nazistischen Versuch bestand, einer sich sukzessive entfaltenden Universalisierungsdynamik ein Ende zu bereiten.

Der Einstieg in die Realgeschichte des Universalismus, der mir angemessen scheint, besteht in den geschichtlich-politischen Zäsuren, die mit der amerikanischen und Französischen Revolution einhergingen. Denn diese Revolutionen waren von moralisch-politischen Selbstdefinitionen getragen, die ihrerseits das moralische Selbstbild der letzten Jahrhunderte und die Entwicklung von Formen konstitutioneller Demokratie wesentlich geprägt haben.

Bei der Vergegenwärtigung dieser Selbstdefinitionen, wie sie uns in Gestalt der amerikanischen Unabhängigkeitserklarung von 1776 und der französischen Erklärung der Menschen- und Bürgerrechte von 1789 entgegentreten, haben wir sowohl das Pathos und Weltbewusstsein einer neuen Zeit als auch die handfesten Krisensituationen zu beachten, aus denen die entsprechenden Deklarationen hervorgegangen sind. Dabei zeigt sich, dass die teils religiös, teils naturrechtlich inspirierten «unveräußerlichen Rechte aller Menschen» zur Selbstdefinition derer werden, die sich gegen konkret empfundenes Unrecht und Benachteiligung zur Wehr setzen und erreichen, dass sich ihnen dominante Menschengruppen anschließen.

Wir haben Vorgänge von komparativischer Universalisierung zu konstatieren, denen weitere Universalisierungsschübe folgen. Die nordamerikanischen Kolonien wehrten sich gegen die Bevormundung und Unterdrückung durch die britische Krone aus Anlass einer willkürlich erscheinenden Steuergesetzgebung.[20] Das prosaische Argument für die unveräußerlichen Menschenrechte lässt sich daher ungefähr so fassen: Nicht nur die Engländer, sondern wir, die Amerikaner, sind ebenso gleich und frei wie die Engländer. Wir haben die gleichen Rechte, unsere gesellschaftlichen und politischen Angelegenheiten zu regeln. Und gerade dann, wenn wir Steuern zahlen sollen, wollen wir selbst an der Gesetzgebung mitwirken. Denn wir meinen: Alle Menschen sind gleich und frei und mit unveräußerlichen Rechten ausgestattet! Hinzu kamen die unterstützenden Stimmen aus England selbst, die darauf verwiesen, dass die Forderungen der Amerikaner in Einklang mit den naturrechtlichen Prinzipien der «Whig-Revolution» im England des 17. Jahrhunderts stünden und man daher diesen nicht verweigern könne, was man sich selbst zubillige.[21]

Die moralische Empörung, mit der die amerikanischen Kolonien auf die diskriminierenden Maßnahmen der britischen Krone reagierten, setzte einen Prozess geschichtlich-existenzieller Selbstfindung in Gang, an dessen Ende die von Thomas Jefferson verfasste Unabhängigkeitserklärung steht, die im Bewusstsein des geschichtlichen Einschnitts an die «Meinung der Menschheit» appelliert und die «gerecht urteilende Welt» als Instanz anruft, um die Trennung von der britischen Krone unter Hinweis auf «eine lange Reihe von Missbräuchen und Übergriffen» moralisch zu rechtfertigen.[22] Diesen Kontext gilt es zu berücksichtigen, wenn wir uns die universalistische Selbstdefinition vor Augen führen, die Geschichte gemacht hat:

«Folgende Wahrheiten halten wir für selbstverständlich: daß alle Menschen gleich geschaffen sind; daß sie von ihrem Schöpfer mit gewissen unveräußerlichen Rechten ausgestattet sind; daß dazu Leben, Freiheit und das Streben nach Glück gehören ...»[23]

Der Glanz der amerikanischen Unabhängigkeitserklärung, die dem politischen Gründungsakt der Vereinigten Staaten von Amerika seine Rechtfertigung gibt, verweist aber auch auf einen anderen Kontext, um nicht zu sagen auf seine schwarze Seite. Wir müssen den Tatbestand zur Kenntnis nehmen, dass die Sklaverei in den Neu-England-Staaten keineswegs abgeschafft war und Thomas Jefferson und seine Gesinnungsfreunde es durchaus noch als selbstverständlich ansahen, über Sklaven zu gebieten, wenngleich sie sich für ihre Emanzipation einsetzten. Auch im Kontext der Beratungen über die Unabhängigkeitserklärung und der dieser vorangegangenen Grundrechteerklärung Virginias spielte die Frage der Sklaverei eine Rolle. Jeffersons Entwurf der Unabhängigkeitserklärung enthielt eine Verurteilung der Sklaverei und des Sklavenhandels, die jedoch wieder gestrichen wurde.

Bei den Beratungen über die «Bill of Rights» von Virginia, die in Artikel 1 ebenso wie die Unabhängigkeitserklärung uneingeschränkt von «allen Menschen» spricht, wurden die Bedenken geäußert, es könnten gesellschaftliche Unruhen durch eine solche Erklärung ausgelöst werden. Dem wurde mit dem Argument begegnet, «daß wir, während wir mit Waffengewalt die allgemeinen Menschenrechte verteidigten, nicht zu zaghaft und zurückhaltend bei ihrer Formulierung sein sollten; da Sklaven jedoch keine konstitutiven Mitglieder (constituent members) unserer Gesellschaft seien, könnten sie aufgrund dieser Grundsatzerklärung niemals einen Rechtsanspruch geltend machen.»[24] Doch es kommt noch schlimmer: Es lässt sich feststellen, dass die rassistischen Vorurteile gegen Schwarze als moralische Vorurteile festgeschrieben wurden und dazu führten, dass die weißen Kolonisten Nordamerikas sich geradezu unter der Metapher des «Aufstands gegen die Sklaverei» versammeln konnten, um sich gegen die britische Krone zur Wehr zu setzen; denn in Sklaverei zu verharren hieß aufgrund der rassistischen Vorurteile, moralisch minderwertig zu sein.[25]

Der partikularistisch-rassistische Makel, der auf diese Weise der Verkündung der universalistischen Menschenrechte anhaftet, zeigt exemplarisch die Geschichtsgebundenheit der universalistischen Moral und zugleich die mit ihr ins Werk gesetzte Universalisierungsdynamik. Wie für die Abschaffung der Sklaverei ein späterer Bürgerkrieg nötig war, so legen andere Emanzipationsbewegungen – etwa in Gestalt der Frauenbewegung – Zeugnis für die Dynamik der universalistischen Postulate ab. Dass die amerikanischen Verkünder universalistischer Menschenrechte ein kaum durchschaubares emanzipatorisches Risiko eingingen, ist als innovativer Schritt in der Ausbildung eines Selbst- und Weltverständnisses zu würdigen, das aus ihrer Sicht die einzig mögliche Antwort auf die Krise ihrer Zeit war.

Wenn wir uns in dieser Weise den Zusammenhang von epochaler Krise und universalistischer Selbstdefinition vergegenwärtigen, wird auch deutlich, dass das universalistische Selbstverständnis perspektivisch auf die jeweilige Zeit zu beziehen ist, weil es nicht zu jeder Zeit um dieselben Probleme und Konflikte geht. Die Akteure der amerikanischen Revolution konnten sich kaum anders als in der Fokussierung auf das dominante Problem ihrer Zeit moralisch und politisch zusammenfinden und nahmen – mit welchen Rechtfertigungen auch immer – das Fortbestehen der Sklaverei in Kauf. Sicherlich hätten sie sich noch nicht in der abstrakten Fassung des Universalismus wiedergefunden, die z. B. Ronald Dworkin erreicht, wenn er festhält, was universelle Gleichheit im Sinne eines Individualrechts bedeutet, ein Recht nämlich, das «alle Männer und Frauen besitzen, und zwar nicht kraft ihrer Herkunft oder bestimmter Merkmale oder Verdienste oder Vortrefflichkeit, sondern einfach deswegen, weil sie menschliche Wesen sind, die die Fähigkeit haben, Pläne zu machen und Gerechtigkeit zu üben.»[26]

Hier haben wir es mit einer historisch gesättigten Fassung des Universalismus zu tun, die zum Ausdruck bringt, welche weiteren moralisch-politischen Abarbeitungen des Universalismus in den auf die amerikanische Revolution folgenden historischen Phasen zu leisten waren und weiter zu leisten sind. Die Herausbildung moralischer Identität verweist so auf die Auseinandersetzungen von Menschen in der Dimension von Konflikten ihrer Zeit, insbesondere von solchen mit großem Gewicht oder gar epochaler Bedeutung. Die Formulierung von Dworkin können wir retrospektiv als Resultat einer über 200-jährigen Universalisierungsdynamik ansehen, die dazu führt, dass partikularistische Einschränkungen aufgelöst werden. Da es sich hierbei um einen Prozess der sukzessiven Gewinnung und Erweiterung moralischer Selbstverständnisse handelt, macht es keinen Sinn, ein solches Resultat quasi a priori abzustützen: Nicht die historische Entwicklung holt einen A-priori-Begriff von Universalismus ein, sondern der abstrakte (inhaltliche) Begriff des Universalismus formuliert das Resultat einer historischen Entwicklung.[27]

Ein Blick auf die Französische Revolution kann das so weit Gesagte unterstreichen. Obwohl in der historischen Konstellation sehr unterschiedlich, treffen wir analoge Züge wie im Fall der amerikanischen Revolution an, wenn wir unser Augenmerk auf den Zusammenhang der entsprechenden Krisensituation mit den aus ihr resultierenden Veränderungen in der moralisch-politischen Selbstdefinition von Menschen richten.

Da ist zunächst die französische Version des universalistischen Pathos in der Erklärung der Menschen- und Bürgerrechte vom 26. August 1789:

> «Art. 1. Die Menschen sind und bleiben von Geburt frei und gleich an Rechten. Soziale Unterschiede dürfen nur im gemeinsamen Nutzen begründet sein. Art. 2. Das Ziel jeder politischen Vereinigung ist die Erhaltung der natürlichen und unveräußerlichen Menschenrechte. Diese Rechte sind Freiheit, Eigentum, Sicherheit und Widerstand gegen Unterdrückung.»[28]

Die Vorgeschichte dieser Erklärung führt uns auf die Krise des «Ancien Régime», die nicht zuletzt in einer Finanzkrise bestand, welche man als Auslöser für Auseinandersetzungen zwischen dem Königtum unter Ludwig XVI. und den Ständen ansehen kann, wobei sich wiederum immer stärker eine Konfrontation zwischen den privilegierten ersten beiden Ständen (Klerus, Adel) und dem «dritten Stand» abzeichnete. Ausdruck und große Resonanz fand dieser Konflikt in der berühmten Flugschrift des Abbé Sieyès «Was ist der Dritte Stand?». In dieser Schrift erfahren wir nicht nur, worin für Sieyès der Dritte Stand besteht (Bauern, verarbeitendes Gewerbe, Handel, Wissenschaft, freie Berufe, Hausarbeit, öffentliche Dienste), sondern sehen eine Argumentation, in der über die Kritik an der «Knechtschaft des Volkes» durch die Privilegien von Klerus und Adel für Gleichberechtigung gestritten wird: «Nicht durch Vorrechte, sondern durch Rechte des Bürgers, welche allen gehören, ist man frei.»[29]

Im Kontext der vom König bereits zugestandenen Einberufung der «Generalstände» konnte dies nur bedeuten, dass der Dritte Stand «wenigstens den gleichen Einfluss wie die Privilegierten» zu bekommen hatte. Seinen Delegierten war ein Gewicht einzuräumen, das eine Majorisierung durch getrennte Abstimmung nach Ständen ausschloss und daher nur eine Abstimmung «nach Köpfen» zuließ.[30] Wie die Amerikaner gegenüber den Engländern eine Symmetrie von Rechten einforderten, so beharrten die Vertreter des Dritten Standes darauf, ebenso gleich und frei zu sein wie die Mitglieder der übrigen Stände, zumal dann, wenn es auch hier darum ging, ihre Zustimmung zu Maßnahmen zu geben, bei denen die Verteilung der Steuerlasten eine große Rolle spielte.

Darüber hinaus zeigen die weiteren Ereignisse, wie die von Sieyès und den Angehörigen der «patriotischen Partei» vertretenen Maßstäbe für die Emanzipation des Dritten Standes geradezu paradigmatisch in einen Akt der Selbstfindung mündeten, der mit einer Wortschöpfung das gewonnene Selbstverständnis besiegelte: «Assemblée nationale». Indem sich der Dritte Stand zu *der* Nationalversammlung erklärte, ignorierte er die Autorität des Königs und beanspruchte das Recht auf Änderung der Verfassung: «Der Name war die Tat.»[31] Die anderen Stände wurden aufgefordert, sich diesem Schritt anzuschließen, was schließlich auch unter dem Druck der Pariser Bevölkerung zehn Tage später geschah. In der revolutionären Selbstdefinition zur Nationalversammlung vom 17. Juni 1789 kann man die Analogie zur amerikanischen Unabhängigkeitserklärung sehen, weil mit ihr die

Loslösung von König und Privilegien ihren Lauf nahm. Nachdem der Sturm auf die Bastille (14. Juli 1789) den revolutionären Vorgang weiter beschleunigte und das Ancien Régime am Ende war, kam die erste Phase der Revolution mit der vorweg angeführten Erklärung der Menschen- und Bürgerrechte zum Abschluss.

Auch diese Erklärung enthält natürlich mehr als die oben zitierten universalistischen Grundsätze, die man in Verbindung mit dem Begriff der nationalen Souveränität geradezu als «Evangelium der Revolution»[32] bezeichnet hat. Ähnlich wie in der amerikanischen Unabhängigkeitserklärung werden die Übel des Ancien Régime beim Namen genannt (staatliche Willkür und Brutalität, ungesetzliche Strafen, Unterdrückung der Religionsfreiheit, der Gedanken- und Meinungsfreiheit sowie der Pressefreiheit) und nach Maßgabe der universalistischen Postulate verurteilt, wobei bezeichnenderweise das Recht auf «Widerstand gegen Unterdrückung» gesondert herausgehoben wird. Ebenso vergleichbar der amerikanischen Revolution gab es vor Verkündung der Menschen- und Bürgerrechte Debatten darüber, ob man mit den allgemeinen Menschenrechten nicht zu viel verspricht und beim Volk unerfüllbare Ansprüche weckt, doch auf der anderen Seite überwog – nicht zuletzt mit Blick auf die amerikanische Unabhängigkeitserklärung – der Wille, für die Menschheit ein Zeichen zu setzen.

Die Einflüsse der amerikanischen auf die Französische Revolution sind ein wichtiger Untersuchungsgegenstand für sich, dem wir hier nicht nachgehen können[33]; doch hat der zeitliche Vorlauf der amerikanischen Revolution ebenso wie die seinerzeitige (also noch vorrevolutionäre) Intervention Frankreichs im amerikanischen Unabhängigkeitskrieg zweifellos seinen Anteil an jenem Weltbewusstsein, mit dem die Französische Revolution den Beginn einer neuen Epoche verkündete. In späteren Maßnahmen wie der Einführung einer neuen Zeitrechnung findet dies seinen signifikanten Ausdruck.

Wie immer man solche Maßnahmen der Revolution bis hin zu ihren terroristischen Exzessen beurteilen mag – selbst die Beendigung der Revolution durch den Staatsstreich Napoleon Bonapartes vom 18. Brumaire (9.11.) 1799 änderte nichts mehr an der Zeitenwende, die spätestens mit dem autonomen Akt der Konstitution der «Assemblée nationale» begann. Im Gegenteil, in der Proklamation der Konsuln über die Beendigung der Revolution vom Dezember 1799 hieß es: «Bürger, die Revolution hält an den Grundsätzen, die an ihrem Beginn standen, fest. Sie ist beendet.»[34]

Damit kommen wir zu der – wiederum mit der amerikanischen Revolution vergleichbaren – Universalisierungsdynamik, die mit dem neu gewonnenen Selbst- und Weltverständnis einherging. Zunächst gilt es, an die partikularistischen Einschränkungen zu erinnern, mit denen die Französische ebenso wie die amerikanische Revolution behaftet war. Entsprechend zu Amerika ist hier die ungelöste Frage der Sklaverei zu nennen. In anderer Hinsicht kritisierte Mirabeau die Spanne, die zwischen der «schönen Idee der uneingeschränkten Menschenrechte» und den Vorbehalten und Begrenzungen bestand, die diesen in anderen Teilen der Erklärung vom August 1789 beigefügt wurden und den Menschen «in seiner Bindung an die bürgerliche Gesellschaft zeigen». Hieran mag eine marxistisch orientierte Betrachtung die Einschätzung knüpfen, dass die Erklärung der Menschen- und Bürgerrechte «die klare Handschrift der Bourgeoisie» trug.[35] Sowohl historisch wie philosophisch fehlerhaft wird eine solche Sichtweise jedoch, wenn sie sich dem darüber hinausgehenden ideologiekritischen Reduktionismus anschließt, wie ihn Marx in seiner Kritik der politischen Ökonomie vertreten hat.[36]

Dieser Reduktionismus besteht darin, in den universalistischen Postulaten der Menschenrechte nichts anderes zu sehen als den ideellen Ausdruck der bürgerlichen Klassenherrschaft und somit ihr emanzipatorisches Potenzial zu negieren. Eine solche Auffassung formuliert entweder nur eine Trivialität, oder sie verkennt die Universalisierungsdynamik der vorliegenden Postulate. Dass die universalistischen Postulate der amerikanischen und Französischen Revolution in Einklang mit den gesellschaftlichen Interessen der sie tragenden Menschengruppen zu sehen waren – wen wundert es? Dass zu diesen Interessen der ungehinderte Warenverkehr einer sich entwickelnden kapitalistischen Wirtschaft gehörte, wen kann es überraschen? Dass man in Aufnahme der marxschen Strukturbeschreibungen zur kapitalistischen Produktions- und Tauschgesellschaft all dies so beschreiben kann, dass Prozesse der «Marktvergesellschaftung»[37] in Gestalt sachlich-unpersönlicher Sozialbeziehungen, die über Geldverkehr vermittelt werden, die Gesellschaft immer mehr durchdringen – wer wollte es bestreiten? Dass insofern die Gleichheit und die Freiheit in Marktbeziehungen verträglich sein müssen mit der Gleichheit und Freiheit von Menschen qua Menschen – wie anders als trivial ist eine solche Feststellung zu nennen?[38]

Die einfache Wahrheit ist offenbar die, dass man unterscheiden muss zwischen einer pseudouniversalistischen Beschränkung der verkündeten Menschenrechte auf bestimmte Gesellschaftsschichten oder Menschengruppen einerseits und ihrem emanzipatorischen Sinn andererseits, der z. B. in der oben von Dworkin gewählten Formulierung des Individualrechts auf Gleichheit zum Ausdruck kommt. Denn von dieser ist zu sagen, dass «sie nicht im Namen irgendeines radikaleren Begriffs von Gleichheit bestritten werden kann, weil es keinen radikaleren Begriff von Gleichheit gibt».[39]

Insofern begingen die französischen Sozialisten keineswegs die von Marx kritisierte «Albernheit», wenn sie die universalistischen Postulate der Französischen Revolution mit der Idee des Sozialismus zu verbinden suchten und in radikaler Form die Frage der sozialen Gerechtigkeit aufwarfen. Sie bestätigten auf ihre Weise nur die Universalisierungsdynamik, die mit der Verkündung eines universalistischen Selbst- und Weltverständnisses einhergeht. So gesehen wundert es nicht, dass die Französische Revolution bald Konzeptionen hervorbrachte, die das abstrakte Recht auf Gleichheit, das zunächst in der Gleichheit vor dem Gesetz seinen Niederschlag fand, in Richtung auf eine «tatsächliche Gleichheit» zu überbieten suchten, die im Rahmen einer gemeinwirtschaftlichen Organisation der Gesellschaft erreicht werden sollte. Beispiele hierfür sind Babeufs «Manifest der Plebejer» von 1795 oder Maréchals «Manifest der Gleichen» von 1796.[40] Wie immer naiv in ihrer gesellschaftlichen Utopie – die Problematik der «sozialen Frage», die im 19. Jahrhundert in den Brennpunkt rückt, wird damit als Herausforderung für den moralischen Universalismus vorweggenommen.

Insgesamt kann man daher François Furet nur Recht geben, wenn er feststellt, dass die Französische Revolution «das war, was sie sein wollte, nämlich der empirische Weg, auf dem die Welt der freien und gleichen Individuen in unsere Geschichte eingetreten ist»[41], und eine «ungeheure kulturelle Dynamik der Gleichheit»[42] in Gang setzte.

Eine weitere Herausforderung, die zu einem Thema für Jahrhunderte wurde, betrifft die Frage der Emanzipation der Frau. Nicht nur, dass sich bei Condorcet die Forderung nach uneingeschränkter Gleichstellung der Frau und deren Zulassung zum Bürgerrecht findet[43], die Frauen selbst betreten die revolutionäre Bühne und machen ihre Ansprüche geltend. In bewundernswerter Weise formuliert Olympe de Gouges im Jahr 1791 ihre Fassung der Menschenrechte. Bei ihr lautet Artikel 1: «Die Frau ist frei geboren und bleibt dem Manne gleich in allen Rechten. Die sozialen Unterschiede können nur im allgemeinen Nutzen begründet sein.»[44] Wie dieser mutige Schritt exemplarisch die Universalisierungsdynamik der Menschenrechte unterstreicht, so zeigt das Scheitern von de Gouges zu ihrer Zeit und der auch später schwer zu beseitigende «Androzentrismus der Menschenrechte»[45], welchen epochenspezifischen Begrenzungen das universalistische Selbstverständnis ausgesetzt ist.[46]

Am Beispiel der Emanzipation der Frau wird deutlich, was wir die Geschichtsgebundenheit von moralischen Selbst- und Weltverständnissen nennen können. Wenn Ute Gerhard darauf verweist, wie stark die kulturelle Prägung von Geschlechterrollen nicht nur in unserer, sondern auch in anderen Kulturen wirkt und welche Geschichtsmächtigkeit in solchen Prägungen liegt, sodass der Universalismus der Menschenrechte «aus der Frauenperspektive nicht nur bewahrenswert, sondern erst noch zur Geltung zu bringen» sei, so gilt Vergleichbares z. B. auch für das Problem des Rassismus. Kulturelle Prägungen, soziale Unterschiede, gesellschaftliche und wirtschaftliche Machtverhältnisse sowie Formen politischer Herrschaft bilden den konkreten Stoff der Geschichte, der den Horizont von Selbst- und Weltverständnissen zwangsläufig begrenzt, auch wenn sich diese universalistisch artikulieren. Moralische Zäsuren von epochaler Bedeutung wie solche der amerikanischen und Französischen Revolution können neue

Dimensionen eröffnen, sie können jedoch ihre Geschichtsgebundenheit nicht ablegen. Die partikularistischen Beschränkungen, die sie zurückließen, sind Ausdruck dieses Tatbestands. Universalisierungsdynamik und Geschichtsgebundenheit sind so als komplementäre Merkmale der modernen universalistischen Moral anzusehen.

Wenn wir die Geschichtsgebundenheit von Moral an zugrunde liegenden Selbst- und Weltverständnissen festmachen, bedeutet dies zugleich, dass wir unsere eigene Positionsbestimmung des Universalismus nicht mit der Vorstellung verbinden dürfen, als hätten wir quasi einen Zustand absoluter Selbsttransparenz im Licht der Geschichte erreicht. Eine solche Vorstellung wäre abwegig. Auch wenn wir versuchen, den Inhalt der modernen Moral so klar wie möglich zu formulieren und sein Verständnis im Sinne des interhumanen Respekts möglichst deutlich zu explizieren, damit eventuelle partikularistische Verengungen vermieden werden, so schließt dies nicht aus, dass neue Akzentsetzungen moralischer Selbstverständnisse hervortreten, die sich z.B. aus einer interkulturellen Überwindung des Eurozentrismus[47] oder aus Debatten zum Selbstverständnis von Frauen[48] ergeben oder aus Reflexionen darüber, wie individuellen Verlusten und Leidenserfahrungen Rechnung getragen werden kann, die nicht in einem abstrakt-universalistischen Sinn von Gleichheit aufgehen.[49]

Welche systematischen Aufschlüsse lassen sich aus der so weit betrachteten Realgeschichte des Universalismus ziehen? Es sind die folgenden Punkte, die das Verständnis der Komplexität der universalistischen Moral weiterbringen:

1. Der abstrakte Inhalt des Universalismus, den wir auf die Kurzformel des interhumanen Respekts zwischen Menschen als Menschen gebracht haben, ist seinerseits das Resultat einer spezifisch historischen Entwicklung. Aus der moralischen Selbstdefinition von Menschen mit Bezug auf alle Menschen wird die Dynamik einer Universalisierung des Humanen eingeleitet, an deren Ende ein nicht weiter universalistisch zu überbietender Begriff steht.
2. Wie in diese Entwicklung immer schon die Spannung zwischen Universalisierungsdynamik und Geschichtsgebundenheit eingegangen ist, so müssen wir diese Spannung als permanenten Grund-

zug der universalistischen Moral verstehen, die sich auch mit dem Erreichen des abstrakten Inhalts des Universalismus nur umso stärker entfaltet (Feminismus, Antirassismus etc.).

3. Dementsprechend verweist die moralische Selbstdefinition im Sinne des Universalismus auf ein differenziertes Weltverständnis derart, dass sie verlangt, sich die Spannungen zwischen Universalisierungsdynamik und Geschichtsgebundenheit bewusst zu halten und sich ihnen selbstkritisch zu stellen.

Vor dem Hintergrund einer Realgeschichte des Universalismus werden daher unsere Resultate zur Interpretation des nazistischen Gattungsbruchs und des mit ihm verbundenen Gattungsversagens hinsichtlich der epochalen Dimension dieses Geschehens bekräftigt. Es handelt sich um ein Menschheitsgeschehen, weil den Entwicklungsmöglichkeiten der Menschheit im Sinne einer sich sukzessive entfaltenden Universalisierungsdynamik ein Ende bereitet werden sollte. Die moralische Bedeutung der politischen Dimension tritt damit in ihrer Zwiespältigkeit zutage. Sie ist der Schauplatz von epochalen moralischen Selbstdefinitionen im Guten wie im Schlechten. Zugleich zeigt dieser Tatbestand, dass Politik unser Schicksal ist. Dadurch, dass es in der politischen Dimension um Grundfragen menschlichen Zusammenlebens in gesellschaftlichen Beziehungen geht, kommt ihr so große Bedeutung im Prozess moralischer Selbstdefinitionen und der Erschließung moralisch relevanter Weltverständnisse zu. Nicht alle wichtigen Fragen einer Zeit sind in der politischen Dimension anzusiedeln, doch ohne Rückbeziehung auf die politische Dimension scheinen keine moralischen Selbstdefinitionen von epochaler Bedeutung vorstellbar.

Damit ist eine Ausweitung unserer Problematik angesprochen, die aus einer historisch umfassenden Thematisierung des «zoon politikon» die Einsicht in epochal prägende moralische Selbstverständnisse zu gewinnen hätte. Dies muss hier auf sich beruhen bleiben. Stattdessen wenden wir uns der ohnehin bestehenden Dringlichkeit zu, das Verhältnis von Moral und Politik für unsere Zeit zu diskutieren.

1.3 Die Verneinung des schlechten Lebens

Der Verlust eines einheitlichen moralischen Bildes vom Menschen, der mit dem nazistischen Gattungsbruch und dem mit Rorty aufgenommenen Thema der Entmenschlichung einhergeht, legt weitere Konsequenzen zu Moral und Politik und deren Verhältnis zur Sozialwissenschaft nahe. Diese entwickle ich, indem ich zunächst die reflexive Brechung aufzeige, die bei der Frage nach dem «guten Leben» zu berücksichtigen ist. Die Verneinung des «schlechten Lebens» verweist auf die negatorische Orientierung von Moral und verlangt die Formulierung eines Begriffs von moralischer Zeitgenossenschaft und Weltinterpretation. Dies steht in Übereinstimmung mit der Relevanz motivationaler Begründungskonzepte von Moral und der Einsicht in moralische Zerbrechlichkeit. Daraus ergeben sich entsprechende Folgerungen zu Politik und Sozialwissenschaft.

Moral und existenzieller Sinn

Wenn Menschen auf die Konfrontation mit dem nazistischen Gattungsbruch und anderen moralischen Desastern der Entmenschlichung mit der moralisch-existenziellen Selbstdefinition der Negation von Inhumanität antworten und sich inhaltlich im Verständnis des moralischen Universalismus artikulieren, dann geben sie zugleich die Antwort auf eine Frage, die man als existenzielle Sinnfrage formulieren kann: Woran soll das menschliche Zusammenleben orientiert sein, um nicht als inhuman, inakzeptabel, sinnlos, hoffnungslos, trostlos, unerträglich erlebt zu werden?

Mit dieser Sinnfrage nehmen wir Bezug auf den Kontext von Ethiken des «guten Lebens», indem wir sie mit einer reflexiven Brechung versehen. Dies lässt sich verdeutlichen, wenn wir zunächst die Kritik von Habermas an Martin Seels «Versuch über die Form des Glücks» aufgreifen. Habermas möchte «fallible anthropologische Grundannahmen und Wertungen, die nicht nur zwischen verschiedenen Kulturen kontrovers sind», vermeiden und sich davor hüten, «positiv anzugeben, was ein gutes Leben überhaupt bedeutet»[1]. Zu Recht versucht Seel diesem Einwand dadurch zu begegnen, dass er seine Konzeption von Moral qua «Schutz der Form des Glücks» so differenziert, dass ebenso gut von minimalen Bedingungen des Glücks gesprochen werden kann, die in einer universalistischen Perspektive den «Spielraum für ein gutes Leben»[2] offen halten. Damit werden inhaltliche Bestimmungen für ein gutes Leben nicht ein für alle Mal festgeschrieben, sondern können in möglichen Veränderungen und Umbildungen gedacht werden.

Wenn Martin Seel dies in Einklang mit meinem Begriff des historischen Universalismus sieht[3], dann gilt es zugleich, die negatorische Seite, die mit dem Universalismus einhergeht, herauszustellen. Denn wer sich universalistisch versteht, vollzieht eine Abgrenzung zu anderen Moralauffassungen und bringt mit deren Ablehnung zum Ausdruck, dass er deren existenziellen Sinn verwirft. Indem wir andere Konzeptionen von praktischer Identität verwerfen, als deren extremes Beispiel die nazistische Transformationsmoral zu gelten hat, und die inhaltliche Identifikation mit dem Universalismus eingehen, legen wir uns auf eine Vermeidung des schlechten Lebens fest. So gesehen definiert der Inhalt des Universalismus die moralische Grundbedingung qua Minimalbedingung von existenziellem Sinn. Nur im Rahmen dieser Grundbedingung können wir das menschliche Leben nicht als inhuman, nicht als sinnlos, nicht als unerträglich verstehen.[4] Im Rahmen dieser Grundbedingung mögen dann verschiedene Konzeptionen des «guten Lebens» denkbar sein und miteinander konkurrieren.

Hieran ist ein weiterer Schritt anzuschließen, den wir an der nazistischen Transformationsmoral ebenso wie an anderen Moralauffassungen verdeutlichen können, die dem Universalismus widerstreiten. Dieser Schritt besteht in der Verbindung von existenziellem Sinn und Weltverständnis, die herauszuheben gerade für eine Interpretation der nazistischen Transformationsmoral als wichtig erscheint. Nur wer sein Weltverständnis an den Komponenten der nazistischen Ideologie ausrichtet, wird einer Konzeption von praktischer Identität folgen, die in der Vernichtungsoption gegenüber den Juden eine gattungsnegative Orientierung einschlägt. Wie wir gesehen haben, verweist dies auf die Aufgabe und Chance, einem Weltverständnis Raum zu verschaffen, das mit Hilfe der theoretischen Vernunft irrationale Verschwörungstheorien, pseudowissenschaftliche Lehren oder geschichtsmetaphysische Theorien abwehrt (vgl. oben Kap. 1.1).

Die Verbindung von Moral, existenziellem Sinn und Weltverständnis erschließt sich weiter, wenn wir uns der Untersuchung von Ursula Wolf zuwenden, in der die Frage nach dem guten Leben in den umfassenden Horizont der existenziellen Sinnfrage eines endlichen Wesens in einer so und so beschaffenen Welt rückt. Wolf formuliert die anspruchsvolle Aufgabe, «auszubuchstabieren, was dabei ‹endliches menschliches Wesen› und ‹Welt› heißt, und zwar gesehen aus der Perspektive des fragenden ‹ich›. Zu erläutern wäre also das gesamte Welt- und Selbstverständnis in seiner allgemeinen Form.»[5]

In dieser Problemperspektive ergeben sich unterschiedliche Bezugsformen zwischen Selbst und Welt, die je nach historischem Kontext variieren und sich an den unterschiedlichen Schwerpunktsetzungen der Philosophie zu einer bestimmten Zeit bzw. Epoche aufzeigen lassen. So lässt sich Descartes' Suche nach Gewissheit vor dem Hintergrund prägender Unsicherheitserfahrungen seiner Zeit sehen (wissenschaftliche Umbrüche, Kritik christlicher Dogmen, Machtanspruch der Kirche etc.) und als «Radikalisierung des menschlichen Bedürfnisses nach Sicherheit» lesen. Am Beispiel Nietzsches kann erläutert werden, wie das nihilistische Lebensgefühl seiner Zeit mit dem Zerfall starker gemeinsamer Zielsetzungen einer Kultur im Ganzen einhergeht und wie Nietzsches Philosophie mit eigenen Sinnschöpfungen darauf antwortet (Künstlerexistenz, Übermensch etc.).

Diese beispielhaften Stichworte reichen aus, um zweierlei verständlich zu machen. Erstens wird durch Wolfs Ansatz deutlich, dass die Frage nach dem guten Leben sich nicht nur in Begriffen von Moral stellt, sondern – wie an den Beispielen Descartes und Nietzsche ablesbar – als existenzielle Sinnfrage mehrschichtig interpretiert werden muss. Zweitens bedeutet dies, dass mit der kritischen Auflösung von metaphysischen Antworten nach dem «guten Leben» oder dem «Zweck des Lebens» nicht einfach die existenzielle Sinnfrage verschwindet. So illusionär es wäre, die Frage nach dem guten Leben – sei es in der Ich-Perspektive, sei es in der Wir-Perspektive – einer «objektiven» Antwort zuführen zu wollen, so unabweisbar stellt sich die existenzielle Sinnfrage mit Blick darauf, «welches die für die jeweilige Epoche typischen Sinnlosigkeitserfahrungen sind» und wie aus der Ich- oder Wir-Perspektive die offene Frage beantwortet werden kann, wie in einer so und so verfassten Welt und Lebensstruktur möglichst sinnvoll zu leben ist.

Wenn wir diese Frage mit Wolf als Verstehensfrage interpretieren («Wie können wir uns als diese Wesen in einer solchen Welt verstehen?»), dann erreichen wir als konstitutiven Bestandteil unseres Selbst- und Weltverständnisses die Feststellung: Aufgrund der typischen Sinnlosigkeitserfahrungen unserer Epoche, die zutiefst moralische Bedeutung haben, können wir uns nicht als menschliche Wesen in der Welt verstehen, wenn wir nicht einen Standpunkt einnehmen, der sich aus der Negation von Unmenschlichkeit definiert und dem Inhalt des moralischen Universalismus verschreibt.

Was immer sonst noch für das Selbstverständnis in der Welt sowohl aus der Perspektive des Individuums als auch aus der Wir-Perspektive zu berücksichtigen und zu klären sein mag, die moralische Selbstdefinition zur Verneinung des schlechten Lebens ist dabei unverzichtbar.

Hieran ist eine Reflexion zur methodischen Funktion der Philosophie in praktischer Absicht zu knüpfen.[6] Diese besteht darin, für Individuen, die sich die existenzielle Sinnfrage stellen, einen Vorschlag zur Selbstinterpretation ihrer Existenz zu formulieren, in dem sich das Individuum wiederfinden und zugleich für andere Individuen mit der Erwartung öffnen kann, dass diese darin gleichfalls einen diskutablen

Vorschlag zur Selbstinterpretation ihrer Existenz sehen. In diesem Verständnis können wir gleichsam ein existenzielles Reflexionsradikal aus der Ich-Perspektive angeben, das eine absolute Standpunktbestimmung enthält, die unseren bisherigen Interpretationsgang fokussiert: Indem ich mich den Abgründen der Entmenschlichung vorbehaltlos zuwende, kann ich Sinn in meiner menschlichen Existenz nur dann sehen, wenn ich mich dem Faktum der moralischen Zerrissenheit der Welt, dem Riss im moralischen Bild des Menschen, stelle und meine moralische und politische Identität aus der Negation der Negation von Humanität definiere: Hier stehe ich, ich will nicht anders![7]

Dieser Vorschlag zur existenziellen Selbstinterpretation ist zwar in einem philosophischen Vokabular gehalten, doch lässt er sich in beliebigen individuellen Artikulationen denken, von denen nur beansprucht werden muss, dass diese dem Sinn nach in das philosophisch gefasste Reflexionsradikal übersetzbar sind.

Um es an zwei drastischen Beispielen zu veranschaulichen: Die antinazistischen Stellungnahmen von Marlene Dietrich während und nach der Zeit des Nationalsozialismus lassen sich in Übereinstimmung mit dem angegebenen Reflexionsradikal lesen, diejenigen von Martin Heidegger dagegen nicht. Die methodische Funktion der Philosophie setzt sich im Anschluss an das aufgezeigte Reflexionsradikal fort in dem Vorschlag, alle Potenziale von rationaler Weltinterpretation, so weit es geht, auszuschöpfen. Insofern leitet die von Wolf in allgemeiner Hinsicht herausgearbeitete existenzielle Sinnfrage wie von selbst über zu dem Versuch, die epochenspezifischen Sinnlosigkeitserfahrungen in eine Weltinterpretation einzuordnen, die bezogen ist auf die wichtigsten Dimensionen von Realität, die für unser Leben relevant sind.

Dabei ist offenkundig, dass die solcherart in Ansatz gebrachte methodische Funktion der Philosophie zur Gewinnung einer rationalen Weltinterpretation nicht erfüllbar ist, ohne auf die Beiträge einschlägiger Wissenschaften zurückzugreifen. Doch auch hier steht der methodische Aspekt im Vordergrund. Natürlich kann es für den Einzelnen nicht darum gehen, die Wirklichkeitsdimensionen von Politik,

Gesellschaft, Wirtschaft, Recht, Kultur, Religion etc. auf nationaler, internationaler oder globaler Ebene im Hinblick auf inhaltliche Fülle zu durchdringen. Selbst für die jeweiligen Einzelwissenschaften ist dies nur exemplarisch und in Segmenten möglich. Gleichwohl vermag jeder Einzelne, dem daran gelegen ist, sein Weltverständnis angesichts bedeutsamer Sinnlosigkeitserfahrungen zu ordnen, auf Informationen und Verarbeitungen zurückzugreifen, die einschlägige Wissenschaften bereitstellen, und sei es über entsprechend orientierte Medien, die einer breiteren Öffentlichkeit zugänglich sind. Wer diesen Weg beschreitet, verfährt rational, weil darin eine kritische Abkehr impliziert ist, die darin besteht, bei der Durchdringung wichtiger Wirklichkeitsdimensionen nicht auf irgendwelche pseudowissenschaftliche Quellen und Lehren zurückzugreifen, wie sie Sekten, Ideologien oder totalisierenden Heilsbotschaften eigen sind.

Darüber hinaus verlangt die negatorische Orientierung von Moral geradezu eine ständige Kultivierung von moralischer Sensibilität, die der Hilfestellung der Sozialwissenschaft bedarf. Die methodische Funktion von Philosophie und Sozialwissenschaft in praktischer Absicht ist auf diese Weise komplementär zu der systematischen Anstrengung zu sehen, Moral und Geschichte zusammen zu denken.

Moralische Zeitgenossenschaft

Der Zusammenhang von Moral und existenziellem Sinn, den wir durch ein existenzielles Reflexionsradikal aus der Ich-Perspektive gefasst haben, kann in einen Begriff von moralischer Zeitgenossenschaft aus der Wir-Perspektive fortgeschrieben werden. In der Wir-Perspektive verstehen wir uns wechselseitig als Individuen, deren Selbstinterpretationen konvergieren und die ein Interesse daran haben, dass sie nicht nur einer moralischen Gemeinschaft universalistisch gesinnter Menschen angehören, sondern auch, dass diese Gemeinschaft stabil bleibt und sich nach Möglichkeit immer mehr erweitert. Wenn wir einmal davon ausgehen, dass unser Vorschlag zur Formulierung eines existenziellen Reflexionsradikals zur Negation von Inhumanität triftig ist, dann heißt dies in der Wir-Perspektive, dass wir uns wechselseitig in unseren existenziellen Selbstinterpretationen bestärken und dazu motivieren, in der Vermeidung des schlechten Lebens nicht nachzulassen. Dadurch verständigen wir uns auf die Entfaltung einer moralischen Kultur, deren wesentliche Bestandteile in der Pflege eines moralischen Geschichtsbewusstseins und einer entsprechenden moralischen Sozialisation oder Integration bestehen. Die methodische Funktion von Philosophie und Sozialwissenschaft in praktischer Absicht gewinnt in der Wir-Perspektive ihre volle Bedeutung, weil sie nun in Bezug auf eine Pluralität von Menschen zu sehen ist, die sich in ihren Motiven einig wissen und die Bereitschaft einbringen, ihr moralisches Selbstverständnis auf eine stetige Ausschöpfung rationaler Potenziale der Weltinterpretation zu beziehen.

Wie weit die einzelnen Menschen sich aktiv an einem Prozess der Ausschöpfung rationaler Potenziale der Weltinterpretation beteiligen, hängt von individuellen Umständen und Fähigkeiten ab. Die grundsätzliche Bereitschaft, sich einem solchen Prozess und seinen arbeitsteiligen Ergebnissen offen zu halten, reicht als elementare Disposition aus. Die Voraussetzung einer solchen Disposition ist jedoch nicht trivial, wie wir uns an einem Gedankenexperiment klar machen können:

Nehmen wir an, es würde uns von einem Menschen berichtet, der mit den Worten «Auschwitz» oder «Holocaust» nichts verbinden kann, weil ihm schlicht die Kenntnis der damit angesprochenen Ereignisse fehlt. Wahrscheinlich würden wir sofort zurückfragen, wie so etwas möglich ist, und vielleicht vermuten, dass es sich um jemanden handelt, der sehr weit weg von Europa oder der westlichen Hemisphäre beheimatet ist und aus welchen Gründen auch immer keine Möglichkeiten hatte, Zugang zu einschlägigen Informationen zu finden. Für den Fall, dass uns weiter berichtet würde, es handle sich um einen Europäer, möglicherweise sogar um einen Deutschen, würden wir vermutlich mit ungläubigem Staunen reagieren. Nachdem sich das Staunen gelegt hätte, würde man sicherlich versuchen, ihn mit entsprechenden Informationen, Hinweisen auf historische Aufarbeitungen oder Augenzeugenberichte allererst auf einen Kenntnisstand zu bringen, den wir zumindest in groben Umrissen als selbstverständliche Voraussetzung für ein moralisches Bewusstsein ansehen, das zu unserer Zeit gehört. Wir würden uns bemühen, dem betreffenden Menschen zu helfen, so etwas wie moralische Zeitgenossenschaft zu erlangen, vielleicht vergleichbar dem Bemühen, einem Analphabeten dabei zu helfen, an so etwas wie kulturelle Zeitgenossenschaft anzuschließen.

Diese Überlegung zeigt, dass die Welt in bestimmter Weise hinsichtlich ihrer moralischen Relevanz und Bedeutsamkeit erschlossen sein muss, um moralische Standpunkte reflektiert einnehmen zu können. Wir haben es mit dem moralischen Problemniveau einer Zeit zu tun, dem man sich stellen oder versagen kann.[8] Unser konstruierter Fall klingt wie eine Robinsonade, die man jedoch gar nicht als fernab liegende Inselsituation zu sehen braucht.[9] Um den moralischen Robinson in unsere Zeit zurückzuholen, würde man ähnlich verfahren wie bei Kindern, denen ab einem gewissen Alter Informationen, historische Interpretationen oder biographische Zeugnisse zu wichtigen Ereignissen von moralischer Bedeutung gegeben werden.

Vielleicht würde man im vorliegenden Fall zunächst einfach sagen: Hier, lies erst einmal Primo Levi: «Ist das ein Mensch?» oder Eli Wiesel: «Die Nacht», oder geh in Spielbergs «Schindlers Liste» oder bemühe dich um all dies zusammen![10] Je nachdem, wie der Betreffende reagiert, würde sich zeigen, ob die Chance zu einer moralischen Sozialisation besteht, die von Kindern wie von Erwachsenen gleichermaßen durchlaufen werden muss, um den aus der Wir-Perspektive erforderlichen Begriff von moralischer Zeitgenossenschaft zu erfüllen.

Diesen Begriff gilt es, über die exemplarische Illustration des Gedankenexperiments hinaus zu systematisieren. Dies kann so geschehen, dass wir im Sinne der methodischen Funktion der Philosophie einen Vorschlag zur Selbstinterpretation der Mitglieder der moralischen Gemeinschaft in Termini von moralischer Zeitgenossenschaft formulieren. Indem hierzu wichtige Elemente der bisherigen Überlegungen versammelt werden, lässt sich sagen, was ein adäquater Begriff von moralischer Zeitgenossenschaft beinhaltet:

– Identifikation mit dem moralischen Universalismus aus Negation von Inhumanität: existenzielles Reflexionsradikal,
– Akzeptanz demokratisch-institutioneller Ordnungen aus geschichtlich-moralischer Einsicht,

– Disposition zu rationaler Weltinterpretation aus individuell-existenzieller Situation und aus Interesse an moralisch-universalistischer Gemeinschaft.

In dem ersten Element verweisen wir auf die Interpretation unserer Moral aus der geschichtlichen Situation von Gattungsbruch und Entmenschlichung. Mit dem zweiten Element nehmen wir Bezug auf die geschichtlich-moralische Rechtfertigung politischer Ordnungen, die eingebettet ist in eine Realgeschichte des Universalismus. Das dritte Element reflektiert den eben dargelegten Zusammenhang von Moral, existenziellem Sinn und Weltinterpretation aus Ich- und Wir-Perspektive mit dem besonderen Interesse der letzteren.

Der so gefasste Begriff von moralischer Zeitgenossenschaft bildet den Rahmen, in dem wir die strikte Abgrenzung von inkompatiblen Moralauffassungen (nazistische Transformationsmoral) ebenso interpretieren können wie Chancen der universalistischen Integration partikularistisch-nationalistischer Auffassungen oder spezifische Fragen der moralischen Sozialisation, die Erwachsene und Kinder gleichermaßen betreffen können.

Insgesamt ist dieser Begriff von moralischer Zeitgenossenschaft auch geeignet, in vergleichender Weise die Weltnähe von Moral zu unterstreichen, die sich aus unserer Untersuchung ergibt. Diese Weltnähe, die geschichtliche Erfahrung systematisch berücksichtigt, steht im Kontrast zu Kants Ansatz, in dem Weltabgewandtheit regiert: «Unerfahren in Ansehung des Weltlaufs, unfähig auf alle sich ereignenden Vorfälle desselben gefaßt zu sein, frage ich mich nur: kannst Du auch wollen, daß deine Maxime ein allgemeines Gesetz werde?»[11]

Wer so reflektiert, für den kann der «Weltlauf» keine Überraschungen von der Art bereithalten, dass jemals der moralische Gattungsbegriff des Menschen in Frage gestellt werden könnte. Der aufgezeigte Gattungsbruch und das komplementäre Gattungsversagen haben uns eines Besseren belehrt. Der Riss im moralischen Bild des Menschen liegt außerhalb des Horizonts der kantischen Ethik oder vergleichbarer Ethiken. Doch umso mehr können wir die inhaltliche Fassung anerkennen, die Kant seinem kategorischen Imperativ gegeben hat, und diese in das inhaltliche Verständnis unserer Moral aufnehmen. Wenn wir dies tun und zugleich den Gattungsbruch reflektieren, dann kann unser Ausgangspunkt aus der Perspektive der ersten Person nur lauten: Durch geschichtliche Erfahrung geprägt und erschüttert, unfähig, von der moralischen Zerrissenheit der Menschheit abzusehen, frage ich mich: Wie kann der Standpunkt der Humanität, der wechselseitige Respekt zwischen Menschen als Menschen, für alle Menschen jemals verständlich und von allen Menschen jemals akzeptiert werden?

Der Blick auf Kant wirft vor dem Hintergrund des angegebenen Begriffs von moralischer Zeitgenossenschaft jedoch noch eine weitere Perspektive auf. Diese besteht darin, Kants Ethik ihrerseits als Beitrag zu einem Begriff von moralischer Zeitgenossenschaft zu lesen, für den nachzufragen ist, inwieweit er als Verarbeitung der Herausforderungen seiner Zeit begriffen werden kann und inwieweit zeitübergreifende Verwandtschaft zu dem für uns explizierbaren Begriff von moralischer Zeitgenossenschaft besteht.

Dass die zeitübergreifende Verwandtschaft in inhaltlicher Hinsicht besteht, liegt auf der Hand und stellt uns vor dem Hintergrund der aufgezeigten Realgeschichte des Universalismus vor keine besonderen Probleme. Demgegenüber ist es eine schwierigere und nicht im Vorübergehen zu behandelnde Frage, inwiefern die von Kant vorgetragene Begrifflichkeit und Sprache der objektiven Vernunft ihre Überzeugungskraft daraus bezog, dass sie den Anspruch erheben konnte, einen Begriff von moralischer Zeitgenossenschaft zu formulieren, der den Menschen seiner Zeit eine Selbstinterpretation im Licht der Vernunftorientierung der Aufklärung gab. Jedenfalls scheint nachvollziehbar, dass bei Kant ein geniales philosophisches Reflexionsvermögen und das für seine Zeit charakteristische «Charisma der Vernunft»[12] eine produktive Verbindung eingegangen sind, die ihrerseits auf die Realgeschichte des Universalismus zu beziehen ist.

Eine nähere Interpretation dieses Zusammenhangs muss hier dahingestellt bleiben. Wichtig ist, die Perspektive zur Analyse von zeitübergreifenden Moralverständnissen offen zu halten, wie sie in philosophischen Verarbeitungen der jeweiligen Zeit zum Ausdruck kommen. Wenn wir diese im Horizont unseres Begriffs von moralischer Zeitgenossenschaft zu erkunden versuchen, dann tragen wir der Einsicht Rechnung, dass ein epochenübergreifendes Moralverständnis allenfalls durch die differenzierte Aneignung verschiedener Epochen hindurch erreichbar ist. Es gilt, die jeweiligen existenziellen Reflexionsradikale einer Zeit und ihren Begriff von moralischer Zeitgenossenschaft zu erfassen oder zu rekonstruieren und wechselseitige Übersetzungen oder kritische Gegenüberstellungen anzustreben. Eine solch hermeneutische Perspektive verfällt weder einem simplifizierenden Historismus noch einem ideologiekritischen Reduktionismus, der noch Adornos marxistische Lektüre von Kant leitet, wenn er diesen als Vertreter des «Optimismus dieses jungen Bürgertums» charakterisiert und als Repräsentanten eines «Modells von bürgerlicher Vernunft» fasst, das vom «Tauschgesetz» geprägt ist.[13]

Motivation, Begründung, moralische Rationalität

Wenn es richtig ist, dass ein adäquater Begriff von moralischer Zeitgenossenschaft aus den drei genannten Elementen besteht, dann muss dies auch Konsequenzen für die Explikation von moralischer Rationalität haben, die in Kontroversen der philosophischen Moralbegründungen zur Debatte steht. Denn offenbar müssen wir das moralische Bewusstsein der Individuen, das den relevanten Begriff von moralischer Zeitgenossenschaft zu erfüllen hat, mehrschichtig verstehen und im Hinblick auf die Integration unterschiedlicher Rationalitätsdimensionen interpretieren. Dazu gilt es, unsere bisherigen Ergebnisse in Termini von Rationalität zu vergegenwärtigen und sie in einigen Punkten so zu vertiefen, dass eine integrative Konzeption von moralischer Rationalität wenigstens in Grundzügen sichtbar wird.

Als Ausgangspunkt sei zunächst an das negative Resultat erinnert, das die Kritik des «transzendentalen Arguments» in Korsgaards Version des Kantianismus gebracht hat. Mit Blick auf einen vertretbaren Begriff von moralischer Begründung bleibt vorab die Feststellung, was Begründung hier *nicht* heißen kann: den Nachweis einer irgendwie absoluten, personenunabhängigen Gültigkeit der zur Debatte stehenden Moralauffassung, den Nachweis ihrer «objektiven Wahrheit». Unter Berücksichtigung unterschiedlicher Moralauffassungen und der Frage, wie der universalistische Standpunkt diesen gegenüber stark gemacht werden kann, ergab sich bereits ein Kriterium komparativischer moralischer Rationalität, das zwei Stufen umfasst. Erstens die wechselseitige Anerkennung zwischen unterschiedlichen Moralauffassungen, die darin besteht, unter Ausschluss von unmoralischen Konzeptionen (nazistische Transformationsmoral) sich wechselseitig allererst als diskutable Moralauffassungen zu begegnen. Zweitens aber die rationale Gewichtung von Moralauffassungen, die darin besteht, dass eine Moralauffassung X moralisch rationaler als eine Moralauffassung Y genannt werden darf, wenn es möglich ist, das Leitmotiv von Y in die Konzeption von X unter Zustimmung des Vertreters von Y zu integrieren. Dies konnte am Beispiel des Partikularisten und Universalisten demonstriert werden (vgl. oben Kap. 1.1). Die Orientierung an dem jeweiligen Leitmotiv von Moralauffassungen, das wir für den Standpunkt des Universalismus durch die Herausarbeitung eines existenziellen Reflexionsradikals vertieft haben, gibt den Anknüpfungspunkt zur expliziten Klarstellung eines motivationalen Begründungsbegriffs. Einen solchen hat Ernst Tugendhat kritisch gegen Jürgen Habermas zur Geltung gebracht.

Bei Habermas[14] liegt insofern eine Verwandtschaft zur Position von Korsgaard vor, als er ein Begründungsmodell verfolgt, das sich an der theoretischen Wahrheit von Aussagen orientiert und dieses auf die Begründung von Moralauffassungen überträgt. Habermas meint, es sei analog zum Geltungsanspruch von Aussagen im Fall von moralischen Normen ein «Richtigkeitsanspruch» zu unterstellen, von dem er glaubt, dass dieser mit der sprachlichen Gestalt von normativen Sätzen oder Wertsätzen *eo ipso* gegeben sei. Auf diese Weise wird ein propositionaler Sinn der Begründung von Normen vorgeschlagen, der, wenn er angemessen wäre, eine personenunabhängige Einlösung von Geltungsansprüchen auch für Normen bedeuten würde: Wie die Einlösung der Wahrheit von Aussagen insofern personenunabhängig ist, als das Verständnis dessen, was sie behaupten, darauf verweist, wie die Behauptung – sozusagen ohne Ansehen der Person – zu begründen wäre, so soll etwas Vergleichbares für Normen gelten.[15]

Demgegenüber unterscheidet Tugendhat[16] zwei Bedeutungen, in denen von der Angabe von Gründen die Rede sein kann. Einmal geht es um Gründe für Aussagen, die auf die soeben dargelegte personenunabhängige Begründung des in den jeweiligen Aussagen Behaupteten abzielen. Zweitens geht es um Gründe für ein Handeln, die auf eine personenbezogene Angabe von Motiven verweisen. Wie bei alltäglichen Warum-Fragen («Warum fährst du nach Berlin?») die Angabe von Gründen im Sinne von Motiven erwartet wird («Um das Holocaust-Mahnmal zu besichtigen» o. Ä.), so verweist auch die Frage nach Handlungsnormen oder die Frage nach unserer moralischen Grundorientierung auf Antworten im Sinne von Motiven. Wie immer knapp oder ausführlich die Antwort auf die Frage «Warum identifizierst du dich mit Menschenrechten?» ausfallen mag, sie führt uns auf die Angabe und Erläuterung von Motiven («Um Unmenschlichkeit auszuschließen», «Um Rückfall in Barbarei zu verhindern» etc.), die – wie wir gesehen haben – aus der Reflexion unserer geschichtlich-existenziellen Situation entstehen.

Da man nur im Hinblick auf Individuen von Motiven für die Akzeptanz von Normen sprechen kann, stellt Tugendhat als Grundbegriff für die hier relevante Begründungsstruktur heraus, dass es sich um ein «Begründetsein für x» handelt, womit die personenbezogene Art der Begründung zum Ausdruck gebracht wird, die in der Angabe von Motiven aus Sicht des betreffenden Individuums besteht.

Wenn Tugendhat fortfährt, «dass das, wozu wir das Motiv haben, eine wechsel- und allseitige Praxis ist, von der jeder, der sie eingeht, unterstellt, dass auch alle anderen das gleiche Motiv haben, sie einzugehen», so können wir diese motivationale Begründungskonzeption in Einklang mit den strukturellen Komponenten sehen, auf die wir bei der Herausarbeitung eines analytisch-hermeneutischen Rahmens für Moralauffassungen gestoßen sind. Dabei haben wir für unsere Moralauffassung festgestellt, dass mit der Selbstzuschreibung unserer praktischen Identität unter dem Respektprinzip und der damit einhergehenden Selbstbindung die Unterstellung einer moralischen Grundorientierung in der Wir-Perspektive einhergeht, die bedeutet, dass wir uns wechselseitig in unserer existenziellen Selbstinterpretation bestärken und dazu motivieren, das schlechte Leben zu verhindern. Die konkrete Gestalt der Gemeinschaft, auf die mit der unterlegten Begründungsstruktur und der inhaltlichen Bestimmung unserer Moralauffassung Bezug genommen wird, ist die De-facto-Gemeinschaft universalistisch gesinnter Menschen.

Von dieser De-facto-Gemeinschaft müssen wir nicht einmal unterstellen, dass alle ihre Mitglieder genau das «gleiche Motiv haben», um sich ihr zugehörig zu fühlen. Da diese Gemeinschaft eine weltumspannende Gemeinschaft von Menschen darstellt, deren universalistische Gesinnung auf verschiedenartige geschichtliche Entwicklungen und moralische Erfahrungen verweist, genügt es, für die Zugehörigkeit zu dieser Gemeinschaft von gleichartigen Motiven zu sprechen, die dazu führen, sich unter dem universalistischen Respektprinzip zu versammeln. Sicherlich lässt sich in allgemeiner Weise das gleiche Motiv der Angehörigen dieser Gemeinschaft im Sinne der Negation von Inhumanität benennen, doch die Herausbildung der Motive der einzelnen Menschen verweist eher auf eine Familienähnlichkeit von Motiven.

Dies kommt dann zum Vorschein, wenn wir die Artikulation von Motiven aus der Perspektive konkreter Menschen angeben. Dann heißt es etwa: «Ich bin Jude und daher gegen jede Art von Rassismus»[17], «Ich bin eine Frau und daher gegen jede Art von Menschenrechtsverletzungen»[18], »Ich bin Deutscher und daher für Menschenrechte», «Ich bin Schwarzer und daher für Menschenrechte» etc. Solche Äußerungen sind Kürzel für die Erläuterung der jeweiligen Motive, wobei die einzelnen Erläuterungen ihrerseits kontrovers sein können. Dies ändert jedoch nichts daran, von einer Gleichartigkeit oder Vergleichbarkeit von Motiven zu sprechen und diese als Begründungsinstanzen für die moralische Orientierung im Sinne des Respektprinzips in Anspruch zu nehmen. Wenn wir in dieser Weise auf die personenbezogene Begründung unserer Moralauffassung im Sinne von Motiven zurückgehen, dann heißt dies zum einen, dass wir uns wechselseitig im Hinblick auf die De-facto-Gemeinschaft universalistisch gesinnter Menschen bekräftigen. Das Herausheben der Motive zur Identifikation mit dieser Gemeinschaft vergegenwärtigt uns die Konzeption von praktischer Identität, die uns leitet in Rückbezug auf alle anderen Menschen, bei denen wir eine gleichartige oder vergleichbare Konzeption feststellen.

Mit anderen Worten bedeutet dies dann aber, dass wir Übereinstimmung hinsichtlich des existenziellen Sinns erzielt haben, der für jedes Individuum durch eine absolute Standpunktbestimmung angebbar ist: Ich will nicht anders leben als in einer Gemeinschaft von Menschen, in der jedes Individuum sich der Negation von Inhumanität verschrieben hat.[19] Wenn wir die Wechselbeziehung zwischen Ich-Perspektive und Gemeinschaft in dieser Weise fassen, dann wird auch deutlich, dass aus der Ich-Perspektive dem Gesichtspunkt Rechnung getragen werden muss, dass eine Situation eintreten kann, in der keine Chance besteht, mit anderen Individuen hinsichtlich des existenziellen Sinns übereinzustimmen. Es kann der Fall eintreten, dass ein Individuum auf sich allein zurückgeworfen ist und gegen alle anderen steht.

Auch wenn dies angesichts der De-facto-Gemeinschaft universalistisch gesinnter Menschen derzeit keinem realen Szenario entspricht, so zeigen der Gattungsbruch und das Gattungsversagen, auf die wir gestoßen sind, dass keinerlei prinzipielle Garantie besteht, einen solchen Fall nicht eintreten zu sehen.

Umso mehr muss daher interessieren, wie sich die Herausbildung, Entwicklung und Veränderung von Motiven im Rahmen eines personenbezogenen Begriffs von Begründung weiter untersuchen lassen. Hierzu ist es erhellend, auf die narrative Dimension von Begründung einzugehen, die Charles Taylor expliziert hat. Die besondere Relevanz dieser Dimension leuchtet im Hinblick auf Prozesse wechselseitiger Veränderung oder Modifikation von Moralauffassungen im Rahmen eines motivationalen Begründungsbegriffs sofort ein. Denn wenn es im moralischen Dialog darum geht, Motivationslagen zur Sprache zu bringen, Motive anzugeben, diese zu erläutern, gegen Kritik zu verteidigen, zu verändern oder modifiziert zu reformulieren, dann sind wir zugleich gezwungen, uns die Entstehung der für uns maßgebenden Motive zu vergegenwärtigen. Dies bedeutet, dass wir unsere persönliche Geschichte unter der Fragestellung reflektieren, wie wir dazu gekommen sind, bestimmte moralische Motive auszubilden. Da dies aus der Perspektive eines jeden für uns denkbaren moralischen Dialogpartners gilt, verweist der motivationale Begründungsbegriff immer schon auf die Dimension motivationaler Genese, die im Dialog narrativ artikuliert wird.

Daher hebt Taylor zu Recht hervor, dass der Versuch, «die Überlegenheit eines Standpunkts im Verhältnis zu einem anderen» aufzuzeigen, seinen «Ursprung in der biographischen Erzählung» hat. Näher betrachtet ist eine Umdeutung von moralischer Erfahrung im Spiel: «Überzeugen wird mich der andere nur dadurch, daß er mich dazu bringt, meine moralische Erfahrung umzudeuten, insbesondere meine Interpretation der eigenen Lebensgeschichte, der Übergänge, die ich durchlebt oder die ich mich vielleicht zu durchleben geweigert habe.»[20]

Da wir diese narrativ-biographische Perspektive wechselseitig zu unterstellen haben, leuchtet ein, dass etwa der obige Dialog zwischen dem nationalistischen Partikularisten und Universalisten in Form einer motivationalen Genese typisiert werden könnte, die Ansatzpunkten von Kritik und Gegenkritik Raum gibt. Um den Sprachgebrauch Taylors für unser Beispiel aufzunehmen, ließe sich sagen, dass der nationalistische Partikularist nach und nach bereit ist, aus den Erfahrungen mit dem Nazismus Konsequenzen für seine Position zu ziehen, so wie umgekehrt der Universalist seine Weigerung aufgibt, den Partikularisten als Kritiker des Universalismus ernst zu nehmen, wenn es darum geht, das vom Partikularisten als zu abstrakt kritisierte universalistische Selbstverständnis auf der Ebene geschichtlich-konkreter Ordnungen zu interpretieren.

Auf diese Weise findet ein motivationaler Begründungsbegriff seine Fortsetzung in der Perspektive motivationaler Genese sowie deren Interpretation und Re-Interpretation. Begründung durch motivationale Genese heißt so viel wie narratives Verständlichmachen von Motiven. Es handelt sich um eine Begründung im Sinne einer Erläuterung, «was einem besonders am Herzen liegt ..., um einem anderen das eigene Leben verständlich zu machen ...»

Diesen Typus von Begründung setzt Taylor auch für die Orientierung an solchen Werten an, die er «Hypergüter» nennt. Solche Güter kann man als oberste Leitwerte bezeichnen, von denen Taylor gelegentlich auch im Sinne von moralischen Idealen spricht und beispielhaft Freiheit, Altruismus und Universalismus anführt, die er als charakteristisch für die neuzeitliche Kultur ansieht. Ein Gut dieser Art lässt sich nach Taylor nur durch eine bestimmte Deutung seiner Genese rechtfertigen, was für uns inzwischen nur heißen kann, eine Deutung seiner *motivationalen* Genese vorzunehmen.

Wenn wir uns um solche Deutungen bemühen, dann wird nicht nur die individuell-biographische Perspektive angesprochen, sondern zugleich die Öffnung dieser Perspektive auf eine Vielzahl von Menschen mit vergleichbaren motivationalen Genesen, an denen abzulesen ist, dass die Orientierung an einem «Hypergut» wie dem «Prinzip der gleichen Achtung» epochale Dominanz gewinnen konnte und weiter in der Lage ist, den Grundzug einer Konzeption von praktischer Identität zu bestimmen, wie immer wir die Formulierungen des universalistischen Prinzips auch wählen mögen. Sobald wir uns in dieser Weise auf motivationale Genesen einlassen, unterstreichen wir in genetischer Blickrichtung die bereits deutlich gewordene Struktur des motivationalen Begründungsbegriffs und situieren sie in der ihr eigenen narrativen Dimension: Die Angabe von Motiven, die für eine Person X in Bezug auf eine Gemeinschaft G die Begründung abgibt, eine bestimmte Moralauffassung zu teilen, führt auf die Deutung einer motivationalen Geschichte aus der Perspektive eines jeden Individuums, aus der hervorgeht, warum das Individuum die Motive verfolgt, die es sich zuschreibt.

Die Selbstinterpretation der eigenen motivationalen Genese liefert so den Schlüssel für Konzeptionen von praktischer Identität, unter denen sich Menschen begegnen und sich wechselseitig unterstellen, dass sie bestimmten Konzeptionen von praktischer Identität folgen, die – wie wir gesehen haben – moralische Grundorientierungen definieren (vgl. Kap. 1.1). Damit ist es möglich, das geschichtlich-existenzielle Selbstverständnis von Menschen aus der Selbstinterpretation ihrer motivationalen Genesen zu verstehen. Da hierbei Interpretation und Re-Interpretation im Licht neuer Erfahrungen und der unterschiedlichen Begegnung mit anderen Menschen einen Prozess darstellen, ergeben sich als wesentliche Elemente eines solchen Prozesses die Selbstvergewisserung der eigenen Motive durch narrative Genese, die Abgrenzung von Motiven anderer sowie die Modifikation der eigenen narrativen Genese durch Einbeziehung der Motive anderer oder auch die Veränderung der eigenen Motive bis hin zu ihrer Preisgabe.

Wenn wir auf diese Weise die Dynamik eines solchen Prozesses zur Kenntnis nehmen, so ist mit der Selbstvergewisserung der eigenen Motive in Bezug auf die Gemeinschaft von Menschen, deren Mitglieder wir vergleichbare Motive unterstellen, ein Vorgang der Vereinheitlichung von Motiven angesprochen, der seinen Ausdruck darin findet, dass sich die Mitglieder der moralischen Gemeinschaft unter demselben Prinzip definieren, für das wir in der inhaltlichen Bestimmung unserer Moral die Kurzformel des interhumanen Respekts gewählt haben. Nach der Seite der Abgrenzung treffen wir in der Dimension narrativer Genese auf die mit dem Respektprinzip unvereinbaren motivationalen Quellen derjenigen Moralauffassungen, die wir als unmoralisch zu qualifizieren und auszugrenzen haben. Zugleich eröffnet die narrative Genese die Möglichkeit, die Veränderung der eigenen Motive und der Motive anderer zu erkunden, sodass der moralische Dialog zu dem am Beispiel des Partikularisten und Universalisten diskutierten Resultat führen kann.

Der Rückgang auf motivationale Genesen im Sinne des narrativen Verständlichmachens von Motiven gibt mit den Elementen der Selbstvergewisserung, Abgrenzung und Veränderung auch einen begrifflichen Rahmen an die Hand, um moralische Brüche und Entwicklungen in Bezug auf dieselbe Person angemessen zu interpretieren. Denn was wir bisher als moralische Gegensätze erläutert haben, die sich zwischen verschiedenen Personen auftun, kann sich auch bezogen auf die Lebensgeschichte derselben Person ergeben; nicht zur selben Zeit, aber im Verlauf verschiedener Lebensphasen, die mit Brüchen und Veränderungen einhergehen. Es ist möglich, dass Personen sich unter Konzeptionen von praktischer Identität definieren, die sie zu einem späteren Zeitpunkt stark verändern oder ganz aufgeben. Sie gehen dazu über, sich unter einer anderen Konzeption neu zu bestimmen und zu ordnen. Frühere Festlegungen werden über Bord geworfen und neue Selbstbindungen inauguriert. In manchen Fällen sind Brüche und Veränderungen zu konstatieren, die aus der Perspektive des Individuums zu Urteilen führen können, in moralischer Hinsicht nicht mehr derselbe zu sein wie früher, oder aus der Perspektive Dritter die Frage aufwerfen, inwieweit noch von einer moralischen Kontinuität der betreffenden Person ausgegangen werden kann.

So wie beim Einzelnen divergierende Konzeptionen von praktischer Identität moralische Krisen auslösen können, ohne dass andere Personen im moralischen Dialog unmittelbar involviert sind, so wird in vielen Fällen die Frage der moralischen Kontinuität zum Gegenstand moralischen Streits zwischen Personen werden. Der uneinsichtige Nazi wird dem nationalistischen Partikularisten, der seine Position im moralischen Dialog mit dem Universalisten sukzessive neu bestimmt oder modifiziert, vorhalten, seine Moralauffassung (nazistische Transformationsmoral) preisgegeben, zumindest aber «verwässert» zu haben. Diesem Vorwurf wird vermutlich mit dem Argument begegnet werden, der andere sei nicht lernfähig, habe aus der Geschichte keine Lehren gezogen etc.

Analoge Dispute sind auch zwischen einem radikalen Nietzscheaner, der einen rigid elitären Standpunkt vertritt (Herrenmoral versus Sklavenmoral), und einem Universalisten möglich. In diesem Fall könnte man sich als Ergebnis einen universalistisch gezähmten Nietzscheaner vorstellen, der nur noch gegen nivellierende Tendenzen eines zu stark egalitär ausgerichteten Universalismus vorgeht und dagegen die Individualität starker Persönlichkeiten, die Kritik an Mittelmaß jeder Art und vor allem in Hinsicht auf die Kunst die Freiheit zu jeder Art von Exzentrizität setzt. Ein solcherart universalistisch eingebundener Nietzscheaner würde seinem radikalen Ahnherrn vielleicht als zahnloser Tiger erscheinen, der sträflicherweise von der Lobpreisung des starken Individuums und dessen ungehemmtem Egoismus abgerückt wäre, doch es hätte sich auch hier eine motivationale Verschiebung eingestellt, die einen Gewinn an moralischer Rationalität darstellt.

Der Blick auf die dialogische Situation bekräftigt jedoch nur, was sich auch in individueller Perspektive entwickeln kann, wenn durch entsprechende Anstöße das Individuum sich entschließt, seine Mo tive zu überdenken und zu verändern. Im Extremfall sind auch bezogen auf dasselbe Individuum Brüche konstatierbar, wie sie den Abgrenzungen korrelieren, die wir zwischen moralisch diskutierbaren Moralauffassungen und solchen, die allenfalls verbal so auftreten, vorgenommen haben. Grundsätzlich ist die ganze Bandbreite von unmoralischen bis moralisch-diskutablen Konzeptionen von praktischer Identität offen, unter der sich ein und dasselbe Individuum im Laufe der Zeit definieren kann. Was immer dies für die Frage nach der moralischen Kontinuität oder Integrität des betreffenden Individuums in extremen Fällen der Veränderung seiner praktischen Identität bedeuten mag, so ändert die Brüchigkeit und Variabilität seiner praktischen Identität nichts daran, ihm weiterhin die Fähigkeit zuzuschreiben, sich im Laufe der Zeit unter bestimmten Konzeptionen von praktischer Identität zu definieren. Im für uns günstigsten Fall kann eine Veränderung zugunsten des universalistischen Standpunkts eintreten.

Extreme Beispiele von Moralauffassungen, die wir nur als unmoralisch oder pseudomoralisch werten können, werfen auch unter der Perspektive ihrer Genese die Frage auf, welche Möglichkeiten der rationalen Eingrenzung von Moralauffassungen bestehen, sodass wir es letztlich nur noch mit einer Bandbreite von wechselseitig als diskutabel beschreibbaren Auffassungen zu tun hätten. Als Antwort auf diese Frage scheint mir nur eine Konzeption aussichtsreich, in der theoretische und praktische Dimensionen von Vernunft integriert werden.

Theoretische Vernunft ist erforderlich, um Schneisen in die Weltinterpretation zu schlagen, von der sich die nazistische Transformationsmoral tragen lässt. Die Destruktion von Theoremen der jüdischen Weltverschwörung oder pseudowissenschaftlichen Rassentheorien kann eine Disposition zu rationaler Weltinterpretation fördern, die wir nicht nur für unseren obigen Begriff von moralischer Zeitgenossenschaft benötigen, sondern offenbar auch für andere Moralauffassungen, die als diskutabel gelten können. Damit nehmen wir den Begründungssinn von assertorischen Aussagen in Anspruch, um durch die Widerlegung von theoretisch haltlosen Weltinterpretationen die Chance zu eröffnen, Dispositionen zu rationaler Weltinterpretation zu stimulieren. Entsprechendes gilt für Verschwörungstheorien, pseudowissenschaftliche Heilslehren oder nicht ausweisbare Geschichtsinterpretationen aller Art, und seien es auch solche von hohem Niveau (z. B. Marx).

Die bereits aufgezeigten rationalen Potenziale der Sozialwissenschaft und anderer Wissenschaften, die einem propositionalen Begründungssinn verpflichtet sind, stehen so im Dienst eines motivationalen Begründungsbegriffs, der in seiner personenbezogenen Orientierung verbleibt. Hierin liegt schon, dass es nur um eine adäquate Verschränkung von Begründungsdimensionen gehen kann, nicht um eine Reduktion der einen auf die andere.

Dazu gehört weiter die Beachtung elementarer Unterscheidungen, die uns gleichfalls die theoretische Vernunft nahe legt. Dies betrifft insbesondere die Unterscheidung in Sein und Sollen (Wollen). Denn diese Distinktion verschafft uns einen methodischen Hebel, um für rationale Weltinterpretationen zu argumentieren, die der Moral den ihr angemessenen Spielraum belassen. Natürlich ist auch eine solche Distinktion nicht sakrosankt, doch ist kaum zu sehen, wie die Beweislasten eingelöst werden könnten, die zu ihrer Einebnung führen würden.

Eine integrative Sicht von theoretischer und praktischer Vernunft, die zugleich im Zeichen differenzierender Vernunft steht, kann so für das Ziel eines moralisch relevanten Weltverständnisses namhaft gemacht werden, das unseren Begriff von moralischer Zeitgenossenschaft ebenso umfasst wie eventuell konkurrierende Konzeptionen.

Wenn wir mit diesen Klarstellungen auf die Problematik motivationaler Genesen zurückkommen, die sich aus der Diskussion kontroverser Moralauffassungen und der Veränderbarkeit von moralischen Identitäten ergeben hat, so bedeutet dies, dass das narrative Verständlichmachen von Motiven zugleich Aufschluss darüber gibt, welches Profil an Rationalität wir uns selbst zuschreiben und welches Profil uns andere Menschen im Dialog zu verstehen geben. Wir unterstellen für uns selbst, dass unsere motivationale Genese rational kohärent in dem Sinn ist, dass wir von einer moralisch relevanten Weltinterpretation geleitet werden, dass wir der Differenzierung in theoretische und praktische Vernunft respektive entsprechender Begründungsbegriffe Rechnung tragen (propositional/motivational) und darüber hinaus bereit sind, weitere Differenzierungen vorzunehmen, um die Eigenständigkeit von Moral zu beachten. Solche zusätzlichen Differenzierungen beträfen etwa die Abgrenzung von ästhetischen oder religiösen Maßstäben.

Gemessen an dieser Selbstinterpretation von Rationalität begegnen wir den Vertretern pseudomoralischer Auffassungen, die wir kritisiert haben, mit dem Vorwurf der rationalen Inkohärenz oder rationalen Disproportionalität. Motivationale Genesen erlauben daher eine Auseinandersetzung in Termini von Rationalität. Indem uns eine Person ihre motivationale Geschichte aufzeigt, präsentiert sie zugleich ihr Rationalitätsprofil, das Aufschluss darüber gibt, ob wir sie als rational kohärent beurteilen können oder nicht.

Falls wir eine Person als rational kohärent beurteilen, so bedeutet dies aber in anderen Worten, dass ihre moralische Motivation oder Motivierbarkeit gegeben ist. Indem wir nach der rationalen Kohärenz einer Person fragen, testen wir ihre moralisch-motivationale Ausstattung. Wir erfahren, wie es um die Person in Sachen Rationalität bestellt ist und welche Dispositionen in puncto moralischer Motivation oder Motivierbarkeit der betreffenden Person zuzuschreiben sind. Dabei gibt die Selbstinterpretation der motivationalen Genese der jeweiligen Person die Anhaltspunkte, die wir dialogisch weiter explizieren und je nach Besonderheit des Einzelfalls auch in wechselseitiger Übereinstimmung modifizieren können. Freilich, die Beurteilung der rationalen Kohärenz einer Person ist nicht notwendigerweise auf einen dialogischen Prozess angewiesen, sondern genauso gut in solitärer Selbstprüfung möglich. Wir müssen die Fähigkeit zur solitären Selbstprüfung im Sinne rationaler Kohärenz immer schon unterstellen, wenn wir den Tatbestand beachten, dass Personen ihre eigene motivationale Geschichte selbstkritisch reflektieren können sollen, in der Lage sein müssen, die möglicherweise aufgetretenen Brüche oder Veränderungen in ihrer motivationalen Geschichte zu verarbeiten sowie – in welchen Worten auch immer – den Maßstab rationaler Kohärenz an ihre eigene Geschichte anzulegen. Gerade auch extreme

Beispiele in der Veränderung von moralischen Identitäten, auf die wir bereits gestoßen sind, verdeutlichen dies.

Da der Maßstab rationaler Kohärenz darin besteht, sich eine moralisch relevante Weltinterpretation zu Eigen zu machen, um die Eigenständigkeit von Moral zu bewahren und sich unter einer bestimmten Konzeption von praktischer Identität zu definieren, trifft dieser Maßstab gleichermaßen auf die solitäre wie dialogische Situation zu. Die besondere Bedeutung der dialogischen Situation – wie generell der Dimension von Intersubjektivität – besteht darin, dass es für uns von immenser praktischer Relevanz ist, ob und wie wir Prozesse der Selbstvergewisserung unserer moralisch-motivationalen Situation in Bezug auf eine Gemeinschaft von Menschen gestalten, deren Mitgliedern wir vergleichbare Motive unterstellen, und wie wir uns in Auseinandersetzungen mit anderen Moralauffassungen bewähren. Dabei sollte deutlich geworden sein, dass der Maßstab rationaler Kohärenz keine statische Größe darstellt, sondern eine methodisch orientierte Richtschnur formuliert, um der Dynamik moralischer Selbstinterpretation und Konfrontation gerecht zu werden.

Die Komplexität, mit der wir es bei Moralauffassungen zu tun haben, besteht darin, dass der inhaltliche Sinn von Moralauffassungen in Konzeptionen von praktischer Identität besteht, die das wechselseitige Verhältnis zwischen Menschen normativ bestimmen, dass aber solche Konzeptionen nur nachvollziehbar sind im Rückgang auf die sie konstituierenden autonomen Akte von Individuen, die im motivationalen Begründungssinn ihre Entsprechung finden.

Konsequenzen für Politik und Sozialwissenschaft: Verhinderung von Barbarei und Ausschluss von gesellschaftlichem Irrsinn

Aus dem oben gewonnenen Begriff von moralischer Zeitgenossenschaft und der integrativen Sicht von theoretischer und praktischer Vernunft ergeben sich die leitenden Gesichtspunkte zu Politik und Sozialwissenschaft, die den Gegenstand der folgenden Teile der Untersuchung bilden. Die moralische Standpunktbestimmung der Verneinung des schlechten Lebens verlangt, die Politik unter die Vorgabe der Verhinderung von Barbarei zu stellen, die uns in der epochalen Dimension des Holocaust oder anderen gravierenden Geschehnissen von Entmenschlichung begegnet. In dieser Perspektive gilt es, die geschichtlich-moralischen Einsichten, die wir gewonnen haben, auf der Ebene politischer Institutionen zu verfolgen, auf weiterführende Beiträge von politischer Theorie zu beziehen und der Frage einer angemessenen politischen Ethik nachzugehen (Kap. 2).

Um der Aufgabe moralisch relevanter Weltinterpretation so rational wie möglich gerecht zu werden und entsprechende Dispositionen zu fördern, bedarf es insbesondere des Einsatzes methodisch kontrollierter Sozialwissenschaft. Dieser Einsatz in praktischer Absicht ist in Einklang mit dem oft unverstandenen Postulat Max Webers zu sehen, das die Werturteilsfreiheit der Sozialwissenschaft fordert. Weit entfernt davon, «positivistisch» zu sein, setzt dieses Postulat die Eigendimension der Moral (und anderer «Wertsphären») voraus, um – wie wir jetzt sagen können – das Rationalitätspotenzial der Sozialwissenschaft für die Gesellschaft im Interesse moralisch relevanter Weltinterpretationen zu entfalten. Hierfür ist die Beachtung der Distinktion in Sein und Sollen ebenso unverzichtbar wie die Anerkennung der moralischen Dimension als solcher. Eine nähere Ausführung der Wechselbeziehung von Wertfreiheit und Moral, die auch Webers Beschränkungen hinter sich lässt, kann so der Sozialwissenschaft die praktische Aufgabe der Vermeidung von gesellschaftlichem Irrsinn zuweisen. Darüber hinaus gibt das neu gewonnene Postulat der Integration von Empirie und Moral allererst einen systematischen Rahmen, um die Fruchtbarkeit sozialwissenschaftlicher Beiträge zum Holocaust zu würdigen und in Beziehung auf den epochalen Gattungsbruch die Fragen von Vergleichbarkeit und Wiederholbarkeit aufzunehmen (Kap. 3).

Anmerkungen Kapitel 1.1

1 Im Folgenden greife ich teilweise zurück auf: R. Zimmermann, Gattungsbruch. Die Bedeutung des Holocaust für die Ethik, in: Deutsche Zeitschrift für Philosophie 52/2004, S. 667–690.

2 Vgl. insbes. Hannah Arendt, Elemente und Ursprünge totaler Herrschaft, München 1986, S. 682 ff.

3 Dieses und die beiden folgenden Zitate ebd., S. 701 f. Dass Arendt auch den stalinistischen Kommunismus unter dem Begriff der totalen Herrschaft analysiert, kann für den gegenwärtigen Zusammenhang außer Betracht bleiben.

4 I. Kant, Grundlegung zur Metaphysik der Sitten, Akademieausgabe Bd. 4, S. 454. Zum Folgenden ebd., S. 455.

5 I. Kant, Die Religion innerhalb der Grenzen der bloßen Vernunft, Akademieausgabe Bd. 6, S. 21. Vgl. dort zu den folgenden Zitaten: S. 24, 29, 32 f., 35 f.

6 J. W. Goethe, Brief an Herder, Weimarer Ausgabe Bd. 10, S. 75.

7 Ch. Schulte, radikal böse. Die Karriere des Bösen von Kant bis Nietzsche, München 1988, S. 83 ff.

8 I. Kant, Metaphysik der Sitten, Akademieausgabe Bd. 6, S. 321. Weitere Zitate ebd., S. 321 ff.

9 I. Kant, Die Religion …, a. a. O., S. 36. Das Folgende ebd., S. 37.

10 H. Arendt, Eichmann in Jerusalem. Ein Bericht von der Banalität des Bösen, München 1991. Die folgenden Zitate ebd., S. 318, 326. Ähnliches gilt für G. Agamben (Was von Auschwitz bleibt, a. a. O., S. 71), für den die Entmenschlichung von Auschwitz in dem von Primo Levi beschriebenen «Muselmann» ihre «wahre Chiffre» findet. Doch Primo Levi lässt sich auch im Sinne des Gattungsbruchs lesen. Vgl. dazu A. Finkielkraut (Verlust der Menschlichkeit, München 2000, S. 7 ff., 132), der von einer Lossagung vom humanitären Zusammenhalt unter den Menschen spricht. Vgl. dazu auch unten Kap. 2.1. Eine differenzierte Darstellung von Arendts Phasen der Auseinanderung mit Auschwitz und Eichmann, in der das Unabgeschlossene ihrer Deutungen betont wird, gibt: N. Berg, Der Holocaust und die westdeutschen Historiker, Göttingen 2003, S. 466–503.

11 Vgl. den Briefwechsel zwischen Gershom Scholem und Hannah Arendt, in: dies., Nach Auschwitz, Berlin 1989, S. 63–79. Vgl. R. Hilberg, Unerbetene Erinnerung, Frankfurt/M. 1994, S. 130: «Dieses Böse hatte nichts Banales.»

12 Vgl. insbes. E. L. Fackenheim, The Holocaust and Philosophy, in: The Journal of Philosophy, Vol. 82, 1985, S. 511 ff. Vgl. dazu J. McCumber, The Holocaust as Master Rupture: Foucault, Fackenheim, and «Postmodernity», in: A. Milchman/A. Rosenberg (Hg.), Postmodernism and the Holocaust, Amsterdam/Atlanta 1998, S. 239–264.

13 Vgl. jedoch die originelle Interpretation bei S. Neiman, Das Böse denken. Eine andere Geschichte der Philosophie, Frankfurt/M. 2004, S. 440: «Das Böse banal zu nennen, ist daher keine Definition, sondern eine Theodizee.» Ich ziehe vor, den Weg der Theodizee nicht zu beschreiten.

14 Insofern versuche ich im Folgenden, den «Test der Philosophie» einzulösen, den A. Rosenberg und P. Marcus angesichts des Holocaust fordern, jedoch im Anschluss an Hannah Arendt im Postulatorischen einer Dialektik von radikalem und banalem Bösen stehen lassen (The Holocaust as a Test of Philosophy, in: A. Rosenberg/G. E.

Meyers (Hg.), Echoes from the Holocaust. Philosophical Reflections on a Dark Time, Philadelphia 1988, S. 216).

15 Für wichtige Hinweise in diesem Unterkapitel danke ich Hann-Jörg Porath. Ebenso danke ich für Einsicht in dessen Vortrag am Jüdischen Historischen Institut Warschau vom 16.5.2003 (60. Jahrestag der Niederschlagung des Aufstands im Warschauer Ghetto): Die Endlösung der europäischen Judenfrage – ein kulturgeschichtlich bedeutsames Ereignis und ein kulturwissenschaftliches Erklärungsproblem.

16 Y. Bauer, Die dunkle Seite der Geschichte. Die Shoah in historischer Sicht. Interpretationen und Re-Interpretationen, Frankfurt/M. 2001, S. 42. Weitere Zitate im Folgenden S. 42, 59 f. Die Frage nach der Motivation ist auch leitend bei D. Goldhagen, Hitlers willige Vollstrecker. Ganz gewöhnliche Deutsche und der Holocaust, Berlin 1996. Anerkennend und kritisch dazu Bauer, S. 123 ff.

17 S. Friedländer, Das Dritte Reich und die Juden, Bd. 1, insbes. Teil I, Kap. 3.

18 Vgl. E. Jäckel, Hitlers Weltanschauung, Stuttgart 1986.

19 Hierzu U. Herbert, Best. Biographische Studien über Radikalismus, Weltanschauung und Vernunft 1903–1989, Kap. III, Bonn 1996.

20 Vgl. G. Aly/S. Heim, Vordenker der Vernichtung. Auschwitz und die deutschen Pläne für eine neue europäische Ordnung, Frankfurt/M. 2001.

21 Vgl. zur Interpretation des Potenzials an «wissenschaftlicher» Rationalität im Kontext des Sozialdarwinismus, das die nazistische Weltanschauung in Anspruch nehmen konnte: P. J. Haas, Science and the Determination of the Good, in: J. K. Roth, Ethics after the Holocaust: Perspectives, Critiques, and Responses, St. Paul/Minnesota 1999, S. 49–59. Haas gewichtet zwar den szientistischen Strang zu stark, doch zielt er zu Recht auf das Problem eines epochalen moralischen Bruchs, das durch den Nazismus aufgeworfen wird.

22 A. Margalit/G. Motzkin, Die Einzigartigkeit des Holocaust, in: Deutsche Zeitschrift für Philosophie 45/1997, S. 7 f. Zum Folgenden ebd., S. 9. Vgl. auch G. Motzkin/H. Arendt: Von ethnischer Minderheit zu universeller Humanität, in: G. Smith (Hg.), Hannah Arendt Revisited: ‹Eichmann in Jerusalem› und die Folgen, Frankfurt/M. 2000, S. 192.

23 Diese Thematik bleibt bei Margalit/Motzkin in der Schwebe, so fruchtbar die von ihnen thematisierte Gattungsproblematik ist. Fraglich muss ihre sonstige Argumentation bleiben, in der sie versuchen, über die Begriffe der Erniedrigung und Demütigung eine innere Widersprüchlichkeit der Nazi-Konzeption aufzuzeigen bzw. eine «nationalsozialistische Identität» zu konstruieren, die Erniedrigung zu einem ihrer zentralen Motive haben soll. Zweifellos haben Erniedrigung und Demütigung eine wichtige Rolle gespielt, doch könnte ein Nazi im Sinne einer angestrebten «moralischen Transformation» darauf verweisen, dass die Erniedrigung von Juden nur ein Übergangsphänomen darstelle, das ohnehin nicht zur richtigen antijudaischen Auffassung passe. Vielmehr gehe es darum, ohne Hass und so leidenschaftslos wie möglich das zu tun, was der geschichtliche Auftrag und das völkische Lebensprinzip verlangen. Da es sich um transitorische Prozesse eines weltgeschichtlichen Vorgangs handle, sei eben mit Überbleibseln veralteter Einstellungen zu rechnen und umzugehen, ganz abgesehen davon, dass es gelte, sich diese für das Endziel nutzbar zu machen. Dass der Begriff der Erniedrigung im vorliegenden Kontext weniger als versprochen leistet, ändert nichts an seiner gesellschaftstheoretischen Fruchtbarkeit,

die Margalit in anderer Hinsicht unter Beweis stellt. Vgl. A. Margalit, The Decent Society, Cambridge/Mass. 1996.

24 G. Heinsohn, Warum Auschwitz? Hitlers Plan und die Ratlosigkeit der Nachwelt, Reinbek bei Hamburg 1995, S. 18. Zum Folgenden ebd., S. 134 ff., 19 f., 135, 14 ff.

25 Heinsohn zitiert aus dem «politischen Testament» Hitlers: «Die jüdische Rasse ist vor allem eine Gemeinschaft des Geistes. Geistige Rasse ist härter und dauerhafter als natürliche Rasse. Der Jude … muß uns als ein trauriger Beweis für die Überlegenheit des ‹Geistes› über das Fleisch erscheinen.» Ebd., S. 166. Auch Hermann Schmitz (Adolf Hitler in der Geschichte, Bonn 1999, Kap. 7) arbeitet überzeugend die geistige Gegnerschaft heraus, die Hitler gegenüber den Juden leitet, und sieht Hitlers «Judenphobie» unabhängig von einer biologistischen Rassentheorie: «… im strengen Sinn war Hitler … kein Antisemit.» Ebd., S. 346.

26 Schon bei Hannah Arendt (Elemente und Ursprünge …, a. a. O., S. 701) findet sich die Rede von der «Transformation der menschlichen Natur», auf welche die totalitäre Ideologie ausgerichtet sei. Allerdings meint sie, dass sich die menschliche Natur aufgrund ihrer Beschaffenheit dem totalitären Prozess entgegenstelle. Hieran sind Zweifel angebracht.

27 H. Schmitz, a. a. O., S. 359 ff. Eine nähere Auseinandersetzung mit der beeindruckenden Studie von Schmitz muss hier unterbleiben. Sie hätte die Frage zu behandeln, inwieweit die durch die Philosophie von Schmitz entfaltete «Neue Phänomenologie» eine haltbare Begrifflichkeit abgibt, um historische Vorgänge im Detail zu analysieren, oder ob sie sich zu sehr der Kritik aussetzt, die historische Forschung philosophisch überbieten zu wollen. Vgl. zur Wichtigkeit von Erziehung: R. Zitelmann, Hitler. Selbstverständnis eines Revolutionärs, Stuttgart 1991, S. 222 ff.; E. Syring, Hitler. Seine politische Utopie, Frankfurt/M. 1994, S. 188 ff.

28 Ganz explizit spricht auch J. Glover (Humanity. A Moral History of the Twentieth Century, London 2001, Teil VI) davon, dass das «Nazi-Experiment» darauf ausgerichtet ist, die Menschheit durch Transformation der Menschen neu zu schaffen und eine eigene moralische Identität zu konstituieren. Glover beruft sich u. a. auf Rauschning als Quelle. Meine idealtypische Konstruktion vermeidet die Probleme, die damit einhergehen. Vgl. dazu Anm. 27.

29 Vgl. M. Weber, Die ‹Objektivität› sozialwissenschaftlicher und sozialpolitischer Erkenntnis, in: ders., Gesammelte Aufsätze zur Wissenschaftslehre, Tübingen 1973, S. 192 ff.

30 Ein Quellenproblem betrifft etwa die Zuverlässigkeit der Aufzeichnungen von H. Rauschning (Gespräche mit Hitler, Wien 1988) und die Frage, ob es Heinsohn gelungen ist, die Quelle Rauschning im Kontext anderer Belege abzusichern. Die Kritik von E. Tugendhat an Heinsohn (Macht und Inegalitarismus bei Nietzsche und Hitler, in: ders., Aufsätze 1992–2000, Frankfurt/M. 2001, S. 232 ff.) scheint jedoch zu vorschnell. Dies hängt damit zusammen, dass in Tugendhats Sicht von Hitler «das einzig Normative, was bekämpft wird, der Egalitarismus (ist)», und dass «Hitler die Moral im landläufigen Sinn nicht zu bekämpfen, sondern nur unterzuordnen brauchte». Ansonsten sei Hitler ein «totaler Amoralist» gewesen, der dem völkisch-rassistischen Inegalitarismus (im Unterschied zu einem nietzscheanisch individualistischen Inegalitarismus) nach dem Grundsatz des Rechts des Stärkeren gefolgt sei. In Tugendhats Hitler-Bild kann so das Problem einer nazistischen Transformationsmoral nicht entstehen.

31 Vgl. U. Herbert, Der Holocaust und die deutsche Gesellschaft, in: K.-D. Henke (Hg.), Auschwitz, Dresden 2001, S. 19–36.

32 Ch. Browning, Die Entfesselung der «Endlösung». Nationalsozialistische Judenpolitik 1939–1942, München 2003, S. 605. Dort auch (S. 610–617) zusammenfassend: Die Deutschen und die «Endlösung».

33 Vgl. E. Jäckel, Hitlers Weltanschauung, a. a. O., Kap. 3.

34 Vgl. zur Judenverfolgung insgesamt: P. Longerich, Politik der Vernichtung. Eine Gesamtdarstellung der nationalsozialistischen Judenverfolgung, München 1998.

35 R. Hilberg, Die Vernichtung der europäischen Juden. Die Gesamtgeschichte des Holocaust, Berlin 1982, S. 698 ff.

36 Vgl. D. Goldhagen, Hitlers willige Vollstrecker, a. a. O., S. 69. Zur Geschichte des Antisemitismus neuerdings: M. F. Zumbini, Die Wurzeln des Bösen. Gründerjahre des Antisemitismus: Von der Bismarckzeit zu Hitler, Frankfurt/M. 2003.

37 E. Jäckel, a. a. O., S. 55.

38 U. Herbert, Best, a. a. O., S. 285 f.

39 Vgl. S. Friedländer, a. a. O., S. 130; P. Levi, Ist das ein Mensch?, München 2001, S. 128.

40 P. Longerich, a. a. O., S. 193 f.

41 Vgl. G. Aly, «Endlösung». Völkerverschiebung und der Mord an den europäischen Juden, Frankfurt/M. 1995; P. Longerich, a. a. O., S. 535 f., S. 577–586.

42 Ebd., S. 273, Zitat Himmler: «Den Begriff Jude hoffe ich durch die Möglichkeit einer großen Auswanderung nach Afrika oder sonst in eine Kolonie völlig auslöschen zu sehen.» Vgl. G. Aly, a. a. O., Kap. IV.

43 So die These der Gesamtdeutung von P. Longerich, a. a. O., S. 17.

44 K. Jaspers, Die Schuldfrage, Heidelberg 1946, S. 64 f., vgl. zum Folgenden S. 31 ff.

45 Vgl. insbesondere K.-O. Apel, Zurück zur Normalität? Oder könnten wir aus der nationalen Katastrophe etwas Besonderes gelernt haben? Das Problem des (welt-) geschichtlichen Übergangs zur postkonventionellen Moral in spezifisch deutscher Sicht, in: Forum für Philosophie Bad Homburg, Zerstörung des moralischen Selbstbewußtseins: Chance oder Gefährdung?, Frankfurt/M. 1988, S. 91–142.

46 Zu Recht trifft E. Tugendhat (Vorlesungen über Ethik, Frankfurt/M. 1993, S. 80) die Unterscheidung zwischen Kants inhaltlicher Moralkonzeption und seiner Begründungsstrategie aus der Idee der Vernunft.

47 Zur Diskursethik als einer politischen Ethik vgl. unten Kap. 2.2.

48 Ch. Korsgaard, The Sources of Normativity, Cambridge 1996, S. 91. Verweise auf Seitenzahlen in Klammern beziehen sich im Folgenden auf dieses Werk. Übersetzungen R. Z.

49 Vgl. I. Kant, Die Religion …, a. a. O., S. 36, im Hinblick auf die oben dargelegte Verkehrung von Triebfedern: «Bei dieser Umkehrung der Triebfedern durch seine Maxime wider die sittliche Ordnung, können die Handlungen dennoch wohl so gesetzmäßig ausfallen, als ob sie aus echten Grundsätzen entsprungen wären.»

50 Vgl. zur vorstehenden Kritik insbes. G. A. Cohen, Reason, humanity, and the moral law, in: Ch. Korsgaard, a. a. O., S. 181 ff. In analoger Weise wäre auch der stark von Kant und Korsgaard geleitete Versuch von A. Leist (Die gute Handlung. Eine Einführung in die Ethik, Berlin 2000, Kap. X ff.) einer kritischen Analyse zu unterziehen.

51 Th. Nagel, Universality and the reflective Self, in: Ch. Korsgaard, a. a. O., S. 203.
52 R. Brandom, Begründen und Begreifen, Frankfurt/M. 2001, S. 123.
53 So bei R. M. Hare, Freiheit und Vernunft, Frankfurt/M. 1983, Kap. 9. Treffend dazu E. Tugendhat, Dialog in Leticia, Frankfurt/M. 1997, S. 90 f.
54 Vgl. zu dieser Quelle, ihrer Geschichte und Analyse: J. L. Sammons (Hg.), Die Protokolle der Weisen von Zion. Die Grundlage des modernen Antisemitismus – eine Fälschung. Text und Kommentar, Göttingen 1998.
55 Vgl. zur Kennzeichnung des Partikularismus als eigenständige Moralkonzeption neben anderen Konzeptionen: E. Tugendhat, a. a. O., S. 89 ff.
56 E. Gellner, Nationalismus und Moderne, Berlin 1995, S. 9.
57 Vgl. den repräsentativen Sammelband von A. Honneth (Hg.), Kommunitarismus. Eine Debatte über die moralischen Grundlagen moderner Gesellschaften, Frankfurt/M. 1995.

Anmerkungen Kapitel 1.2

1 Erfreulicherweise hat auch Martin Seel (Versuch über die Form des Glücks, Frankfurt/M. 1995, S. 82) diesen Begriff aufgenommen, den ich zunächst aus dem Zusammenhang von Ethik und Sozialwissenschaft konzipiert hatte. Inzwischen habe ich diesen Begriff in einer Auseinandersetzung mit Rortys Position fortgeführt, auf die ich im Folgenden zurückgreife: R. Zimmermann, Historischer Universalismus. Eine hermeneutische Transformation von Richard Rortys geschichtlich-existenziellem Paradigma, in: Deutsche Zeitschrift für Philosophie 50/2002, S. 505–518.
2 R. Rorty, Gefangen zwischen Kant und Dewey. Die gegenwärtige Lage der Moralphilosophie, in: Deutsche Zeitschrift für Philosophie 49/2001, S. 192.
3 R. Rorty, Erwiderung auf Udo Tietz, in: Th. Schäfer/U. Tietz/R. Zill (Hg.), Hinter den Spiegeln. Beiträge zur Philosophie Richard Rortys, Frankfurt/M. 2001, S. 109.
4 R. Rorty, Das Ende des Leninismus, Havel und die soziale Hoffnung, in: ders., Wahrheit und Fortschritt, Frankfurt/M. 2000, S. 348.
5 R. Rorty, Der Vorrang der Demokratie vor der Philosophie, in: ders., Solidarität oder Objektivität?, Stuttgart 1988, S. 108.
6 R. Rorty, Kontingenz, Ironie und Solidarität, Frankfurt/M. 1989, S. 108.
7 R. Rorty, Gefangen zwischen Kant …, a. a. O., S. 188.
8 R. Rorty, Menschenrechte, Vernunft und Empfindsamkeit, in: ders., Wahrheit und Fortschritt, Frankfurt/M. 2000, S. 245.
9 R. Rorty, Feminismus und Pragmatismus, in: ders., Wahrheit und Fortschritt, S. 295.
10 R. Rorty, Erwiderung auf Udo Tietz, a. a. O., S. 108.
11 Beispiele hierfür wären M. Nussbaum, Gerechtigkeit oder das gute Leben, Frankfurt/M. 1999, Th. Rentsch, Die Konstitution der Moralität. Transzendentale Anthropologie und praktische Philosophie, Frankfurt/M. 1999.
12 R. Rorty, Kontingenz, Ironie und Solidarität, a. a. O., S. 120, 144, ders., Solidarität oder Objektivität?, a. a. O., S. 8.
13 J. Habermas, Die Einbeziehung des Anderen, Frankfurt/M. 1996, S. 26.
14 R. Rorty, Wahrheit und Fortschritt, a. a. O., S. 241. Folgende Zitate ebd., S. 257, 260.
15 R. Rorty, Response to Jürgen Habermas, in: R. Brandom (Hg.), Rorty and his Critics, Oxford 2000, S. 61. Übersetzung R. Z. Vgl. auch R. Rorty, Response to Robert B. Brandom, ebd., S. 188.

16 Vgl. R. Rorty, Hoffnung statt Erkenntnis. Eine Einführung in die pragmatische Philosophie, Wien 1994, S. 83.
17 A. Szczypiorski, Das Ende aller Zivilisation, in: DIE ZEIT, 24. 3. 1995, S. 64.
18 St. Courtois et al., Das Schwarzbuch des Kommunismus, München/Zürich 1998.
19 J. Gauck, Vom schwierigen Umgang mit der Wahrnehmung, in: Courtois, a. a. O., S. 892.
20 Vgl. E. S. Morgan/H. M. Morgan, The Stamp Act Crisis. Prologue to Revolution, Chapel Hill/London 1995.
21 Vgl. hierzu die Quellen bei A. u. W. P. Adams (Hg.), Die Amerikanische Revolution und die Verfassung 1754–1791, München 1987. Zur Bedeutung von John Locke für die amerikanische Revolution vgl. St. M. Dworetz, The unvarnished doctrine: Locke, liberalism and the American Revolution, Durham 1994, Kap. 3.
22 Th. Jefferson, Betrachtungen über den Staat Virginia, Zürich 1989, S. 470 f. R. Koselleck (Vergangene Zukunft, Frankfurt/M. 1984, S. 250) verweist auf die «Negationskraft des allgemeinen Menschheitsbegriffs» in kritischer Funktion.
23 Th. Jefferson, Betrachtungen ..., a. a. O., S. 469.
24 A. u. W. P. Adams, a. a. O., S. 262.
25 P. Bradley, Slavery, Propaganda, and the American Revolution, Mississippi 1998.
26 R. Dworkin, Bürgerrechte ernstgenommen, Frankfurt/M. 1984, S. 300.
27 Dies bekräftigt die obige Argumentation (Kap. 1.1) gegen «transzendentale Argumente» vonseiten einer Geschichtsdynamik, die sich apriorischen Fixierungen entzieht.
28 W. Grab (Hg.), Die Französische Revolution. Eine Dokumentation, München 1973, S. 48.
29 E. J. Sieyès, Was ist der Dritte Stand?, hg. von O. Dann, Essen 1988, S. 35.
30 Vgl. zum Folgenden auch: F. Furet/D. Richet, Die Französische Revolution, München 1981, Kap. 3, 4.
31 D. Sternberger, Herrschaft und Vereinbarung, Frankfurt/M. 1986, S. 98.
32 A. Goodwin, Die Französische Revolution, Frankfurt/M. 1964, S. 68.
33 Vgl. M. Gauchet, Die Erklärung der Menschenrechte, Reinbek bei Hamburg 1991, Kap. 2.
34 W. Grab, a. a. O., S. 405.
35 A. Soboul, Die Große Französische Revolution, Frankfurt/M. 1983, S. 151.
36 K. Marx, Grundrisse der Kritik der politischen Ökonomie, Frankfurt/M. o. J., S. 152 ff.
37 M. Weber, Wirtschaft und Gesellschaft, Studienausgabe, Tübingen 1976, S. 382 ff.
38 Vgl. zur Kritik der marxistischen Historiographie: F. Furet, 1789 – Jenseits des Mythos, Hamburg 1989, S. 97–148. Zur Kritik des ideologiekritischen Reduktionismus bei Marx im Detail: R. Zimmermann, Utopie – Rationalität – Politik, Freiburg/München 1985, §§ 12, 13.
39 R. Dworkin, a. a. O., S. 301.
40 W. Grab, a. a. O., S. 374 ff., 383 ff.
41 F. Furet, Zur Historiographie der Französischen Revolution heute, München (Siemens-Stiftung) 1989, S. 34.
42 F. Furet, 1789 – Jenseits des Mythos, a. a. O., S. 36.
43 Condorcet, Entwurf einer historischen Darstellung der Fortschritte des menschlichen Geistes, Frankfurt/M. 1976, S. 213.

44 U. Gerhard, Gleichheit ohne Angleichung: Frauen im Recht, München 1990, S. 11.
45 U. Gerhard, Menschenrechte haben (k)ein Geschlecht, in: St. Bazli/F. Kissling/R. Zihlmann (Hg.), Menschenbilder Menschenrechte, Zürich 1994, S. 72. Ebd., S. 87, das nachfolgende Zitat.
46 Vgl. C. A. MacKinnon, Kriegsverbrechen – Friedensverbrechen, in: St. Shute/S. Hurley (Hg.), Die Idee der Menschenrechte, Frankfurt/M. 1996, S. 104–143.
47 Vgl. z.B. J. Butler, Restaging the Universal: Hegemony and the Limits of Formalism, in: J. Butler/E. Laclau/S. Žižek, Contingency, Hegemony, Universality. Contemporary Dialogues on the Left, London/New York 2000, S. 11–43.
48 Vgl. S. Benhabib/J. Butler/D. Cornell/N. Fraser, Der Streit um Differenz. Feminismus und Postmoderne in der Gegenwart, Frankfurt/M. 1993. Vgl. H. Pauer-Studer, Freiheit und Gleichheit aus der Perspektive feministischer politischer Theorie, in: dies., Autonom leben, Frankfurt/M. 2000, S. 248–284.
49 Vgl. Ch. Menke, Grenzen der Gleichheit. Neutralität und Politik im Politischen Liberalismus, in: Deutsche Zeitschrift für Philosophie 50/2002, S. 897–906. Vgl. ders., Spiegelungen der Gleichheit, Berlin 2000.

Anmerkungen Kapitel 1.3

1 J. Habermas, Die Einbeziehung des Anderen, Frankfurt/M. 1996, S. 43, Anm., S. 45.
2 M. Seel, Versuch über die Form des Glücks, a.a.O., S. 227; ders., Sich bestimmen lassen, Frankfurt/M. 2002, S. 210f.
3 Ebd., S. 211: «Grundstein einer Moral universaler Rechte ist – mit einem Ausdruck von Rolf Zimmermann – ein *historischer Universalismus* des Guten, der nicht ein für allemal festgelegt werden kann ...»
4 In einem ganz anderen Zusammenhang kommt neuerdings auch J. Habermas (Die Zukunft der menschlichen Natur. Auf dem Weg zu einer liberalen Eugenik?, Frankfurt/M. 2001, S. 124) auf den Zusammenhang von Moral und existenziellem Sinn: «... ohne das Befreiende moralischer Achtung ... müßten wir ... das von Menschen bewohnte Universum als unerträglich empfinden.» Hieraus ergibt sich freilich eine Spannung zu Habermas' formal-strukturellem Kantianismus, dem ein historischer Universalismus entgeht.
5 U. Wolf, Die Philosophie und die Frage nach dem guten Leben, Reinbek bei Hamburg 1999. Die folgenden Zitate ebd., S. 104, 96, 153.
6 Vgl. hierzu weiter differenzierend U. Wolf, a.a.O., Kap. 10.
7 Vgl. hierzu die Überlegungen zur «Moralisierung der Geschichte», die Jean Améry mit der Perspektive geistiger «Zeitumkehr» verbindet und dabei in ähnlicher Weise die Gedankenfigur einer «Negation der Negation» anführt: Ressentiments, in: ders., Werke, Bd. 2, S. 142ff.
8 Dieses Beispiel wie der unten entwickelte Begriff von moralischer Zeitgenossenschaft stehen in Übereinstimmung mit der Einsicht von Charles Taylor (Das Unbehagen an der Moderne, Frankfurt/M. 1995, S. 50f.): «... die eigene Identität kann ich nur vor dem Hintergrund von Dingen definieren, auf die es ankommt ... vor einem Horizont wichtiger Fragen»
9 Vgl. die empirische Studie: A. Silbermann/M. Stoffers, Auschwitz: Nie davon gehört?, Berlin 2000.
10 P. Levi, Ist das ein Mensch?, München 2000; E. Wiesel, Die Nacht, Freiburg i.Br. 1996.

11 Kant, Grundlegung zur Metaphysik der Sitten, a. a. O., S. 403.
12 Vgl. Max Weber, Wirtschaft und Gesellschaft, a. a. O., S. 726.
13 Th. W. Adorno, Probleme der Moralphilosophie, Frankfurt/M. 1996, S. 114, 174.
14 J. Habermas, Richtigkeit versus Wahrheit, in: ders., Wahrheit und Rechtfertigung, Frankfurt/M. 1999, S. 271–318.
15 Vgl. zum Folgenden auch: H. Schnädelbach, Über Rationalität und Begründung, in: ders., Zur Rehabilitierung des animal rationale. Vorträge und Abhandlungen 2, Frankfurt/M. 1992, S. 61–78.
16 E. Tugendhat, Dialog in Leticia, Frankfurt/M. 1997, S. 17 ff. Das nachfolgende Zitat ebd., S. 22.
17 Vgl. z. B. I. Eörsi: «Aus dem Holocaust leite ich für mich die moralische Verpflichtung ab, daß ich stets mit den Verfolgten der jeweiligen Zeit, mit den ethnischen, konfessionellen, kulturellen und sexuellen Minderheiten sowie mit den sozial Benachteiligten solidarisch sein muß. So ist mir keine jüdische Solidarität, außer im Widerspruch gegen den Antisemiten: Nach dem Holocaust ist jede Form des Rassismus untolerierbar.» (DIE ZEIT, 11.7.2002, S. 37)
18 Vgl. z. B. MacKinnon, Kriegsverbrechen – Friedensverbrechen, a. a. O.
19 Hierin kommt der Unterschied meiner Moralinterpretation zu vertragstheoretischen und utilitaristischen Positionen zum Ausdruck.
20 Ch. Taylor, Quellen des Selbst, Frankfurt/M. 1999, S. 140 f. Das nachfolgende Zitat ebd., S. 146. Zu «Hypergütern» S. 127.

2 POLITIK ODER DIE VERHINDERUNG VON BARBAREI

Nachdem im bisherigen Gang der Untersuchung die enge Verbindung von Moral und Politik aus einem Verständnis von geschichtlich-existenzieller Situiertheit freigelegt wurde, gilt es nun, die moralische Standortbestimmung, die wir erreicht haben, in ihrem Verhältnis zur politischen Dimension genauer auszuführen. Die Vorgabe der Verhinderung von Barbarei, die wir für die Politik herausgestellt haben, gibt eine allgemeine Orientierung, die nach Interpretationen hinsichtlich politischer Ordnungen und nicht zuletzt auch nach einer Problematisierung der Eigendimension von Politik unter den Aspekten von Macht und Gewalt verlangt.

Diesen Aufgaben widme ich mich, indem ich zunächst das deutsche Grundgesetz in seiner historischen Beschaffenheit gegenüber dem Nazi-Regime aufnehme und es mit der Entwicklung des demokratischen Verfassungsstaats der Vereinigten Staaten von Amerika vergleiche, der in der Kontinuität der aufgezeigten Realgeschichte des Universalismus steht (vgl. Kap. 1.2). Auf diese Weise können die Besonderheiten des deutschen Verfassungsstaats im Sinne einer «Grundrechtsdemokratie» deutlich hervortreten und systematisch auf Beiträge der politischen Theorie des Liberalismus bezogen werden, um Optimierungen des demokratischen Verfassungsstaats in übergreifender Perspektive zu diskutieren (Kap. 2.2). Nachdem die Potenziale fortschreitender Humanisierung im demokratischen Verfassungsstaat erkundet wurden, gilt es, nicht vor den Dilemmata zurückzuschrecken, mit denen uns die Politik in der Dimension von

Macht und Gewalt konfrontiert. Vielmehr müssen wir die Frage nach einer politischen Verantwortungsethik stellen, die dem moralischen Universalismus und dem Rahmen des demokratischen Verfassungsstaats sowohl innenpolitisch als auch außenpolitisch verpflichtet bleibt (Kap. 2.3).

Als Vorbereitung zur Interpretation des demokratischen Verfassungsstaats und der politischen Verantwortungsethik halte ich es für aufschlussreich, wenn wir uns Adornos Thematisierung von Auschwitz zuwenden, um zu sehen, wie Adorno einerseits eine treffende Vorgabe formuliert, andererseits wegen seiner gesellschaftstheoretischen Globaldiagnosen nicht dazu gelangt, diese in Termini von Politik einzulösen.

2.1 Politik und Moral nach Auschwitz

Der Einstieg mit Adornos «kategorischem Imperativ» führt auf die Verbindung von Moral und Politik, die sich im Weiteren als Verbindung von universalistischer Moral und demokratischem Verfassungsstaat zu entfalten hat.

Adornos «kategorischer Imperativ»

In seiner «Negativen Dialektik» kommt Adorno zu einer beeindruckenden Formulierung: »Hitler hat den Menschen im Stande ihrer Unfreiheit einen neuen kategorischen Imperativ aufgezwungen: ihr Denken und Handeln so einzurichten, daß Auschwitz nicht sich wiederhole, nichts Ähnliches geschehe.»[1] Diesen Imperativ können wir zunächst in Übereinstimmung mit der aufgezeigten Negation von Inhumanität lesen, die sich aus geschichtlicher Erfahrung und der mit ihr einhergehenden moralischen Erschütterung aufdrängt, eine Erfahrung, der wir zuletzt aus der Ich-Perspektive in Form eines existenziellen Reflexionsradikals Ausdruck gegeben haben. Von einem kategorischen Imperativ zu sprechen ist ebenso nachvollziehbar, weil es, wie wir gesehen haben, darum geht, eine absolute Standortbestimmung von Moral vorzunehmen.

Diese Standortbestimmung von Moral führt jedoch bei Adorno nicht zu dem nahe liegenden Schritt eines inhaltlich gefassten Universalismus, der für Menschen eine Selbstinterpretation expliziert, die ein künftiges Auschwitz sowohl aus der Ich- als auch der Wir-Perspektive ausschließt. Vielmehr verbleibt Adornos Moralverständnis in der Dimension widerständiger Subjektivität, die sich ihrer moralischen Evidenz sicher ist. Sehen wir also, warum es mehr bedarf, als sich ausschließlich auf diese Dimension zu konzentrieren.

Adorno fährt fort:

»Dieser Imperativ ist so widerspenstig gegen seine Begründung wie einst die Gegebenheit des Kantischen. Ihn diskursiv zu behandeln, wäre Frevel: an ihm läßt leibhaft das Moment des Hinzutretenden am Sittlichen sich fühlen. Leibhaft, weil es der praktisch gewordene Abscheu vor dem unerträglichen physischen Schmerz ist, dem die Individuen ausgesetzt sind, auch nachdem Individualität, als geistige Reflexionsform, zu verschwinden sich anschickt. Nur im ungeschminkt materialistischen Motiv überlebt Moral.»

Das Treffende in dieser Passage besteht darin, dass Adorno für die negatorische Unbedingtheit, die durch Auschwitz geboten ist, eine Evidenz in Anspruch nimmt, von der es in der Tat abwegig wäre, sie mit einer Begründung in der Art diskursiver Rechtfertigung versehen zu wollen. Wenn uns jemand fragt: «Warum bist du gegen Auschwitz?», so versteht er entweder die Bedeutung des Worts «Auschwitz» nicht oder macht einen zynischen Scherz oder gibt sich als Vertreter einer nazistischen Position zu erkennen, die wir nur durch das Werturteil «unmoralisch» ablehnen können. Indem sich unsere Reaktion auf eine solche Frage in diesen Alternativen bewegt, aktualisieren wir zugleich unsere Motive oder motivationalen Genesen, die unser moralisches Selbstverständnis leiten. Insofern ist Adornos Beharren auf einem motivationalen Zugang zur Moral nachzuvollziehen.

Dieser Zugang wird jedoch bei Adorno in eigentümlicher Weise auf die Unmittelbarkeit von moralischen Impulsen eingeschränkt, mit denen Menschen sich gegen physischen Schmerz oder Folter zur Wehr setzen. Eine Formulierung von Moral in allgemeinen Begriffen lehnt Adorno ab:

«Moralische Fragen stellen sich bündig ... in Sätzen wie: Es soll nicht gefoltert werden, es sollen keine Konzentrationslager sein ... Sie dürfen sich nicht rationalisieren; als abstraktes Prinzip gerieten sie sogleich in die schlechte Unendlichkeit ihrer Ableitung und Gültigkeit ... Der Impuls, die nackte physische Angst und das Gefühl der Solidarität mit den ... quälbaren Körpern, der dem moralischen

Verhalten immanent ist, würde durchs Bestreben rücksichtsloser Rationalisierung verleugnet; das Dringlichste würde abermals kontemplativ, Spott auf die eigene Dringlichkeit.»

Diese Überlegung verliert ihre Plausibilität, wenn wir uns klar machen, dass der handfeste moralische Impuls, das leibhaft «Hinzutretende» am Sittlichen immer schon auf eine Reflexionsdimension verweist, die sich geradezu natürlicherweise in allgemeinen Begriffen artikuliert. Diese Reflexionsdimension muss freilich anders verstanden werden als die von Adorno kritisierte «schlechte Unendlichkeit» einer an «Ableitung» und «Gültigkeit» orientierten diskursiven Rationalität. Es geht nicht um eine kontemplative Verschiebung in einen abgehobenen Bereich von «Abstraktion», sondern um reflexive Verarbeitung der von Adorno betonten moralischen Impulse hinsichtlich der geschichtlichen Situation, auf die sie mit negatorischer Unbedingtheit reagieren. Für die geschichtliche Situation, mit der wir es zu tun haben, ist es jedoch unvermeidlich, Explikationen vorzunehmen, die von Beschreibungen physischen Leids bis zu Demütigungen unterschiedlicher Art (z. B. «Judenstern») oder den oben herausgearbeiteten Interpretationen von Gattungsbruch und Gattungsversagen reichen. Dies macht Differenzierungen dringlich, die bei Adorno selbst angelegt sind, wenn er feststellt, es soll keine Konzentrationslager geben.

Die Ablehnung von Konzentrationslagern verweist auf eine geschichtliche Vermittlung von moralischen Impulsen, die mehr umfasst als die Ablehnung von Folter. Wir werden zu einer Reflexion gezwungen, die auf die Bedeutung der moralischen Erfahrung abhebt, die an Konzentrationslagern sichtbar wird. Dies kann am Beispiel von Primo Levi verdeutlicht werden, der seine Erfahrungen in Auschwitz zu verarbeiten sucht. Mit großer Intensität schildert er die Begegnung mit dem deutschen Ingenieur Dr. Pannwitz, der seine Chemie-Kenntnisse prüft, um zu entscheiden, ob er für entsprechende Arbeiten eingesetzt werden soll. Die Art und Weise, wie ihm dieser Dr. Pannwitz gegenübertritt, veranlasst ihn zu der Reflexion: «... zwischen Menschen hat es einen solchen Blick nie gegeben. Könnte ich mir aber bis ins letzte die Eigenart jenes Blickes erklären, der wie durch die

Glaswand eines Aquariums zwischen Lebewesen getauscht wurde, die verschiedene Elemente bewohnen, so hätte ich damit auch das Wesen des großen Wahnsinns im Dritten Reich erklärt.» Für Primo Levi sagte der Blick, der ihm durch die Glaswand des Aquariums begegnete, das Folgende: «‹Dieses Dingsda vor mir gehört einer Spezies an, die auszurotten selbstverständlich zweckmäßig ist. In diesem besonderen Fall gilt es festzustellen, ob nicht ein verwertbarer Faktor in ihm vorhanden ist.›»[2]

Das Beispiel von Primo Levi zeigt, wie ein durch das Konzentrationslager unmittelbar Gedemütigter gar nicht anders kann, als die moralische Bedeutung dessen zu reflektieren, was ihm widerfährt, und dabei auf seine Weise zu Worten findet, die den nazistischen Gattungsbruch zum Ausdruck bringen. Reflexionen dieser Art führen zwangsläufig zu Artikulationen in allgemeinen Begriffen, von denen dann nur noch in Frage stehen kann, wie wir sie im Rahmen einer philosophischen Untersuchung methodisch explizieren und systematisieren.

Diese Art der Entfaltung von moralischer Erfahrung und reflexiver Verarbeitung in diskursiver Form wird von Adornos Verdikt gegen die schlechte Abstraktheit moralischer Prinzipien und kontemplativer Distanz nicht getroffen. Weil Adorno nur eine fragwürdige diskursive Begründungsrationalität vor Augen steht, die auf «Ableitungen» zielt, entgeht ihm die Reflexionsdimension moralischer Erfahrung, die sich in diskursiven Formen entfaltet, welche auf die von Adorno zu Recht in Ansatz gebrachten moralischen Impulse und Motive zurückverweisen.

Hieraus folgt, dass es nur darum gehen kann, die allgemeinen Begriffe, in denen wir unser moralisches Selbstverständnis formulieren, in einem komplementären Verhältnis zu den relevanten moralischen Erfahrungen zu sehen. Die Unmittelbarkeit moralischer Erfahrung und ihrer Impulse sowie die Reflexionsdimension moralischer Erfahrung durchdringen sich wechselseitig.

Das kann auch deshalb nicht anders sein, weil Berichte oder Mitteilungen eines Individuums über seine unmittelbaren moralischen Erfahrungen, welche an andere Menschen weitergegeben werden, die solche Erfahrungen nicht gemacht haben, sich immer schon in einer Reflexionsdimension auch dann bewegen, wenn es *prima facie* nur darum zu gehen scheint, anderen Menschen die Unmittelbarkeit der je individuellen Erfahrung zugänglich zu machen. Am Beispiel Primo Levis liegt dieser Sachverhalt auf der Hand, doch auch im Fall verbaler Augenzeugenberichte oder entsprechender Bilddokumente geht mit der jeweiligen Präsentation die Reflexion der moralischen Bedeutung des Berichteten und seine moralische Wertung einher. Dieser Zusammenhang mag nicht transparent sein bei einem sehr emotional gehaltenen Augenzeugenbericht, der möglicherweise dazu führt, dass der Augenzeuge in Tränen ausbricht und der Zuhörer von der Wucht des Geschilderten so beeindruckt ist, dass auch er die Tränen nicht zurückhalten kann.

Doch danach folgen in der Regel verbale Formen der Empathie, die den konkreten Erlebnissen des berichtenden Individuums exemplarischen Status geben: «Unmenschlich!», «Unfassbar!» etc. sind die für uns natürlichen Reaktionen, Kürzel für die Artikulation der moralischen Reflexion und Stellungnahme, die dem Sinn nach lautet: «Nein! So darf man nicht mit Menschen umgehen!» In diesem «Nein!» sind sowohl Adornos «Gefühl der Solidarität mit den quälbaren Körpern» als auch die allgemeine Reflexionsdimension von Moral aufbewahrt, die nach einer Fassung in geeigneten Begriffen drängt. Das moralische «Nein!» hat den Doppelaspekt der konkreten negatorischen Unbedingtheit und der allgemeinen Anweisung, Verletzungen des interhumanen Respekts nicht zuzulassen.[3]

Demnach spricht nichts dagegen, die negatorische Unbedingtheit, mit der wir auf Auschwitz antworten, in solchen Begriffen zu explizieren, die wir für unser inhaltliches Verständnis des Universalismus gewählt haben: Respektiere den anderen Menschen, wer immer sie/er sei, und achte ihre/seine Grundrechte! (vgl. Kap. 1.2)

Die politische Einlösung von Adornos Imperativ

Weil Adorno sich der Formulierung von Moral in allgemeinen Begriffen zu entwinden sucht, stößt er an systematische Grenzen, wenn es darum geht, entsprechende Konsequenzen für den Bereich der Politik zu ziehen. Denn wie schaffen wir es, «daß Auschwitz nicht sich wiederhole, nichts Ähnliches geschehe»? Bei einer Antwort hierauf kann man sich nicht damit begnügen, auf Adornos widerständige moralische Subjektivität oder unser universalistisches Selbstverständnis zu verweisen und die wechselseitige Bekräftigung in einer Gemeinschaft universalistisch gesinnter Menschen zu betonen. So wichtig all dies ist, die Vorbeugung gegen die Wiederholung von Auschwitz oder Ähnlichem verlangt mehr. Wir müssen uns das moralische Gebot zu Eigen machen, in der Dimension der Politik geeignete Institutionen, Verfahren und Schutzvorkehrungen einzurichten, die eine Wiederholung von Auschwitz nach menschlichem Ermessen ausschließen. Eine durch Auschwitz belehrte Moral erzwingt die Vorgaben für eine Politik nach Auschwitz.

Natürlich gibt es bei Adorno die Einsicht in diesen Zusammenhang, doch wird sie von seinen moralphilosophischen Verkürzungen und gesellschaftstheoretischen Gesamtdiagnosen überlagert. Dies wird deutlich daran, wie Adorno seine Beschäftigung mit Problemen der Moralphilosophie in die Frage nach der Politik münden lässt und sie zugleich mit Skepsis begleitet: «... was Moral heute vielleicht überhaupt noch heißen darf, das geht über an die Frage nach der Einrichtung der Welt – man könnte sagen: die Frage nach dem richtigen Leben wäre die Frage nach der richtigen Politik, wenn eine solche richtige Politik selber heute im Bereich des zu Verwirklichenden gelegen wäre.»[4]

Damit wird zwar das Verhältnis von Moral und Politik als Aufgabe gesehen, doch bleibt diese im Ungefähren stehen. Dies liegt nicht daran, dass Adorno einen gewissen Traditionalismus bei der Frage nach dem «richtigen Leben» mit sich führt und unter den gegebenen gesellschaftlichen Verhältnissen kaum Aussicht auf akzeptable Antworten und politische Möglichkeiten sieht. Denn in der Sache ließe sich – wie wir gesehen haben – eine Rückführung der Frage nach dem richtigen (guten) Leben in die Frage nach der Verneinung des schlechten Lebens vornehmen.[5] Doch gerade wenn wir in dieser Weise die traditionelle Frage auf ihr vertretbares Maß für unsere Zeit bringen und hierfür Entsprechungen bei Adorno suchen, fällt auf, dass die Frage nach der Politik nicht in vergleichbarer Weise ausgeführt wird.

Ein Grund hierfür liegt in dem aufgezeigten Mangel von Adornos Philosophie, einen allgemeinen Begriff von Moral anzugeben, der in der Lage ist, als normative Vorgabe an die politische Gemeinschaft etwa den Schutz der Grundrechte von Menschen zu formulieren und diese Thematik im Rahmen einer Interpretation des demokratischen Verfassungsstaats zu verfolgen. Ein weiterer Grund tritt mit der Rede von Grundrechten im Rahmen des demokratischen Verfassungsstaats unmittelbar hervor. Es ist die Kritik des Rechts qua «instrumenteller Vernunft», die auf die entsprechende Kritik der Rationalität der Aufklärung in Adornos und Horkheimers «Dialektik der Aufklärung» zurückverweist.[6] Adornos «Negative Dialektik» bekräftigt diese Sichtweise:

> «Recht ist das Urphänomen irrationaler Rationalität. In ihm wird das formale Äquivalenzprinzip zur Norm, alle schlägt es über denselben Leisten ... Die Rechtnormen schneiden das nicht Gedeckte, jede nicht präformierte Erfahrung des Spezifischen um bruchloser Systematik willen ab und erheben dann die instrumentale Rationalität zu einer zweiten Wirklichkeit sui generis ... Dies Gehege, ideologisch an sich selbst, übt durch die Sanktionen des Rechts als gesellschaftlicher Kontrollinstanz, vollends in der verwalteten Welt, reale Gewalt aus.»[7]

Damit entfällt die Chance zu einer vertretbaren Verhältnisbestimmung von Moral und Recht ebenso wie ein Verständnis der rechtlichen Einbindung von Politik gerade unter moralischen Vorzeichen.[8] Ähnliches gilt für die mit dem Stichwort der «verwalteten Welt» angesprochene gesamtgesellschaftliche Diagnose. Für Adorno besteht geradezu eine «Klaustrophobie der Menschheit in der verwalteten Welt», die «einem Gefühl des Eingesperrtseins in einem durch und durch vergesellschafteten, netzhaft dicht gesponnenen Zusammenhang» entspricht.[9] Dieser Zusammenhang ist für Adorno geprägt durch eine kapitalistisch organisierte Ökonomie, als deren Resultat die bereits von Marx am «Tauschprinzip» kritisierte Verdinglichung immer weiter voranschreitet und einen kaum noch durchschaubaren «Verblendungszusammenhang» schafft, der sich in Gestalt der Kulturindustrie und ihrer Massenproduktion den passenden ideologischen Schleier umhängt. In dieser «finstere(n) Einheitsgesellschaft» bestehen «die objektiven gesellschaftlichen Voraussetzungen (fort), die den Faschismus zeitigten». Den Menschen droht der Verlust ihrer Individualität, wenn er nicht schon eingetreten ist: «Die Kulturindustrie hat den Menschen als Gattungswesen hämisch verwirklicht. Jeder ist nur noch, wodurch er jeden anderen ersetzen kann: fungibel, ein Exemplar. Er selbst, als Individuum, ist das absolut Ersetzbare, das reine Nichts.»

Diese Stichworte zu Adornos gesellschaftlicher Globaldiagnose mögen hier genügen, um sie ebenso stichwortartig in ihren Schwächen zu benennen. Der spezifische Zusammenhang von kapitalistischer Ökonomie und «Faschismus» wird behauptet, aber nicht aufgeklärt; historische Forschung zu den Spielarten des Faschismus und der besonderen Stellung des Nationalsozialismus bleibt außer Betracht; die kulturelle Auflösung des Individuums harrt der empirisch-soziologischen Einlösung. All das hindert nicht, die Sensibilität anzuerkennen, mit der Adorno nach Auschwitz philosophiert. Auch sind die produktiven Anstöße nicht zu übersehen, die seine gesellschaftstheoretischen Diagnosen für das herausragende Werk seiner ästhetischen Theorie gehabt haben. Gleichwohl müssen wir für unsere Fragestellung konstatieren, dass Adornos marxistisch inspiriertes Theorem des gesellschaftlichen Verblendungszusammenhangs den systematischen Weg zur Politik verbaut.

Hätte es noch eines Beweises für diesen Tatbestand bedurft, so brauchten wir uns nur zu vergegenwärtigen, wie Adorno trotz seiner gesellschaftstheoretischen Orientierung argumentiert, wenn es etwa um das Thema «Erziehung nach Auschwitz» geht. Wie sehr auch bei diesem Thema die obige Diagnose der «verwalteten Welt» eine Rolle spielt, so sehr befreit sich Adorno von theoretischen Zwängen, wenn er für die Erziehung die «Forderung, daß Auschwitz nicht noch einmal sei», durchspielt und verblüffend konkrete Vorschläge zur «Entbarbarisierung des Landes» unter Einsatz «mobiler Erziehungsgruppen» macht, um schließlich zu konstatieren:

«Aller politischer Unterricht endlich sollte zentriert sein darin, daß Auschwitz nicht sich wiederhole. Das wäre möglich nur, wenn zumal er ohne Angst, bei irgendwelchen Mächten anzustoßen, offen mit diesem Allerwichtigsten sich beschäftigt. Dazu müßte er in Soziologie sich verwandeln, also über das gesellschaftliche Kräftespiel belehren, das hinter der Oberfläche der politischen Formen seinen Ort hat. Kritisch zu behandeln wäre, um nur ein Modell zu geben, ein so respektabler Begriff wie der der Staatsraison: indem man das Recht des Staates über das seiner Angehörigen stellt, ist das Grauen potentiell schon gesetzt.»

Adornos Vorschlag für den politischen Unterricht setzt wie selbstverständlich die Existenz einer bestimmten politischen Form voraus, die dem Unterricht seinen institutionellen Rahmen und zugleich die Vorgabe eines politischen Selbstverständnisses gibt. Diese Form kann nur in der praktischen Negation des nazistischen Unrechtsstaats bestehen. Die historisch-konkrete Gestalt dieser praktischen Negation besteht in den Institutionen des demokratischen Verfassungsstaats, wie sie nach Maßgabe des deutschen Grundgesetzes eingerichtet wurden, das seinerseits eine offenkundige Familienähnlichkeit mit westlichen Verfassungsstaaten aufweist. Die bestimmte Negation des nazistischen Staats aus existenzieller Notwendigkeit verlangt auch der kritischsten Theorie ein Stück Affirmation im Grundsätzlichen ab. Wie immer kritisch der demokratische Verfassungsstaat oder gar der Begriff der Staatsraison behandelt werden mag und wie immer ergiebig eine soziologische Analyse hinter die «Oberfläche» von politischen Formen dringen kann, der kategorische Imperativ, dass «Auschwitz nicht sich wiederhole», muss auf den institutionellen Imperativ führen, dass sich der Nazi-Auschwitz-Staat nicht wiederholt.

Es steht also alles dafür, nicht nur das moralische Selbstverständnis, das Auschwitz negiert, in allgemeinen Begriffen des moralischen Universalismus zu fassen, sondern auch klar das politische Pendant zu nennen, das die Negation von Inhumanität fordert: den demokratischen Verfassungsstaat.[10]

2.2 Politische Institutionen und Humanität

Wenn wir den demokratischen Verfassungsstaat dem nazistischen Unrechtsstaat gegenüberstellen, ergibt sich zunächst eine doppelte historische Perspektive: erstens die auf Deutschland bezogene postnazistische Einrichtung des demokratischen Verfassungsstaats auf Basis des Grundgesetzes der Bundesrepublik Deutschland. Zweitens der interpretatorische Zugang zur Deutung des NS-Staats als eines politischen Systems, das auf die Beseitigung der zentralen Elemente des demokratischen Verfassungsstaats in Gestalt der Weimarer Republik und damit zugleich auf die geschichtliche Gegnerschaft zu den westlichen Demokratien angelegt war. Diese doppelte historische Perspektive gilt es systematisch im Sinne einer doppelten geschichtlichen Vermittlung aufzunehmen: einerseits als die institutionelle Verarbeitung spezifisch deutscher Erfahrungen im Grundgesetz der Bundesrepublik, andererseits als Ausgestaltung einer Variante des demokratischen Verfassungsstaats, die es im Rahmen einer Realgeschichte des Universalismus in eine vergleichende Betrachtung mit anderen Varianten des demokratischen Verfassungsstaats zu rücken gilt. Welche institutionellen Vorkehrungen hält das Grundgesetz zur Verhinderung von Barbarei bereit, und wie sind diese Vorkehrungen im Vergleich zu anderen demokratischen Verfassungsstaaten zu werten?

Diese Frage gibt die Orientierung, um den institutionellen Rahmen zu interpretieren, ohne den kein geschichtsbewusstes Verständnis von Humanität auskommt. Daran lassen sich Beiträge des Liberalismus anschließen, die als Optimierungen des demokratischen Verfassungsstaats zu verstehen sind.

Universalismus, Verfassung, Grundrechte, Demokratie

Aus der Formulierung des Inhalts der universalistischen Moral, die ich vorgeschlagen habe, ergibt sich bereits der Bezug auf Grundrechte: Respektiere den anderen Menschen, wer immer sie/er sei, und achte ihre/seine Grundrechte (vgl. Kap. 1.2). Bei der Erläuterung dieses Postulats des Universalismus waren wir davon ausgegangen, dass jeder Mensch den gleichen moralischen Status genießt oder dass ihm – kantisch gesprochen – eine eigene Würde zugeschrieben wird. Dann hatten wir festgestellt, dass der damit geforderte interhumane Respekt bedeutet, dass aus der Perspektive eines jeden Individuums eine moralische Selbstbindung vollzogen wird, die mit der Erwartung einhergeht, dass andere dieselbe Bindung eingehen. Dabei konnten diese Selbstbindung und die korrespondierende Erwartung hinsichtlich anderer Individuen so verstanden werden, dass die moralische Selbstbindung mit der Selbstzuschreibung eines moralischen Rechts auf interhumanen Respekt einhergeht. Da dies wiederum aus der Perspektive jedes Individuums anzusetzen ist, war bereits die Verbindung von moralischem Universalismus und moralischen Grundrechten festzuhalten: Grundrechte, so sagten wir, definieren auf der Basis wechselseitiger Selbstbindung anerkannte Ansprüche und Garantien von Menschen gegenüber Menschen als Menschen.

Diese Sicht auf Grundrechte steht nicht nur in prinzipiellem Einklang mit den oben aufgeführten Deklarationen der amerikanischen und Französischen Revolution, die es in einem historisch universalistischen Verständnis aufzunehmen galt. Vor allem zeigt die Institutionalisierung des demokratischen Verfassungsstaats in Deutschland nach 1945, wie das moralische Verständnis von Rechten sich mit geschichtlicher Erfahrung zu einer starken Verankerung von Grundrechten in der Verfassung verbindet. Als Einstieg für weitere Differenzierungen bietet sich daher an, von Artikel 1 des Grundgesetzes der Bundesrepublik Deutschland auszugehen. Dieser Artikel eröffnet den ersten Abschnitt des Grundgesetzes, der die Überschrift «Die Grundrechte» tragt:

«Art. 1. (Schutz der Menschenwürde) I. Die Würde des Menschen ist unantastbar. Sie zu achten und zu schützen ist Verpflichtung aller staatlichen Gewalt. II. Das Deutsche Volk bekennt sich darum zu unverletzlichen und unveräußerlichen Menschenrechten als Grundlage jeder menschlichen Gemeinschaft, des Friedens und der Gerechtigkeit in der Welt. III. Die nachfolgenden Grundrechte binden Gesetzgebung, vollziehende Gewalt und Rechtsprechung als unmittelbar geltendes Recht.»

In diesem Artikel 1, der an die kantische Rede von menschlicher Würde oder an die Tradition des neuzeitlichen Naturrechts[1] erinnern mag, bekennt sich das «Deutsche Volk» zum moralischen Universalismus, indem es die «unverletzlichen und unveräußerlichen Menschenrechte als Grundlage jeder menschlichen Gemeinschaft» betrachtet. Diese deklamatorische Selbstbindung des deutschen Volks im Sinne der universalistischen Menschenrechte ist natürlich als fiktive Selbstinterpretation des deutschen Volks anzusehen, die von den Inauguratoren des Grundgesetzes («Verfassungskonvent», «Parlamentarischer Rat»)[2] normativ gesetzt wurde. Die Besonderheiten in Deutschland «nach dem Zusammenbruch» ließen in Abstimmung mit den Alliierten kaum eine andere Vorgehensweise zu.

Trotz der deutschen Besonderheiten sind jedoch auch ganz andere historische Konstellationen der Verfassungsinauguration in einem prinzipiellen Punkt mit der Verfassungsgebung im postnazistischen Deutschland vergleichbar.

Dazu ist es aufschlussreich, einen Blick auf die amerikanische Verfassung zu werfen, die der oben bereits vergegenwärtigten Unabhängigkeitserklärung nachfolgt (vgl. Kap. 1.2). Denn auch die Präambel der Verfassung der Vereinigten Staaten (1787) beginnt in typischer Weise mit einer verfassungsgebenden Volksformel («We the People ...»), aus der die Fiktion eines Volkswillens spricht, der die Verfassung setzt. Ein solch fingierter Volkswille, der als «pouvoir constituant» (Sieyès) tätig wird, ist charakteristisch für die Idee der Volkssouveränität, mit der die modernen Verfassungssetzungen seit der amerikanischen und Französischen Revolution in unterschiedlichen Ausprägungen operieren.

Die Idee der Volkssouveränität und die ihr korrespondierende

Rede von der verfassungsgebenden Gewalt des Volks sollten jedoch nicht metaphysisch aufgeladen werden, indem man sie mit Begriffsbildungen unterlegt, die auf Rousseaus «volonté générale» oder Ähnliches rekurrieren. Ohne hier in Einzelheiten gehen zu können, ist darauf hinzuweisen, dass Rousseaus Begriff die spekulative Konstruktion der völligen Einheit eines kollektiven Willens – geradezu einer homogenen qualitativen Identität – darstellt, die weder begrifflich noch empirisch überzeugt.

Um solche Konstruktionen zu vermeiden, bleibt nur, den Selbstbezug eines Volks zu seiner Verfassung in verschiedene Aspekte zu differenzieren. Für unsere Zwecke ist es hilfreich, eine Ex-ante-Legitimation und eine Ex-post-Legitimation von Verfassungen unter der Idee der Volkssouveränität zu unterscheiden.[3] Die Ex-ante-Legitimation besteht darin, dass verfassungsgebende Versammlungen oder Gremien, die beanspruchen, das Volk zu repräsentieren, eine institutionelle Selbstbindung des Volks in Kraft setzen, die einen Kanon von Grundrechten definiert, Vorkehrungen zu dessen Schutz vorsieht und Institutionen der demokratischen Partizipation des gesamten Volks schafft, einschließlich solcher, die Verfassungsänderungen regeln.

Diese Ex-ante-Legitimation muss zugleich bezogen sein auf die geschichtliche Situation, in der es unumgänglich wird, verfassungsgebend tätig zu werden. In diesem Bezug auf die geschichtliche Situation, die im Fall Deutschlands nach 1945 und in den nordamerikanischen Kolonien ab dem Jahr 1776 unterschiedlicher kaum sein könnte, steckt gleichwohl ein systematischer Punkt an Vergleichbarkeit: Die Repräsentanten des Volks, die mit der Inaugurierung der Verfassung eine entsprechende institutionelle Selbstbindung des Volks ins Werk setzen, müssen zugleich die Interpretation der geschichtlichen Situation dominieren, in der sich «das Volk» oder «die Nation» befindet. Das Ringen um geschichtlich-situative Interpretationsdominanz – letztlich also um politische Macht – ist ein nicht zu vernachlässigendes Element bei der Inaugurierung von Verfassungen, das in Selbstdeutungen der Situation als «Revolution», «Zusammenbruch», «Neubeginn» oder «Krise» greifbar wird. Insofern enthält die Ex-ante-Legitimation von Verfassungen unter der Idee der Volkssouveränität von vornherein den Doppelaspekt der Institutionalisierung von (universalistischen) Normen und der geschichtlichen Selbstdeutung des Verfassungsvolks. Damit kehrt auf der Ebene politischer Institutionen der Tatbestand der Geschichtsgebundenheit wieder, dem wir im Rahmen der Vergegenwärtigung der Realgeschichte des Universalismus hinsichtlich der moralischen Selbstinterpretation von Menschen bereits begegnet sind.

Was die Ex-post-Legitimation von Verfassungen unter der Idee der Volkssouveränität angeht, so sind wir auf die Regelungen der demokratischen Partizipation verwiesen, die das Volk in seiner Gesamtheit ins Spiel bringen, und die Bestimmungen, die für Verfassungsänderungen zur Verfügung stehen. Die Legitimation von Verfassungen durch das Volk in seiner Gesamtheit wird ex post nur in den empirisch greifbaren Resultaten demokratischer Wahlen (nach dem Mehrheitsprinzip) und anderer Formen von Partizipation (Volksbegehren etc.) einholbar. Die Ex-post-Legitimation von Verfassungen durch das Volk hat den Charakter der De-facto-Akzeptanz einer mit der aufgezeigten Ex-ante-Legitimation ausgestatteten Verfassungssetzung. Die De-facto-Akzeptanz einer Verfassung durch das Volk ist empirisch in unterschiedlicher Weise greifbar (Wahlen, Referenda, Meinungsumfragen etc.) und gibt zugleich Aufschluss darüber, inwieweit die Repräsentanten des Volks bei der Inaugurierung der Verfassung Treffsicherheit im Hinblick auf die geschichtliche Situation des Verfassungsvolks gezeigt haben.

Es liegt auf der Hand, dass der Doppelaspekt der Ex-ante- und Ex-post-Legitimation unter der Idee der Volkssouveränität ein Spannungsverhältnis in sich birgt, das je nach historischer Konstellation interpretiert werden muss. Prinzipiell aufzuheben wäre das Spannungsverhältnis nur dann, wenn es eine rational nachvollziehbare Möglichkeit gäbe, die Ex-ante-Legitimation mit der Ex-post-Legitimation zusammenfallen zu lassen. Diese ist jedoch nicht zu sehen.

Damit haben wir einen Rahmen gewonnen, um die Besonderheiten des deutschen Grundgesetzes sowohl in Abhebung vom nazistischen Unrechtsstaat als auch im Vergleich zu anderen demokratischen Verfassungsstaaten zu kommentieren.

Das Grundgesetz der Bundesrepublik Deutschland enthält in Artikel 79, Absatz III eine zentrale Bestimmung, die man kaum anders als historische Negation des Nazi-Staats lesen kann: «Eine Änderung dieses Grundgesetzes, durch welche die Gliederung des Bundes in Länder, die grundsätzliche Mitwirkung der Länder bei der Gesetzgebung oder die in den Artikeln 1 und 20 niedergelegten Grundsätze berührt werden, ist unzulässig.»

Mit dieser «Sperrnorm»[4] werden die substanziellen Teile des Grundgesetzes einer Änderung entzogen. Es kann keine verfassungsändernde Mehrheit zu den angeführten Inhalten geben, selbst wenn diese empirisch vorliegen würde. Den Artikel 1, der die Menschenrechte festschreibt und die Grundrechte als unmittelbares Recht sichert, habe ich oben bereits angeführt. Artikel 20 lautet:

> «(Verfassungsgrundsätze; Widerstandsrecht) I. Die Bundesrepublik Deutschland ist ein demokratischer und sozialer Bundesstaat. II. Alle Staatsgewalt geht vom Volke aus. Sie wird vom Volke in Wahlen und Abstimmungen und durch besondere Organe der Gesetzgebung, der vollziehenden Gewalt und der Rechtsprechung ausgeübt. III. Die Gesetzgebung ist an die verfassungsmäßige Ordnung, die vollziehende Gewalt und die Rechtsprechung sind an Gesetz und Recht gebunden. IV. Gegen jeden, der es unternimmt, diese Ordnung zu beseitigen, haben alle Deutschen das Recht zum Widerstand, wenn andere Abhilfe nicht möglich ist.»

Wie in Artikel 1 das Menschenbild und der Unrechtscharakter des Nazismus negiert werden, so formuliert der Artikel 20 Grundelemente des demokratischen Staats, die gleichfalls im Kontrast zu der Staatlichkeit des «Dritten Reiches» zu verstehen sind, aber auch Erfahrungen der Weimarer Republik verarbeiten. In Übereinstimmung mit der Idee der Volkssouveränität geht die Staatsgewalt «vom Volke aus». Zugleich mit der Partizipation des Volks über Wahlen findet jedoch eine Differenzierung der Partizipation über «Organe» statt, die der Idee der Gewaltenteilung folgt (Gesetzgebung, vollziehende Gewalt, Rechtsprechung) und insofern auf andere Quellen zurückverweist als die, die mit der Idee der Volkssouveränität Vorstellungen von möglichst direkter Demokratie verbinden.[5]

Wir brauchen dies nicht verfassungsgeschichtlich oder verfassungstheoretisch zu vertiefen, um zu erkennen, wie sehr das Grundgesetz bemüht ist, dem «demos» eine institutionelle Bindung zu geben, die seiner möglichen demagogischen Entfesselung Schranken setzt. Die Wahlen zum Bundestag folgen dem repräsentativen Modell (vgl. GG Art. 38) ebenso wie die Wahlen auf anderen Ebenen. Hierin sind sicherlich auch Erfahrungen aus der Zeit der Weimarer Verfassung eingegangen, die viel stärker auf Volksbegehren und Volksentscheide als Elemente von unmittelbarer Demokratie abhob. Allerdings überleben das Volksbegehren auf Landesebene und der Volksentscheid bei der Frage der Neuordnung der Bundesländer (GG Art. 29, Abs. II).

Bei der Gliederung des Bundes in Länder und der entsprechenden Mitwirkung der Länder bei der Gesetzgebung mag man zweifeln, ob diese Art der Festlegung eine Verfassungsbestimmung verdient, die eine Änderung für unzulässig erklärt. Schon über Jahrzehnte geführte Debatten zur Angemessenheit des deutschen Föderalismus zeigen das Problem. Gleichwohl ist offenkundig, dass auch hier die Kontrastüberlegung zum Zentralismus des Nazi-Staats, seiner Gliederung in «Gaue» und der direkten Unterstellung der «Gauleiter» unter den «Führer» bzw. seinen Vertreter leitend war. Hinzu kommt die Verarbeitung der Weimarer Erfahrungen mit der «Aushöhlung der Länder».[6]

Mit dem Widerstandsrecht aller Deutschen gegen die Beseitigung der verfassungsmäßigen Ordnung werden die substanziellen Bestandteile des Grundgesetzes insofern in eine geschichtliche Perspektive gerückt, als der Rückfall in Barbarei nicht aus dem Horizont geschichtlicher Möglichkeiten ausgeblendet werden kann. Der Artikel 20, IV wurde 1968 im Kontext der Debatte über die «Notstandsverfassung» verabschiedet, um Befürchtungen einer Staatsstreichmöglichkeit «von oben» Rechnung zu tragen, doch richtet er sich natürlich gleichermaßen gegen Staatsstreiche von unten.[7] Losgelöst vom unmittelbaren Kontext seiner Entstehung kann man diesen Artikel als eine in die Verfassung integrierte Negation historischer Veränderung sehen, die verfassungsrechtlich in der Positivierung eines Grundrechts auf Widerstand zum Ausdruck kommt. Verfassung und Geschichtsbewusstsein gehören zusammen. Soweit dies im Rahmen einer Verfassung darstellbar ist, richtet das Grundgesetz damit an die Deutschen geradezu einen Appell, kein zweites Mal ein Gattungsversagen – welcher Provenienz auch immer – zuzulassen.

Indem ich an dieser Stelle auf das Stichwort des Gattungsversagens zurückkomme, das komplementär zum nazistischen Gattungsbruch zu konstatieren war (vgl. Kap. 1.1), möchte ich deutlich machen, dass ein moralphilosophisch orientierter Blick auf die Institutionalisierung politischer Formen von Humanität nicht völlig in Verfassungskategorien aufgehen kann, sondern um eine integrative Betrachtung von Moral, Recht und Politik bemüht sein muss. Umso interessanter werden dann solche verfassungstheoretischen Beiträge, die ihrerseits eine systematische Öffnung zu Moral und Politik anstreben.

Diese Perspektive gilt selbstredend nicht für alle Teile einer Verfassung. Es wäre abwegig, in moralischen Begriffen zu diskutieren, dass das Grundgesetz ein Alter des Bundespräsidenten von mindestens vierzig Jahren vorschreibt (Art. 54, Abs. I). Worum es primär geht, sind die substanziellen Teile einer Verfassung, die im Falle des Grundgesetzes durch den angeführten Artikel 79, III geradezu selbstexplikativ herausgeschält werden. Wie das Beispiel des Föderalismus zeigt, mag auch bei solchen Teilen noch strittig sein, was als mehr oder weniger substanziell anzusehen ist. Für die Festschreibung der Grundrechte, der Volkssouveränität, der repräsentativen Demokratie, der Gewaltenteilung und des Widerstandsrechts kann jedoch keinerlei Zweifel hinsichtlich ihrer fundamentalen Bedeutung bestehen.

Was man angesichts dieser Kernbestimmungen der Verfassung freilich fragen kann, ist, wie sie in ihrem Gehalt jeweils zu interpretieren sind, in welchem Verhältnis sie zueinander stehen und welche Deutung der Verfassung in der Lage ist, der Politik eine Orientierung zu geben, die der Verhinderung von Barbarei und der Bewahrung von Humanität am besten gerecht wird.

Diesen Fragenkomplex behandle ich im Folgenden dadurch, dass ich die starke Stellung der Grundrechte betone und deren Interpretation im Vergleich zur amerikanischen Verfassung verfolge. Für die vergleichende Perspektive bieten sich die Vereinigten Staaten von Amerika gerade deshalb an, weil sie im Unterschied zu Deutschland über eine Verfassungstradition von über 200 Jahren verfügen. Darüber hinaus hat die amerikanische Verfassungstheorie herausragende Beiträge hervorgebracht, die wir systematisch fruchtbar machen können (Bruce Ackerman, Ronald Dworkin).

«Grundrechtsdemokratie» und «dualistische Demokratie»

Nachdem wir bereits gesehen haben, dass der Artikel 1 des Grundgesetzes die Grundrechte zum unmittelbar geltenden Recht erklärt, ist die Bekräftigung hinzuzufügen, die der Artikel 19, Abs. II formuliert: «In keinem Falle darf ein Grundrecht in seinem Wesensgehalt angetastet werden.» Im Kontext der soeben erläuterten Unzulässigkeit, substanzielle Bestandteile des Grundgesetzes überhaupt zu ändern, verweist diese Bestimmung die «Einschränkung von Grundrechten» (Art. 19, Abs. I) in enge Grenzen, eine Vorkehrung, die wiederum wie ein Echo auf die Weimarer Verfassung klingt, in der die Einschränkung von Grundrechten durch Parlamentsgesetz (Zweidrittelmehrheit) möglich war und damit dem von der NSDAP betriebenen «Ermächtigungsgesetz» (24.3.1933) einen quasi legalen Rahmen gab.

Zugleich wird damit klar, dass das Grundgesetz den permanenten Auftrag in sich birgt, über den «Wesensgehalt» der Grundrechte in allen Ausübungen der Demokratie und den besonderen Organen von Gesetzgebung, vollziehender Gewalt und Rechtsprechung zu wachen. Dabei geht es nicht nur um die Wächterfunktion der Institution des Bundesverfassungsgerichts und anderer höchstinstanzlicher Gerichte. Es geht auch um die normative Festlegung der genannten Organe, die in ihre Zuständigkeit fallenden Aktivitäten an dem inhaltlichen Verständnis der Grundrechte zu orientieren. Das heißt vor allem, die Grundrechte nicht zu verletzen. Doch um dieser Vorgabe gerecht zu werden, muss der «Wesensgehalt» der Grundrechte offenbar ständig präsent gehalten und zugleich kontinuierlich interpretiert werden.

Man kann daher zu Recht davon sprechen, dass in Deutschland nach 1945 eine «Grundrechtsdemokratie»[8] inauguriert wurde. Dieser Grundrechtsdemokratie lässt sich der verfassungstheoretische Idealtypus einer grundrechtsbasierten Verfassung zuordnen, der nicht auf

Deutschland beschränkt zu sein braucht, sondern auch auf andere Verfassungen Anwendung finden kann. Es handelt sich um den Typus einer rechtlich-politischen Gemeinschaft, die sich sowohl in ihren demokratischen Praktiken als auch in den Praktiken ihrer Verfassungsorgane durchgängig am normativen Maßstab der Grundrechte orientiert und alle gesellschaftlichen Bereiche unter das Vorzeichen einer grundrechtsorientierten Rechtsgemeinschaft stellt.

Mit dem Idealtypus einer grundrechtsbasierten Verfassung sind wir in der Lage, in aufschlussreiche Vergleiche zu anderen Verfassungen einzutreten und zu fragen, welcher Variante einer so verstandenen Verfassung der Vorzug zu geben ist, wenn wir dem geschichtlich-moralischen Leitgedanken der Sicherung von Humanität folgen.

Dabei ist von vornherein klar, dass wir Verfassungen beiseite setzen, die alles andere als grundrechtsbasiert sind. Auch wenn etwa Neuseeland sicherlich zur Familie der «westlichen Demokratien» gehört, so erfüllt diese Demokratie nicht den Typus einer grundrechtsbasierten Verfassung, da es möglich ist, im Rahmen der neuseeländischen Verfassung mit einfacher legislativer Mehrheit Ergänzungen, Veränderungen oder die Abschaffung der Verfassung zu beschließen.[9] Hieraus ist natürlich kein moralisches Urteil gegen die neuseeländische Demokratie abzuleiten. Vielmehr zeigt dieses Beispiel, wie wichtig es ist, die jeweilige geschichtliche Situation angemessen zu reflektieren, die für den Inaugurationsprozess von Verfassungen nicht ignoriert werden kann. Aus moralischer Sicht könnte man eher schließen, dass Neuseeland ein Land mit großem moralischem Selbstvertrauen ist, um sich solche Regelungen leisten zu können, oder dass es noch nie in der Verlegenheit war, mit einer Krise konfrontiert zu sein, die seine Verfassung einer echten Belastungsprobe ausgesetzt hat.

Wenn wir uns mit dieser Abgrenzung der amerikanischen Verfassung und ihrer Interpretation zuwenden, so gilt unser Interesse einer rechtlich-politischen Institution, in der nicht nur Grundrechte einen hohen Stellenwert darstellen, sondern die angesichts ihrer 200-jährigen Tradition möglicherweise wichtige Lehren für den grundrechtsbasierten Verfassungstypus bereithält.

Umso größeres Erstaunen tritt daher ein, wenn wir die gewichtige

Verfassungsinterpretation von Bruce Ackerman zur Kenntnis nehmen, in der den Amerikanern geradezu das deutsche Grundgesetz als Vorbild empfohlen wird. Ackerman schließt seine Beurteilung an den ersten Zusatzartikel der amerikanischen Verfassung an, der die Religionsfreiheit, die Rede- und Pressefreiheit sowie die Versammlungsfreiheit sichert und zusammen mit den Zusatzartikeln bis einschließlich 10 als «Bill of Rights» gilt, die 1791 in Kraft getreten ist:

> «Bis zum heutigen Tag bleibt es möglich, den ersten Zusatzartikel abzuändern, wie die kürzliche Aufregung über den Vorschlag von Präsident Bush zeigt, das Verbrennen der Flagge durch einen Zusatzartikel zu verbieten. Einmal angenommen, es entstünde eine Bewegung zur Unterstützung einer Bill of Rights für das 21. Jahrhundert. Sollten Wir das Volk beim Versuch über unsere Gesetzesvorlage aus dem 18. Jahrhundert hinauszugehen, ernsthaft über das Versäumnis der Gründerväter nachdenken, Grundrechte gegenüber Verfassungsänderungen abzuschotten? Modernere Verfassungen haben diesen Schritt getan. Nach Hitlers Niederwerfung hat das deutsche Volk es ausgeschlossen, dass spätere Mehrheiten die grundlegende Bindung an eine große Anzahl von Grundfreiheiten wieder abschwächen ... Warum machen wir nicht unsere neue Bill of Rights unabänderlich? Könnte nicht ein Hitler in Amerika genauso hochkommen wie in Deutschland? ... Müssen die Amerikaner erst einen Holocaust erdulden, ehe sie den Deutschen darin folgen, formell anzuerkennen, dass es einige individuelle Rechte gibt, die zu unterdrücken eine Mehrheit der Bürgerschaft – wie intensiv sie auch immer beraten mag – niemals legitimiert ist?»[10]

Mit dieser Einschätzung bilanziert Ackerman eine Untersuchung, die darauf angelegt ist, der amerikanischen Verfassung und ihrer Entwicklung historisch gerecht zu werden. Der eher utopische Ausblick auf eine Ergänzung der amerikanischen Verfassung durch eine Unabänderlichkeitsbestimmung von Grundrechten nach deutschem Vorbild, die für Ackerman den Charakter eines Gedankenexperiments hat, verweist auf eine geschichtliche Deutung, die für die Gründungsbedingungen der Verfassung im Kontext der amerikanischen Revolution und ihren späteren Fortschreibungen einen originellen Interpretationsansatz entwirft. Dieser besteht darin, den spezifischen Geist und Charakter der amerikanischen Verfassung in einem Modell der «dualistischen Demokratie»[11] zu fassen. Damit ist gemeint, dass es zwei Arten von Entscheidung in einer Demokratie gibt. Die erste ist als Entscheidung durch das amerikanische Volk zu fassen, die zweite als Entscheidung durch die jeweilige Regierung.

Die erste Art der Entscheidung geschieht selten und nur unter besonderen Bedingungen. Dazu ist es nötig, dass eine politische Bewegung auftritt, die in der Lage ist, eine außergewöhnliche Anzahl ihrer Mitbürger davon zu überzeugen, dass ihre Initiative zur Schaffung von höherem Recht im Namen des Volks einer ernsthaften Erwägung bedarf, die über die politische Alltäglichkeit hinausgeht. Zudem muss den politischen Opponenten Gelegenheit zur Organisierung eigener Kräfte gegeben werden. Schließlich muss eine Mehrheit der Amerikaner dafür gewonnen werden, die propagierte Initiative immer wieder in ihren Vorzügen zu unterstützen, wenn darüber in öffentlichen Foren debattiert wird, die für den Prozess der «höheren Rechtsetzung» *(higher law-making)* vorgesehen sind. Nur wenn diese Bedingungen erfüllt sind, kann eine politische Bewegung die höhere Legitimität beanspruchen, die eine dualistische Verfassung einer Entscheidung durch das Volk zubilligt.

Demgegenüber stehen Regierungsentscheidungen auf einer anderen Ebene. Diese werden täglich getroffen und betreffen das Alltagsgeschehen der Politik, einschließlich der Notwendigkeit, sich in regelmäßigen Wahlen zu bewähren, aus denen sich ergibt, ob den Politikern ein Mandat im öffentlichen Interesse zusteht. Doch selbst wenn dieses Mandat erteilt wird, folgt daraus nicht, dass eine zuvor getroffene wohlerwogene Entscheidung des Volks durch einfaches Gesetz umgestoßen werden kann. Vielmehr bedarf es für diese höhere Form der demokratischen Legitimation der Beachtung der spezifischen Bedingungen, denen die höhere Rechtsetzung unterliegt, die oben aus der Perspektive des Volks gefasst wurde. Nur wenn es die Regierung schafft, einen vergleichbaren Prozess der höheren Rechtsetzung einzuleiten und zum Erfolg zu bringen, kann sie beanspruchen, dass das Volk seine Meinung geändert und neue Orientierungen vorgegeben hat. Mit diesem dualistischen Modell gelingt es Ackerman, die Verfassungsgeschichte Amerikas als einen dynamischen Prozess zu erschließen, der keineswegs dem Mythos einer 200-jahrigen Kontinuität folgt, sondern unterschiedliche Phasen und Transformationsabschnitte namhaft macht, aus denen die Relevanz von Verfassungspolitik je nach historischer Konstellation deutlich wird. Auf diese Weise lassen sich drei große Abschnitte herausheben, die in besonderer Weise prägend für die «höhere Rechtsetzung» geworden sind: die Gründungsphase der Vereinigten Staaten im 18. Jahrhundert, die republikanische Rekonstruktion nach dem Bürgerkrieg im 19. Jahrhundert und der New Deal unter Roosevelt im 20. Jahrhundert. Das Dach der Verfassung gibt Raum für die Ausgestaltung von drei politischen Regimen, die an den jeweiligen Verfassungssetzungen und -änderungen abzulesen sind.

Dieser Interpretationsansatz kann für unseren Zusammenhang unter zwei wichtigen Gesichtspunkten fruchtbar gemacht werden: erstens dadurch, dass wir Ackermans dualistisches Modell für die Gründungsphase Amerikas betrachten und hieraus das Verhältnis von Grundrechten und Demokratie im Sinne des historischen Universalismus unterstreichen. Zweitens dadurch, dass wir die «Entscheidung des deutschen Volkes» für eine grundrechtsbasierte Verfassung umso deutlicher als geschichtlich bedingte Entscheidung verstehen können, die den Horizont vorgibt, in dem weitere begriffliche Differenzierungen zu Grundrechten zu sehen sind.

Was zunächst die Gründungsphase Amerikas angeht, so gibt die oben angeführte Unabhängigkeitserklärung den Einstieg in die jetzt interessierende Sachlage, weil in dieser proklamiert wird, dass alle Menschen mit unveräußerlichen Rechten ausgestattet sind. Dieser noch religiös getönten Proklamation, die unveräußerliche Rechte auf den «Schöpfer» der Menschen zurückführt, entsprechen die naturrechtlichen Formulierungen der Französischen Revolution, die auf Rechte «von Geburt» abheben (vgl. Kap. 1.2). Bei näherem Zusehen, so konnten wir uns klar machen, kommt diesen Rechten jedoch gar kein objektiver Status zu, der sich auf religiöse oder naturrechtliche Garantien stützen ließe. Vielmehr handelt es sich um geschichtlich-moralische Selbstinterpretationen und Selbstsetzungen, die nur aus der politischen Konstellation der Zeit heraus nachvollziehbar sind. Dies schließt nicht aus, sie als historische Errungenschaften absolut zu setzen und gegen schlechtere Alternativen zu verteidigen – freilich im Bewusstsein darüber, dass philosophische Versuche zu einer «objektiven» Begründung der Menschenrechte angesichts der moralischen Bedeutung des nazistischen Gattungsbruchs fehlgehen.

Wenn wir Ackermans dualistisches Verfassungsmodell unter dieser systematischen Perspektive aufnehmen, dann stellen wir fest, dass die unveräußerlichen Rechte der Unabhängigkeitserklärung nicht durch die «höhere Rechtsetzung» des Volks zu unveräußerlichen – sprich unabänderlichen – Rechten der Verfassung gemacht wurden. Deshalb die zunächst zitierte Feststellung Ackermans, dass bis heute keine prinzipielle Hürde besteht, den ersten Zusatzartikel der Verfassung zu ändern.

Hieraus ergibt sich eine Sicht auf die Verfassung, die deren Priorität in der Institutionalisierung demokratischer Selbstregierung des Volks und nicht in der fundamentalen Stellung der Rechte sieht:

> «Mein Verständnis der Verfassung beginnt nicht mit unveräußerlichen Rechten; es beginnt mit der Anstrengung des amerikanischen Volkes, sich selbst zu regieren. Grundrechte haben Verfassungsstatus nur, wenn sie aus einer wohlerwogenen und breit engagierten Bestätigung durch das amerikanische Volk entspringen. Unsere Verfassung ist in erster Linie demokratisch, erst in zweiter Linie eine solche, die Rechte respektiert.»[12]

Diese Auffassung wird noch transparenter, wenn man sie in Kontrast zu der Verfassungstheorie von Ronald Dworkin setzt, die deutlich auf einen grundrechtsbasierten Verfassungstypus abzielt. Ackerman behauptet in polemischer Zuspitzung gegen Dworkin, dass dieser einer ahistorischen Betrachtungsweise anhängt, bei der die amerikanische Verfassung so etwas wie den «silbernen Rahmen für die goldenen Äpfel» darstellt, die aus den unveräußerlichen Rechten bestehen, welche in der Unabhängigkeitserklärung verkündet werden. Statt diese unveräußerlichen Rechte mit einer philosophischen Theorie der Rechte zu besetzen, die ihren quasi zeitlosen Status sichert, um dann die Verfassung als Ausdruck einer philosophisch fundierten Theorie der Rechte zu sehen, gelte es vielmehr, den verschiedenen Perioden der höheren Rechtsetzung aus ihren historischen Konstellationen heraus gerecht zu werden. Dann sei zu erkennen, dass das Hauptproblem der Verfassungsinterpretation darin besteht, zu einer Synthesis zu kommen, die der Stimme von ‹Wir das Volk› in den entscheidenden Phasen ihrer Artikulation nachgeht, die Spannungen und Verwerfungen der unterschiedlichen Tonlagen explizit macht und gleichwohl eine Generationen übergreifende Integration von Schüben der höheren Rechtsetzung bewerkstelligt, die an der Rechtsprechung des obersten Gerichtshofs *(supreme court)* nachzuvollziehen ist.

Ehe wir einen Blick auf die Theorie von Dworkin werfen, sind die Stärken zu betonen, die Ackermans Konzeption aufweist. Diese ergeben sich aus der Nähe zu den historischen Quellen, auf die sich Ackerman stützt, und aus seiner distanzierten Haltung gegenüber philosophischen Fundierungstheorien. Zwei Beispiele von besonderem Gewicht können dies verdeutlichen. Das erste Beispiel besteht darin, dass es Ackerman gelingt, für seine Theorie die Verfassungsdebatte in Anspruch zu nehmen, die ihren Niederschlag in den «Federalist Papers» gefunden hat. Diese zunächst unter dem Pseudonym «Publius» erschienene Artikelserie aus den Jahren 1787/88 wird zu Recht unter die Gründungsdokumente der Vereinigten Staaten eingereiht. Die Autoren Hamilton, Madison und Jay verbinden darin auf beeindruckende Weise theoretische Reflexion und politische Praxis und bringen in ihren Artikeln die politische Selbstverständigungsdiskussion der Zeit zum Ausdruck.

Es ist erstaunlich zu sehen, wie Publius eine Verfassungskonzeption im Geist von Ackermans Modell der dualistischen Demokratie vorträgt:

«Ich vertraue zwar darauf, daß die Freunde der vorgeschlagenen Verfassung niemals … jenen fundamentalen Grundsatz der republikanischen Regierungsform in Frage … stellen, der dem Volk das Recht zugesteht, die bestehende Verfassung zu ändern oder aufzuheben … Aus diesem Grundsatz kann aber nicht geschlossen werden, daß die Repräsentanten des Volkes das Recht hätten, die Bestimmungen in der geltenden Verfassung zu verletzen, wann immer eine Mehrheit ihrer Wähler zufällig gerade von einer momentanen Laune ergriffen wird, die mit diesen Bestimmungen unvereinbar ist; oder daß die Gerichte verpflichtet wären, bei Übertretungen dieser Art ein Auge zuzudrücken … Solange das Volk die bestehende

Verfassung nicht durch einen feierlichen und autoritativen Beschluß annulliert oder geändert hat, ist sie für es selbst sowohl kollektiv als auch individuell bindend … Aber es ist leicht einzusehen, daß es ein ungewöhnliches Maß an Tapferkeit seitens der Richter erfordert, ihre Pflicht als getreue Hüter der Verfassung zu tun, wenn durch die Mehrheit der Gemeinschaft zu gesetzgeberischen Eingriffen in sie aufgestachelt wurde.»[13]

Wie diese wichtige Quelle die Fruchtbarkeit der Theorie von Ackerman unterstreicht, so zeigt sie zugleich die Perspektive auf, unter der die Rechtsprechung im Rahmen des Modells der dualistischen Demokratie zu sehen ist: einerseits als Hüterin von Recht und Verfassung nach dem Maßstab der höheren Rechtsetzung durch das Volk, andererseits nach ebendiesem Maßstab auch in Abhängigkeit von der höheren Rechtsetzung des Volks, wenn dieses sich einmal entschieden hat, «feierlich» und durch «autoritativen Beschluss» Veränderungen herbeizuführen. Auch die höchste Rechtsprechung *(supreme court)* ist eingebunden in die Dynamik höherer Rechtsetzung, die an den wichtigsten Abschnitten der Verfassungsentwicklung zu explizieren ist.

Aus dem Zurückspielen von Ackermans Modell der dualistischen Demokratie auf die Gründungsphase der Vereinigten Staaten kann nicht nur der Primat der demokratischen Selbstregierung gegenüber dem Schutz von Rechten im Sinne einer historisch adäquaten Deutung der Verfassung betont werden. Wir gewinnen mit diesem Ansatz zur amerikanischen Verfassungsgeschichte zugleich eine weitere systematische Bestätigung für unser Moralverständnis unter dem Begriff des historischen Universalismus. Warum? Weil die Geschichtsgebundenheit der universalistischen Moral die in ihr angelegte Universalisierungsdynamik im Rahmen der Beschränkungen der jeweiligen Zeit nur sukzessive entfalten kann und diese Entfaltung sich konkret an den Transformationen verfolgen lässt, denen die Verfassung unterliegt. Für die Gründungsphase bedeutet dies, einerseits den Glanz der Unabhängigkeitserklärung und ihre Sprache der unveräußerlichen Rechte aufzunehmen, in dem sich das moralische Selbstverständnis einer neuen Ära ausspricht, das von den dominanten Menschengruppen der Zeit getragen wird, andererseits die Beschränkungen zu sehen, die dem sich solcherart artikulierenden moralischen Bewusstsein der Zeit eingeschrieben sind und darüber hinaus vor allem die Interessenkonstellationen und institutionellen Probleme zu berücksichtigen, die mit der Schaffung einer bundesstaatlichen Verfassung einhergingen.

Hinsichtlich der moralischen Beschränkungen war bereits zu konstatieren, dass den Gründern Amerikas der partikularistisch-rassistische Makel der Sklaverei anhaftete und dass man auch nicht an Frauen als den Trägern von unveräußerlichen Rechten dachte (vgl. Kap. 1.2). Auch Ackerman stellt diese Sachverhalte sehr deutlich heraus, weil sie zeigen, dass das amerikanische Volk – We the People – sich überwiegend aus ungefähr einer Million weißen männlichen Plantagenbesitzern, Händlern, Bauern und Handwerkern zusammensetzte, von denen man fragen kann, was sie noch mit den Hunderten von Millionen Männern und Frauen zu tun haben, die das Amerika von heute bilden, und was die Heutigen noch von solchen Vorfahren lernen sollen.

Die Antwort hierauf besteht erstens in der nüchternen Einschätzung der Gründer als einer «Oligarchie», zweitens in der Würdigung des dualistischen Modells von Demokratie, das diese gleichwohl ins Werk setzten, und drittens in der weiteren Einsicht, dass dieses Modell fundamentale Änderungen zuließ, die eine Transformation des oligarchischen Ursprungs ermöglichten. Viertens schließlich ist die Einsicht herauszustellen, die darin liegt, in der moralischen Selbstinterpretation der oligarchischen Gründer den Beginn einer Universalisierungsdynamik zu sehen, die sich als Institutionalisierungsdynamik, wie immer mühsam, Bahn bricht:

«Diese Altvorderen gestalteten eine Verfassungssprache und Institutionen, durch welche spätere Generationen von Frauen und Schwarzen vollständige Bürgerrechte gewonnen haben. Bei ihren Siegen im 20. Jahrhundert haben weder die Frauenbewegung noch die Bürgerrechtsbewegung versucht, das Erbe zurückzuweisen, das in der höheren Rechtsetzung des Landes besteht. Stattdessen haben sie das umfassende Potenzial dieser Tradition zu ihrem Vorteil genutzt, um endlich den Amerikanern zu ermöglichen, nach zwei langen Jahrhunderten den Weg zu einer Regierungsform freizukämpfen, in der jedem erwachsenen Bürger wenigstens eine formale politische Gleichheit garantiert wird.»[14]

So gesehen wäre es sehr nachteilig gewesen, wenn die Gründergeneration Amerikas ihr eingeschränktes Verständnis der unveräußerlichen Rechte durch einen Prozess der höheren Rechtsetzung mit dem Diktum der Unveränderlichkeit versehen hätte, so wie wir es aus dem deutschen Grundgesetz kennen. Der Bewältigung ihrer geschichtlichen Problemlage und der ihrer Nachfahren war sicherlich damit besser gedient, dass es die Betreiber der höheren Rechtsetzung bei der Inaugurierung der amerikanischen Verfassung dabei beließen, die Unabhängigkeitserklärung lediglich in der Gestalt einer Respektierung von Grundrechten aufzunehmen (Bill of Rights), eine Übergangsregelung zur Frage der Sklaverei bis 1808 zu treffen (Art. 1, Abschn. 9, Satz 1) und ansonsten Hürden für Verfassungsänderungen festzulegen (Art. 5), die schwer genug zu nehmen waren.

Damit sind wir bei dem zweiten Beispiel, das die Stärke von Ackermans Theorie ebenso unterstreicht wie die Verbindung zur Begriffsbildung des historischen Universalismus. Es handelt sich um das Problem der Sklaverei und die Verfassungsbestimmungen, die zu ihrer Abschaffung eingeführt wurden. Der 13. Zusatzartikel verbietet die Sklaverei (1865), doch erst im 14. Zusatzartikel (1868) werden die entscheidenden institutionellen Konsequenzen gezogen, die es wert sind, zitiert zu werden:

«Alle Personen, die in den Vereinigten Staaten geboren oder eingebürgert und ihrer Regierungsgewalt unterworfen sind, sind Bürger der Vereinigten Staaten und des Einzelstaates, in dem sie ihren Wohnsitz haben. Keiner der Einzelstaaten darf Gesetze erlassen oder durchführen, die die Vorrechte oder Freiheiten von Bürgern der Vereinigten Staaten beschränken, und kein Staat darf irgend jemandem Leben, Freiheit oder Eigentum ohne vorheriges ordentliches Gerichtsverfahren in Einklang mit dem Gesetz nehmen oder irgend jemandem innerhalb seines Gebiets den gleichen Schutz durch das Gesetz versagen.»[15]

Der Kampf um den 14. Zusatzartikel markiert für Ackerman den bedeutendsten Moment in der amerikanischen Verfassungsgeschichte, weil analog zur Gründungsphase die Sprache des Verfassungsrechts die vorrangige Sprache wurde, in der die Amerikaner ihre nationale Identitat definierten und debattierten.[16] Dabei spielt sich eine Transformation der Verfassung ab, die nicht einfach im Rückgang auf die Gegebenheiten der bisherigen Verfassung verstanden werden kann. Der Schutz der individuellen Rechte wird unter die nationale Oberhoheit gestellt und damit den Einzelstaaten übergeordnet. Zugleich kommt ein vertieftes Verständnis der uneingeschränkten individuellen Rechte für jeden Bürger – auch der schwarzen – zum Ausdruck, indem deren Schutz einer grundsätzlichen Jurisdiktion unterworfen wird. Die Sprache des Verfassungsrechts, die dies zum Ausdruck bringt, artikuliert jedoch noch mehr. Sie wäre unverständlich ohne die sie leitenden moralischen Selbstdefinitionen, die sich das amerikanische Volk in einem nicht nur militärisch konfliktreichen Prozess zu Eigen gemacht hat, der zeigt, dass nicht mehr Wir das Volk im Sinne der Gründerväter spricht. Universalisierungsdynamik und Verfassungsdynamik *(constitutional dynamics)* sind zwei Seiten einer besonderen historischen Konstellation.

Die Details dieser historischen Konstellation müssen wir hier auf sich beruhen lassen. Einige Stichworte mögen genügen, um über das Gesagte hinaus die Bedeutung der Transformation zu unterstreichen, die Ackerman in faszinierender Manier herausarbeitet. Wie beim 13. Zusatzartikel die Rolle des Präsidenten (Lincoln) von großem Gewicht war, so übernahm für den 14. Zusatzartikel der Kongress eine maßgebliche Funktion bei der Initiierung des Artikels, der Mobilisierung des Volks, der legitimierenden Unterstützung durch Wahlen und der Überwindung der Hürden der verfassungsändernden Mehrheit. Schließlich spielten die geteilten Gewalten von Präsident, Kongress und oberstem Gericht zusammen, um eine Ratifizierung des Zusatzartikels zu ermöglichen, bei deren Procedere sogar strittig bleiben mag, ob dieses noch in Einklang mit den Bestimmungen zur Änderung in der ursprünglichen Verfassung zu sehen ist.

Der Transformationserfolg dieser höheren Rechtsetzung war jedoch im Sinne des Modells der dualistischen Demokratie gedeckt durch «das Volk». Es ist der denkwürdige Tatbestand zu konstatieren, dass es den Protagonisten des 14. Zusatzartikels gelungen ist, in einer entscheidenden Phase eine nicht bestreitbare Legitimation durch das Volk zu bekommen, obwohl dieses nicht nur in den Südstaaten, sondern auch im Norden von rassistischen Vorurteilen geprägt war. Dies sollte zugleich deutlich machen, dass in der Formel Wir das Volk (We the People) keine statische Größe thematisiert wird, geschweige denn ein metaphysisch konzipierter *volonté générale* oder eine substanzialistische Idee, sondern dass es im Grunde darum geht, einen dynamischen Prozess der Willensbildung zu analysieren, der in höhere Rechtsetzungen mündet: «Für mich ist ‹das Volk› nicht der Name eines übermenschlichen Wesens, sondern der Name eines ausgebreiteten Prozesses der Interaktion zwischen politischen Eliten und gewöhnlichen Bürgern.»

Im Rahmen von Ackermans dualistischer Verfassungsinterpretation erscheint die Rede von politischen Eliten gleichermaßen deskriptiv adäquat wie normativ unanstößig. Dies ist deshalb der Fall, weil die aufgezeigten dynamischen Prozesse der Verfassungsentwicklung zeigen, dass Initiativen zur höheren Rechtsetzung gleichermaßen von «linken» wie «rechten» Eliten vertreten werden können und je nach historischer Konstellation ihre Chance zur unterstützenden Rückkopplung in breiten Kreisen von gewöhnlichen Bürgern haben. Der New Deal von F. D. Roosevelt mit seinen sozialen und ökonomischen Reformen mag hier stellvertretend für eine Entwicklung stehen, die von «links» inspiriert war und zugleich paradigmatisch für einen stark präsidentiell initiierten Prozess der höheren Rechtsetzung steht.

Damit ist zugleich das Thema des Wohlfahrtsstaats angesprochen, dessen Problematik bis in die Gegenwart hineinreicht und der Tatsache Rechnung tragen muss, dass Amerika trotz des New Deal die geringste sozialstaatliche Entwicklung der westlichen Welt aufweist. Erneut springen die Unterschiede zu Deutschland auf Verfassungsebene in die Augen, denn der «soziale Bundesstaat» gehört gleichfalls zu den im Grundgesetz für unveränderlich erklärten substanziellen Teilen der Verfassung. Wollte das amerikanische Volk den Weg zu vergleichbaren Verfassungsbestimmungen beschreiten, so wäre dies im Rahmen der von Ackerman explizierten dualistischen Demokratie wiederum nur durch eine höhere Rechtsetzung möglich, die den Ausbau des Wohlfahrtsstaats in Amerika bewerkstelligen könnte.

Indem Ackerman für Initiativen in diese Richtung plädiert und den Amerikanern ebenso die Erfahrung des Holocaust als Motiv für eine grundrechtsbasierte Verfassung vorhält, bringt er seine normativen Vorstellungen in ein bewusstes Spannungsverhältnis zu dem von ihm so exzellent analysierten Modell der dualistischen Demokratie:

«Wir sollten unsere Verfassung selbstbewusst nach deutschen Grundsätzen verbessern und klar machen, dass Demokratie nicht unser grundlegender Verfassungswert ist, sondern dass menschliche Würde und soziale Gerechtigkeit zuerst kommen. Es sollte nicht des Horrors eines Holocaust bedürfen, ehe die Amerikaner einsehen, dass die dualistische Demokratie *nicht* die beste Regierungsform ist, die einer modernen Gesellschaft zur Verfügung steht.»[17]

Dieser Vorschlag nimmt die Geschichte und den Geist des amerikanischen Verfassungswegs im Sinne der dualistischen Demokratie auf, um zu zeigen, dass, bei Licht betrachtet, die grundrechtsbasierte Verfassung eine künftige Aufgabe für Amerika darstellt, jedoch keineswegs den tatsächlichen Gegebenheiten entspricht. In der De-facto-Respektierung der «Bill of rights» und den Zurückweisungen ihrer Änderung ebenso wie in den Erfolgen des «civil rights movement» und der Rechtspraxis des «supreme court» spiegelt sich zweifelsohne die realgeschichtliche liberale Kraft der amerikanischen Demokratie, doch steht eine höhere Rechtsetzung des amerikanischen Volks aus, die einer «liberalen Revolution» gleichkäme, in der elementare Grundrechte und der Sozialstaat zu unabänderlichen Bestandteilen erklärt würden. Wenn man die Problemkonstellation in dieser Weise fasst, ist auch klar, dass das Modell der dualistischen Demokratie nicht im prinzipiellen Gegensatz zu einer grundrechtsbasierten Verfassung stehen muss, da sich eine Transformation in die Letztere durch eine wohlerwogene Entscheidung durch Wir das Volk nicht nur vorstellen, sondern auch herbeiführen ließe.

Vor diesem amerikanischen Hintergrund tritt die Besonderheit der deutschen Situation in aller Deutlichkeit hervor. Das Grundgesetz hat die entscheidende Prämisse der dualistischen Demokratie gestrichen, die darin besteht, auf die Kraft des Volks zur höheren Rechtsetzung zu bauen – oder besser gesagt: zu vertrauen. Dieser Schritt ist nur erklärbar aus der moralischen und politischen Katastrophe, in die Nazi-Deutschland geführt hat. Es ist fast so, als hätte das moralisch-existenzielle Reflexionsradikal, das wir im Sinne der Negation von Inhumanität aus der Ich-Perspektive aufgezeigt haben (vgl. Kap. 1.3), bei den Beratungen zum Grundgesetz Pate gestanden und sich zu einem politisch-existenziellen Reflexionsradikal in der Wir-Perspektive verdichtet, um eine absolute Standpunktbestimmung vorzunehmen, die in einer nicht revidierbaren grundrechtsbasierten Verfassung gipfelt.[18]

Auch der demokratische Preis, der hierfür zu zahlen ist, wird im Vergleich zur amerikanischen Verfassung und ihren Transformationen gut sichtbar. Bei der letzteren besteht zwischen dem Aspekt der Ex-ante-Legitimation unter der Idee der Volkssouveränität und deren Ex-post-Legitimation eine demokratische Klammer durch das Volk, weil beide Aspekte im Rahmen einer höheren Rechtsetzung durch das Volk verstanden werden können, gerade dann, wenn wir dabei die von Ackerman herausgestellte prozesshafte Interaktion zwischen politischen Eliten und normalen Bürgern im Auge behalten. Im Fall des deutschen Grundgesetzes entfällt diese Klammer, weil die Kraft des Volks bei der Ex-ante-Legitimation nicht gefragt ist. Nicht die Kraft des Volks, sondern die Kraft der geschichtlichen Erfahrung, die sich in demokratischen Eliten konzentriert, spielt die tragende Rolle. Wie sollte es auch anders sein bei einem Volk, das mit dem Odium des Gattungsversagens zu leben hat?

Als Fazit der Gegenüberstellung von deutscher Grundrechtsdemokratie und dualistischer amerikanischer Demokratie lassen sich daher zwei völlig unterschiedliche Wege zu einer grundrechtsbasierten Verfassung benennen, die realgeschichtliche Möglichkeiten voneinander abgrenzen. Im Fall des amerikanischen Dualismus besteht die Möglichkeit, dass Wir das Volk den Schritt zu einer grundrechtsbasierten Verfassung selber tut, so wie nach diesem Modell letztlich das Volk auch die Quelle von Rechten ist. Im Fall des deutschen Grundrechtsmodells ist nicht das Volk die Quelle von Rechten, sondern diese bilden den absoluten Maßstab, der dem Volk für immer vorgegeben bleibt. Und das ist gut so, da der Entwurf des Grundgesetzes aus einer extremen moralisch-geschichtlichen Krise keine andere Wahl gerechtfertigt hätte.

Vor diesem Hintergrund erscheint es unangemessen, von einem «demokratischen Geburtsfehler» des Grundgesetzes zu sprechen[19] und eine «‹nachholende› direktdemokratische Legitimation durch eine Volksabstimmung»[20] im Zusammenhang der deutschen Wiedervereinigung zu fordern. Die für deutsche Verhältnisse wunderbare Revolution des Jahres 1989 hat mit dem Ruf «Wir sind das Volk» zugleich nach einer politischen Form gerufen, die ihren freiheitlichen Antrieben gerecht werden sollte. Nachdem es diese politische Form in Gestalt der Verfassung der alten Bundesrepublik bereits gab, konnte die nationale Einheit unter dem Ruf «Wir sind ein Volk» nur noch den Weg der Integration in diese Form nehmen. Über die einzelnen Schritte auf diesem Weg war naturgemäß viel Streit möglich und nötig[21], doch ist es nicht haltbar, die Probleme der deutschen Wiedervereinigung mit einer «Geburtsmakeltheorie»[22] des Grundgesetzes in alter oder durch die Vereinigung modifizierter Gestalt zu belasten. Eine solche Auffassung vernachlässigt die historischen Proportionen, in denen sich die deutsche Vereinigung von 1989/90 mit der Abkehr vom deutschen Unrechtsstaat des Nazismus durch das Grundgesetz vermittelt. Für ein Geschichtsbewusstsein, das diesen Proportionen Rechnung trägt, wird es eher zu einer zweitrangigen Frage, ob die Wiedervereinigung besser nach Artikel 23 («Beitrittsklausel») oder Artikel 146 («Volksentscheidklausel zur Verfassung») vollzogen wurde oder ob der Formelkompromiss für eine spätere Verfassungsentscheidung im Rahmen des neuen Artikels 146 noch von mehr als rein theoretischer Bedeutung ist. Das glückliche Jahr 1989 kann den epochalen Einschnitt von 1945 weder vergessen machen noch in einer neuen Stunde null aufheben.

Als Ergebnis können wir festhalten, dass an den unterschiedlichen Konstellationen von Verfassungsgebung und -änderung in Amerika und Deutschland deutlich wird, wie die damit verbundenen Prozesse der Beratung und Entscheidung den Stand des moralischen Selbstverständnisses der dominanten Gruppen eines Volks freilegen. Außerdem sehen wir, welche geschichtlichen Möglichkeiten offen sind und welche nicht. Angesichts der Diskontinuitäten der deutschen Geschichte stellt die Tradition der dualistischen Demokratie Amerikas ein uneinholbares Beispiel dar. Angesichts der Düsterheit des Holocaust kann die grundrechtsbasierte deutsche Demokratie an Amerika und andere westliche Demokratien die Anregung weitergeben, historische Erfahrungen ernst zu nehmen und Verbesserungen zur Absicherung von Grundrechten zu erwägen.

Konstitutionelle Demokratie und liberale Theorie

Nachdem die historische Situierung der deutschen Grundrechtsdemokratie in ihrer Eigenart als Gegenentwurf zum NS-Staat wie auch in ihrem Vergleichswert zur amerikanischen Demokratie deutlich geworden ist, haben wir einen institutionellen Hintergrund gewonnen, vor dem sich einige herausragende Beiträge der politischen Theorie konstruktiv einordnen lassen. In politischer Hinsicht erfüllt die Sicherung von Humanität im Rahmen einer grundrechtsbasierten Verfassung das Grundverständnis unseres Begriffs von moralischer Zeitgenossenschaft, doch werden damit auch weitere Fragen aufgeworfen. Diese betreffen ein mögliches Spannungsverhältnis von Grundrechten und Demokratie ebenso wie die Frage nach dem besten Modell demokratischer und sozialer Ordnung unter den Gegebenheiten der westlichen Gesellschaften. Die Sicherung von Humanität geht mit der Frage ihrer weiteren Entfaltung einher. Für unseren Zusammenhang greife ich dazu auf Beiträge zurück, die von exemplarischer Relevanz für das Verständnis und die Weiterentwicklung von humaner Politik sind. Hierzu gehören Kernpunkte in Ronald Dworkins Theorie des Rechts und der Demokratie ebenso wie die Diskurstheorie der Demokratie von Jürgen Habermas, deren Eigenart ich in den Kontext der liberalen Konzeptionen von John Rawls und Richard Rorty stelle. Bei allen Unterschieden im Einzelnen ist der Sammelbegriff «liberale Theorie» deshalb angebracht, weil diese Theoriebildungen insgesamt an Optimierungen des demokratischen Rechtsstaats arbeiten, dessen wesentliches Strukturmerkmal die auf die liberale Tradition bauenden Grundrechte sind.

Rechte als Trümpfe und die Konzeption von konstitutioneller Demokratie: Ronald Dworkin

Es scheint ironisch, dass ausgerechnet die Theoriebildung von Ronald Dworkin, die sich primär an der angloamerikanischen Verfassungstradition orientiert, wie geschaffen ist, um der deutschen Grundrechtsdemokratie systematische Argumente zu unterlegen, die das Verhältnis von Grundrechten und Demokratie in eine kohärente Beziehung bringen. Wie überzeugend man mit Ackerman die geschichtlichen Entwicklungen der dualistischen Demokratie in Amerika nachvollziehen und in Kontrast zur deutschen Grundrechtsdemokratie bringen kann, so überzeugend lässt sich Dworkins Konzeption von konstitutioneller Demokratie als der Idealtypus fixieren, dem das deutsche Grundgesetz exemplarisch zuzuordnen ist. Dies wird deutlich daran, wie Dworkin eine «Verschmelzung von Verfassungsrecht und Moraltheorie»[23] vorantreibt:

> «Unsere konstitutionelle Staatsform beruht auf einer bestimmten moralischen Theorie, der Theorie nämlich, daß Menschen moralische Rechte gegen den Staat haben. Die schwierigen Klauseln der amerikanischen *Bill of Rights* ... müssen so verstanden werden, daß sie sich auf moralische Begriffe berufen ...; daher muß ein Gericht, das sich der Mühe unterzieht, diese Klauseln voll als Recht anzuwenden ... bereit sein ..., Fragen der politischen Moral aufzuwerfen und zu beantworten.»

Bei Dworkins «moralischer Lesart der amerikanischen Verfassung»[24] geht es für uns nicht um die Frage historischer Adäquatheit, die eher im Sinne Ackermans zu beantworten wäre. Vielmehr interessiert die Systematik, die sich ergibt, wenn wir die Prämisse unterstellen, dass Menschen moralische Rechte gegen den Staat haben. Diese Prämisse ist mit Blick auf das deutsche Grundgesetz ohne weiteres einholbar, wenn wir uns daran erinnern, dass dieses sich auf die unveräußerlichen Menschenrechte beruft und die einzelnen Grundrechte zum unmittelbar geltenden Recht erklärt, das sämtliche Staatsorgane bindet. Dworkin schlüsselt diese Bindung nach ihrer subjektiven Seite auf. Die dem Staat vorgegebene objektive Verpflichtung zur Achtung und zum Schutz von Grundrechten hat ihr Pendant aus der Perspektive der einzelnen Bürger darin, dass jeder Bürger mit dem Recht ausgestattet ist, gegenüber dem Staat die Achtung und den Schutz seiner Grundrechte zu verlangen und im Zweifelsfall gegen deren Missachtung zu klagen. Der objektiven Dimension der Rechtsordnung korrespondiert so die subjektive Dimension der Individualrechte, die im Deutschen terminologisch als «subjektive Rechte» gefasst werden. Im Englischen kommt die terminologische Unterscheidung zwischen der objektiven und subjektiven Dimension des Rechts exemplarisch im Titel zweier Werke von Dworkin zum Ausdruck: «Law's Empire»[25] und «Taking Rights Seriously»[26].

Natürlich sind die subjektiven Rechte – «rights» – im Verständnis unseres historischen Universalismus so «objektiv», wie sie nur sein können, nämlich selbst gesetzte Ansprüche auf unbedingte Respektierung zwischen Menschen als Menschen. Der rechtlichen Positivierung subjektiver Rechte in einer Verfassung und anderen Teilen von Rechtsordnungen geht das moralische Selbstverständnis voraus, dass sich Menschen an den Inhalt der universalistischen Moral qua interhumanen Respekt binden und sich damit zugleich moralische Rechte auf interhumanen Respekt zuschreiben. Wer es vorzieht, die Selbstbindung an moralische Rechte und die Selbstzuschreibung von moralischen Rechten nicht in einer Sprache der Rechte auszudrücken, um diese ausschließlich für kodifizierte Rechtsordnungen zu reservieren, mag dies tun.[27] Es wäre sachlich vertretbar, die moralische Dimension der Rechte so auszudrücken, dass man von absolut gesetzten wechselseitigen Ansprüchen und Erwartungen zwischen Menschen aus der je individuellen Perspektive spricht. Gleichwohl bleibt es umgangssprachlich natürlicher, von moralischen Rechten einerseits, rechtlich positivierten subjektiven Rechten andererseits zu reden. In die Positivierung subjektiver Rechte ist ein moralisch-universalistisches Vorverständnis immer schon eingegangen, sodass deren Interpretation, Bewahrung und Entfaltung nicht ohne Rückbesinnung auf moralische Begriffe auskommen können.

Diesen Zusammenhang arbeitet Dworkin heraus, indem er subjektive Rechte als «Trümpfe»[28] stark macht, über die Individuen gegenüber dem Staat verfügen: «Ein Recht gegenüber dem Staat muss ein Recht sein, etwas selbst dann zu tun, wenn die Mehrheit es für falsch hielte, und selbst dann, wenn es der Mehrheit schlechter ginge, falls es getan würde.»[29] Um dies an dem obigen einfachen Beispiel zu erläutern: Das Verbrennen der Nationalflagge ist durch das Grundrecht der Rede- und Meinungsfreiheit abgedeckt, selbst wenn der politische Protest, der durch eine solche Aktion ausgedrückt werden soll, beim jeweiligen Anlass nicht der Mehrheitsmeinung entspricht und eventuell einer Mehrheit von Betroffenen Nachteile in Gestalt eines Zeitverlusts im Verkehrsstau bringt.

Damit gerät ein mögliches Spannungsverhältnis zwischen Grundrechten und Demokratie in den Blick, da Letztere ja offenkundig auf die Mehrheit ihrer Bürger rückbezogen ist. Dieses Spannungsverhältnis bewältigt Dworkin in seiner konstitutionellen Konzeption von Demokratie, die hier besonders interessiert. Dazu macht er klar, dass die unbestrittene Mehrheitsorientierung von Demokratie zugleich einen Leitbegriff von moralischer Gleichheit voraussetzt, der jedem Individuum, das unter die Verfassungshoheit des Staats fällt, prinzipiell denselben moralischen Status und Respekt einräumt. Sobald man diese Voraussetzung ernst nimmt, erkennt man die Rückbindung der Demokratie an moralische Gleichheitsbedingungen, die dann ihrerseits als moralisch-demokratische Bedingungen für Mehrheitsentscheidungen zu verstehen sind. Mehrheitsentscheidungen in einer Demokratie dürfen nicht die moralischen Bedingungen verletzen, die dem selbst gesetzten Begriff von Demokratie entsprechen. Verfahren der Mehrheitsentscheidung sind ihrerseits qualitativen Bedingungen unterworfen, die nicht wiederum durch Mehrheitsentscheidung festgelegt werden können. Deshalb ist es möglich, das, was Dworkin einen «konstitutionellen Begriff von Demokratie» nennt, einem bloß an der Mehrheitsregel orientierten Begriff von Demokratie gegenüberzustellen, um deutliche Konsequenzen zu ziehen: «... die konstitutionelle Konzeption ... liefert keinen Grund, warum nicht zu bestimmten Gelegenheiten ein Verfahren praktiziert werden sollte, das nicht mehrheitsorientiert ist, wenn dadurch besser der gleiche Status von Menschen geschützt oder befördert werden kann, der nach ihrem Verständnis das Wesen der Demokratie ausmacht ...»[30]

Es gibt daher keine Veranlassung, bei dieser Konzeption von Demokratie zu bedauern, dass manche Entscheidungen nicht durch Mehrheitsbeschluss fallen. Ganz im Gegenteil ist es sogar von großem Wert, dass dies der Fall ist, wie insbesondere die Entscheidungen von Gerichten zeigen. Um auf das Beispiel des Verbrennens der Nationalflagge zurückzukommen: Angenommen, ein Gerichtshof würde angerufen, um über ein Gesetz zu befinden, das eine solche Aktion unter Strafe stellt. Die Gegenseite würde geltend machen, dass gerade dadurch demokratische Selbst-Regierung behindert werde, weil fälschlicherweise das Recht der freien Meinungsäußerung eingeschränkt würde. Falls das Gericht dieser Auffassung folgen und feststellen würde, dass das fragliche Gesetz tatsächlich die demokratischen Bedingungen der Verfassung verletzt, so wäre eine solche Entscheidung nicht undemokratisch, sondern würde die Demokratie verbessern. Hiergegen einwenden zu wollen, Gerichte könnten sich ja irren und daher seien Mehrheitsentscheidungen vorzuziehen, liefert kein Argument, da auch Mehrheitsentscheidungen Irrtümern unterworfen sein können.

Worauf es ankommt, ist der prinzipielle Punkt, dass eine unspezifizierte Auffassung von Mehrheitsdemokratie nicht zu überzeugen vermag. Nur eine konstitutionelle Konzeption, die sich Dworkins Grundargumente zu Eigen macht, ist in der Lage, Grundrechte und Demokratie in einer angemessenen Balance zu denken. Es liegt auf der Hand, dass wir Dworkins Konzeption ohne weiteres für das Verständnis der deutschen Grundrechtsdemokratie fruchtbar machen können. Die grundrechtsbasierte Verfassung des Grundgesetzes erfüllt in noch höherem Maß die Konzeption einer konstitutionellen Demokratie, als dies für Dworkins Paradigma der amerikanischen Verfassung der Fall zu sein scheint, jedenfalls dann, wenn wir uns der wichtigen Einsichten erinnern, die Ackerman zu Amerikas dualistischer Demokratie entfaltet. Dies tut dem systematischen Ertrag von Dworkins Konzeption jedoch keinerlei Abbruch. Denn diese Konzeption lässt sich nun ihrerseits geradezu als die Verarbeitung einer geschichtlich-moralischen Erfahrung lesen, auf die wir zunächst in einem ganz anderen Kontext gestoßen sind: Aus der Diagnose von

Gattungsbruch und Gattungsversagen war aus der moralischen Ich-Perspektive festzuhalten, dass der Fall eintreten kann, dass ein Individuum auf sich allein zurückgeworfen ist und keinen existenziellen Sinn mehr in der Gemeinschaft mit anderen Menschen zu sehen vermag. Dieser Grenzfall wäre dann erreicht, wenn die Gemeinschaft die moralischen Bedingungen aufkündigen würde, unter denen die Demokratie steht. Dworkins Theoriebildung der Rechte als Trümpfe sucht diesen Fall im Rahmen seiner konstitutionellen Konzeption von Demokratie so weit es geht zu verhindern. In dieser Konzeption artikuliert sich daher die tiefe Bindung an den moralischen Individualismus, der sich an unserem Grenzfall fassen lässt: Die letzten moralischen Trümpfe müssen immer beim Individuum liegen, auch wenn es vielleicht nicht mehr in der Lage sein sollte, sie auszuspielen.

Verfassung und konstitutionelle Demokratie gründen in einem moralischen Individualismus, der dem Inhalt nach universalistisch ist. Fragestellungen der Verfassungstheorie zum Verhältnis der objektivrechtlichen und der subjektivrechtlichen Dimension von Grundrechten[31] setzen diese moralische Tiefendimension immer schon voraus.

Diskursrationalität und politischer Liberalismus: Jürgen Habermas im Kontext von John Rawls

Der zentrale Punkt, den ich aus dem umfangreichen und vielschichtigen Werk von Jürgen Habermas herausgreife, betrifft die Herausarbeitung einer politischen Ethik diskursiver Verständigung als Beitrag zur Optimierung der konstitutionellen Demokratie. Nicht näher eingehen werde ich auf die Problematik seiner Rechtstheorie, die auf «Prinzipien des Rechtsstaats unabhängig von irgendeiner historischen Rechtsordnung»[32] zielt und dafür eine Diskurstheorie des Rechts entwirft, die auch eine Begründung von Grundrechten geben soll. Vor dem Hintergrund der Positionsbestimmung des historischen Universalismus und den geschichtlichen Vermittlungen, in denen wir Grundrechte, Verfassungsordnungen und deren Entwicklung zu sehen gelernt haben, kann eine solche Theorie nicht aussichtsreich erscheinen.[33]

Im Gegensatz dazu enthält die Diskursethik von Habermas ein weitreichendes Potenzial, das sich – bei allen systematischen Problemen, die es in sich birgt – positiv aufnehmen lässt. Um dieses Potenzial in den Gang der bisherigen Überlegungen einzuordnen, sind einige Klarstellungen zu den systematischen Ansprüchen angebracht, die im Werk von Habermas erhoben werden.

Zunächst sei an die Kennzeichnung von Habermas' Diskursethik erinnert, die wir bei der Unterscheidung verschiedener Varianten des Universalismus gegeben haben: Habermas gehört zur Spielart des objektivistischen Universalismus, die als formal-struktureller Universalismus zu charakterisieren war (vgl. Kap. 1.2). Analog zu Kants Idee, die darin besteht, eine innere Verbindung von Vernunft und Moral auszuweisen, soll dargelegt werden, dass die universalistische Moral aus einer rationalen Struktur gewonnen werden kann, die in Begriffen diskursiv-kommunikativer Rationalität in unausweichlichen Argumentationsvoraussetzungen gründet.[34] Gleichfalls analog zu Kant treten bei Habermas charakteristische Formulierungen auf wie die folgende: «Es genügt, den ‹weltlosen› Raum des Diskurses auszuschreiten, weil wir uns aus der Teilnehmerperspektive am Bezugspunkt einer inklusiven Gemeinschaft wohlgeordneter interpersonaler Beziehungen orientieren – an einem Bezugspunkt also, der uns, sobald wir in Argumentationen eintreten, *nicht mehr zur Disposition steht.*»[35]

Was uns bei Kant als Weltabgewandtheit einer inneren kognitiven Struktur begegnet ist, bei der geschichtlich-moralische Erfahrung systematisch außer Betracht bleibt, kehrt bei Habermas' kantischem Intersubjektivismus wieder in der Konzeption eines moralischen Universums, das strukturell durch Argumentationsvoraussetzungen garantiert wird:

«Die sanfte Gewalt unvermeidlicher Argumentationsvoraussetzungen verlangt von den Beteiligten die Übernahme der Perspektiven und die gleichmäßige Berücksichtigung der Interessen *aller* Anderen. So erklärt sich die Universalität einer Welt wohlgeordneter interpersonaler Beziehungen – der Entwurf eines moralischen Universums, auf das hin argumentiert wird – aus der Widerspiegelung des egalitären Universalismus, auf den sich Argumentationsteilnehmer immer schon einlassen müssen, wenn ihr Unternehmen nicht seinen kognitiven Sinn einbüßen soll.»

Für Habermas gibt es wie für Kant nur ein einheitliches moralisches Bild des Menschen, nur *ein* moralisches Universum, das bestehen bleibt, was immer ansonsten in der Welt geschehen mag. Dies verdeutlicht die Berechtigung, auch bei Habermas von einem Gattungstraditionalismus zu sprechen. In anderen Worten bedeutet dies, den systematischen Gegensatz zu unserem historischen Universalismus festzuhalten, der aus einer Reflexion des nazistischen Gattungsbruchs die begriffliche Verbindung zwischen dem moralischen Universalismus und der Gattungsallgemeinheit auflöst, um die Letztere als Problem sichtbar werden zu lassen (vgl. Kap. 1.1). Dies ändert nichts an der Übereinstimmung mit Habermas hinsichtlich des universalistischen Inhalts unserer Moral qua interhumanem Respekt zwischen Menschen als Menschen; doch müssen wir die Ansprüche einer formal-strukturellen Begründung des Universalismus, die in der Diskursethik vertreten werden, als uneinlösbar einschätzen.

Ähnlich wie im Fall des von Korsgaard vertretenen Kantianismus wäre diese Einschätzung durch eine Detailanalyse zu bekräftigen. Diese lassen wir hier auf sich beruhen, weil die Kennzeichnung der Grundidee der Diskursethik bereits ausreicht, um zu Differenzierungen überzugehen, die den politischen Ertrag des diskurstheoretischen Ansatzes von Habermas zu sehen erlauben.

Sobald wir uns nämlich der Fragwürdigkeit der Begründungsidee bewusst geworden sind, von der sich die Diskursethik hinsichtlich des moralischen Universalismus leiten lässt, kann der Blick frei werden für die politische Partizipationsdimension, die sie mit sich führt. «Die gleichmäßige Berücksichtigung der Interessen aller Anderen» ergibt sich als *Folgerung* aus dem Inhalt des Universalismus, der jedem Menschen denselben moralischen Status und dieselbe respektvolle Berücksichtigung einräumt. Dieser Inhalt als solcher, so haben wir gesehen, kann jedoch nur aus geschichtlichen Vermittlungen gedacht werden, die für uns durch die Realgeschichte des Universalismus wie durch Gattungsbruch und Gattungsversagen geprägt sind.

Mit dem «egalitären Universalismus» als *Prämisse*, in der unsere geschichtlich-moralische Selbstdefinition zum Ausdruck kommt, gewinnt die Diskursethik ihre Überzeugungskraft als politische Partizipationsethik der argumentativen Vermittlung, in der die rationalen Potenziale des Diskurses so weit wie möglich für den politischen Prozess ausgeschöpft werden, um den Interessen aller Raum zu geben. Die formale Seite der Diskursethik bleibt als prozedurale Verfahrensethik des politisch-demokratischen Prozesses erhalten.

Diese Sicht der Diskursethik berührt sich mit Richard Rortys Diagnose, die sie als «Ausdruck der Gewohnheiten der heutigen liberalen Gesellschaften»[36] sieht, ebenso wie mit Michael Walzers Urteil, sie sei «eine abstrakte Version der zeitgenössischen demokratischen Kultur»[37]. Darüber hinaus lassen sich diese Einschätzungen auf die Diskussion zwischen John Rawls und Jürgen Habermas beziehen, bei der es um die philosophischen Grundlagen des politischen Liberalismus geht. Ein Einstieg in die Position von Rawls kann helfen, die bisherige Interpretation zu unterstreichen und den positiven Ertrag der Diskursethik als politischer Ethik weiter deutlich zu machen. Als Fazit seiner eigenen Abgrenzung zu Habermas hält Rawls fest:

> «Die Auffassung der Gerechtigkeit als Fairness ist substantiell ... Sie entspringt der Tradition liberalen Denkens und gehört zur größeren Gemeinschaft der politischen Kulturen demokratischer Gesellschaften. Sie ist nicht wirklich formal und wahrhaft universell und gehört darum auch nicht zu den quasi-transzendentalen Voraussetzungen (wie Habermas es gelegentlich nennt), die in der Theorie kommunikativen Handelns begründet werden.»[38]

In dieser von Rawls selbst reflektierten historischen Situierung seiner berühmten Theorie der Gerechtigkeit spiegeln sich die gegenläufigen Ansprüche der von Habermas vorangetriebenen Konzeption. Denn genau das, was Rawls für seine «frei stehende» Theorie des politischen Liberalismus, in der seine frühere Gerechtigkeitstheorie aufgeht[39], für entbehrlich hält, sieht Habermas als essenziell an: die bereits charakterisierte formal-strukturelle Diskursethik und darüber hinaus eine umfassende Theorie der kommunikativen Vernunft, die sich gesellschaftstheoretisch als Theorie des kommunikativen Handelns ausformuliert. Kennzeichnend für diese weitgehenden Ansprüche sind Theoriebildungen, die allesamt auf die Herausarbeitung formal-struktureller Grunddimensionen zielen: Konsensustheorie der

Wahrheit, Sprachtheorie als Formalpragmatik, Handlungstheorie als Theorie sprachlich vermittelter Kommunikation. Auch wenn Habermas zu all diesen Theorieelementen Modifikationen und Korrekturen vorgenommen hat, so ändert dies nichts am Grundriss seiner philosophischen Systematik, deren Kühnheit man unabhängig von ihrer Stimmigkeit schätzen kann.[40]

Diese Skizze des Theorieanspruchs von Habermas mag genügen, um nachzuvollziehen, warum Rawls seine Konzeption des politischen Liberalismus davon abgrenzt. Dabei ist zu beachten, dass Rawls seine Theorie auf der moralischen Voraussetzung des egalitären Universalismus aufbaut, die wir ganz im Sinne des historischen Universalismus aufnehmen können. Dies kommt in der Berufung auf die liberale Tradition zum Ausdruck, wie sie den «politischen Kulturen demokratischer Gesellschaften» entspricht und daher nicht ohne weiteres als «wahrhaft universell» unterstellt werden darf. Indem Rawls auf dieser Differenz zu Habermas besteht, reflektiert er auf seine Weise das Universalisierungsproblem, das sich ergibt, wenn man sich nicht vorschnell auf einen Gattungstraditionalismus verlässt oder glaubt, diesen durch eine formal-strukturelle Theorie sichern zu können.

Die politischen Kulturen, auf die Rawls sich bezieht, sind moralische Kulturen in dem Sinn, dass die normative Konzeption gleicher und freier Bürger, mit der Rawls arbeitet, zurückbezogen ist auf die «motivationale Ausstattung» von Personen, die in der Lage sind, moralischen Selbstinterpretationen und Idealen ebenso zu folgen wie der zweckrationalen Vertretung ihrer Interessen. Und es ist klar, dass zu diesen Selbstinterpretationen das Selbstverständnis gehört, anderen Menschen mit interhumanem Respekt zu begegnen und sich damit wechselseitig als gleiche und freie Bürger zu achten.[41]

Wenn wir Rawls in der historischen Situierung seiner Gerechtigkeitstheorie und der Konzentration auf politische Theorie folgen und außerdem hinzunehmen, dass auch für Rawls nur das Modell einer konstitutionellen Demokratie in Frage kommt, über das wir mit Dworkin bereits verfügen, dann haben wir die Rahmenbedingungen benannt, unter denen die Diskursethik als politische Ethik und als Beitrag zur Demokratietheorie ihre Fruchtbarkeit entfalten kann.

Dann lässt sich nämlich fragen, ob die politische Konzeption von Gerechtigkeit, von der Rawls seine Adressaten qua gleiche und freie Bürger überzeugen möchte, nicht besser durch ein Modell intersubjektiver Argumentation zu entfalten wäre als durch die vertragstheoretische Konstruktion eines fiktiven «Urzustandes», in dem sich die Repräsentanten der Bürger auf Grundsätze der Gerechtigkeit einigen. Um dies zu veranschaulichen, sei an Rawls' Grundsätze der Gerechtigkeit erinnert:

«(a) Jede Person hat den gleichen Anspruch auf ein völlig adäquates System gleicher Grundrechte und Freiheiten, das mit demselben System für alle vereinbar ist, und innerhalb dieses Systems wird der faire Wert der gleichen politischen (und nur politischen) Freiheiten garantiert. (b) Soziale und ökonomische Ungleichheiten müssen zwei Bedingungen erfüllen. Erstens müssen sie mit Ämtern und Positionen verbunden sein, die allen unter Bedingungen fairer Chancengleichheit offenstehen, und zweitens müssen sie sich zum größtmöglichen Vorteil für die am wenigsten begünstigten Gesellschaftmitglieder auswirken.»[42]

Um diese Grundsätze unter Gegebenheiten des modernen gesellschaftlichen und weltanschaulichen Pluralismus überzeugend zu machen, von denen Rawls und Habermas gleichermaßen ausgehen, kann man die Diskursethik als einen Vorschlag betrachten, der eine Alternative zu Rawls' Konstruktion des Urzustandes darstellt: «Die Diskursethik sieht hingegen den moralischen Gesichtspunkt im Verfahren einer intersubjektiv durchgeführten Argumentation verkörpert, welches die Beteiligten zu einer idealisierenden *Entschränkung* ihrer Deutungsperspektiven anhält.»[43]

Sobald wir den Ansatz der Diskursethik von vornherein unter die Rahmenbedingungen der konstitutionellen Demokratie stellen, wird sie zu einer politischen Ethik, in welcher der Versuch gemacht wird, die Partizipation der beteiligten Bürger unter egalitäre Verfahrensbedingungen zu stellen. Über diese Bedingungen können die Chancen zu einer rationalen Optimierung genutzt werden, die darin besteht, kritisierbare einseitige Interessenstandpunkte zu überwinden und in einem permanenten Prozess intersubjektiver Argumentation dafür zu sorgen, dass über die Einbeziehung und wechselseitige Kritik der

Deutungsperspektiven aller Betroffenen eintreten kann, was Habermas eine «idealisierende Entschränkung» von Deutungsperspektiven nennt.

Auf diesem Weg ist in der Tat vorstellbar, dass die von Rawls vorgeschlagenen Grundsätze der Gerechtigkeit eine rationale Rechtfertigung erfahren, die es überflüssig macht, auf einen fiktiven Urzustand zurückzugehen, weil nicht zu sehen ist, warum die Konstruktion eines Urzustands ein größeres rationales Potenzial erschließen soll als unter egalitären Bedingungen durchgeführte intersubjektive Argumentationen. Freilich: Wenn man diesen intersubjektiven Argumentationen nicht einen Begriff von «wahrer konsensueller Übereinstimmung» oder dergleichen unterlegt, dann bleibt dieser Diskussionsprozess ein pragmatischer Vorgang unter realen Menschen. Bei aller Bereitschaft, ihre Deutungsperspektiven zu entschränken, werden sie dies mit dem Bewusstsein tun, dass das Ideal der größtmöglichen Unparteilichkeit, dem sie zu folgen bereit sind, wenn nicht insgesamt, so doch partiell und in vielleicht wichtigen Punkten verfehlt werden kann. Dies tut der Fruchtbarkeit einer politischen Diskursethik keinen Abbruch, sondern verweist nur darauf, was sie leisten kann und was nicht. Bezogen auf die Grundsätze der Gerechtigkeit von Rawls könnte durch eine politische Diskursethik das unter (a) stehende «völlig adäquate System gleicher Grundrechte und Freiheiten» so rational wie möglich entfaltet werden. Rawls selbst stellt fest, dass für ihn die Grundfreiheiten nur eine Ausformulierung der Leitwerte der Gleichheit und Freiheit darstellen und dass diese Ausformulierung der systematischen Ebene entspricht, die in der geschichtlichen Realität durch die Verfassungen demokratischer Staaten mit ihrer Berücksichtigung von Grundrechten repräsentiert wird.[44] Insofern bietet der erste Grundsatz der Gerechtigkeit unter (a) einerseits eine idealtypische Institutionalisierungsformel für demokratische Verfassungen auf Grundlage des egalitären Universalismus, andererseits kann diese Formel als kritischer Maßstab gesehen werden, um bestehende Verfassungen auf ihre Kohärenz hinsichtlich ihres jeweiligen Systems von Grundrechten und Freiheiten zu prüfen. Eine politische Diskursethik würde so ein permanentes Verfahren darstellen, um die rationale Kohärenz von gleichen und freien Bürgern hinsichtlich der Institutionalisierung eines «völlig adäquaten Systems gleicher Grundrechte und Freiheiten» zu testen, und als Medium möglicher inhaltlicher Korrekturen und Veränderungen dienen.

Die Funktion der rationalen Vermittlung und Optimierung, die einer politischen Diskursethik zukommt, wird noch deutlicher, wenn wir uns dem von Rawls unter (b) formulierten «Differenzprinzip» zuwenden, das soziale und ökonomische Ungleichheiten in den Rahmen eines egalitären Universalismus stellt und damit einen Rechtfertigungsmaßstab expliziert, den zu interpretieren und in institutionelle Ordnungen zu bringen noch weit detailliertere Diskussionen erfordert als die, die unmittelbar die Wesensgehalte einer Verfassung betreffen. Rawls trifft diese Unterscheidung zwischen verschiedenen Ebenen seiner Gerechtigkeitstheorie, indem er darauf verweist, dass sein Differenzprinzip nicht auf die Wesensgehalte einer Verfassung zielt, sondern eine darüber hinaus gehende grundlegende Frage der Gerechtigkeit erörtert, deren Beantwortung sehr viel schwieriger sein kann als die Prüfung, ob grundlegende Verfassungsinhalte erfüllt sind oder nicht. Dies ist als Bestätigung für eine realpragmatisch operierende Diskursethik zu lesen, weil deren mögliche Leistungen an rationaler Vermittlung umso mehr gefordert werden, je komplizierter und strittiger die anstehenden Probleme sind und «von uns verlangen, komplexe soziale und ökonomische Informationen über Gegenstände einzuschätzen, von denen wir nur wenig verstehen».[45]

Im Vergleich zu Rawls kann also eine politische Diskursethik, die grundsätzlich faire Partizipationschancen für Bürger sichert und auf prozeduralen Bedingungen für das Herstellen von rationaler Transparenz pocht, Pluspunkte verbuchen, die sie im Rahmen der konstitutionellen Demokratie zu einem politisch rationalen Vermittlungsschema werden lässt, über das alle wichtigen Fragen laufen und das die Institutionen auf einen dynamischen Prozess der Willensbildung von Bürgern zurückkoppelt. Um dieses Vermittlungsschema «rational» zu nennen, benötigen wir keine «transzendentale» oder «formalpragmatische» oder sonst wie strukturelle Theorie von kommunikativer Rationalität.

Rational ist dieses Vermittlungsschema einfach deshalb, weil es für faire Artikulationsmöglichkeiten aller Bürger sorgt, die diese ergreifen wollen, weil es Prozesse gegenseitiger Kritik und Korrektur stimuliert und eine Argumentationskultur fördert, die erwarten lässt, dass gute Argumente mehr Chancen haben als schlechte, im politischen Diskussionsprozess durchzudringen. Dass dies oft genug nicht der Fall ist, zeigt, mit welchen idealtypischen Stilisierungen eine realpragmatisch verstandene politische Diskursethik immer noch behaftet ist. Hierin liegt jedoch kein beklagenswerter Mangel, sondern die unvermeidliche begriffliche Distanz eines normativen Vorschlags zur Optimierung von politischen Prozessen gegenüber empirischen Gegebenheiten.

Wenn wir die pragmatische Rationalität der diskursiven Vermittlung in dieser Weise ansetzen, dann können wir einerseits an realistische Beschreibungen des politischen Prozesses bei Habermas selbst anknüpfen, andererseits die Beweislast einer «formalpragmatischen» Rationalität stehen lassen. Zutreffend stellt nämlich Habermas gegen den Kommunitarismus fest:

«Unter Bedingungen des kulturellen und gesellschaftlichen Pluralismus stehen hinter politisch relevanten Zielen oft Interessen und Wertorientierungen, die keineswegs für die Identität des Gemeinwesens insgesamt ... konstitutiv sind. Diese Interessen und Wertorientierungen, die ohne Aussicht auf Konsens miteinander in Konflikt liegen, bedürfen eines Ausgleichs, der durch ethische Diskurse nicht zu erreichen ist – auch wenn die Resultate unter dem Vorbehalt stehen, die konsentierten Grundwerte nicht verletzen zu dürfen. Dieser Interessenausgleich vollzieht sich ... als Kompromißbildung zwischen Parteien, die sich auf Macht- und Sanktionspotentiale stützen. Verhandlungen dieser Art setzen gewiß Kooperationsbereitschaft, also den Willen voraus, unter Beachtung von Spielregeln zu Resultaten zu gelangen, die für alle Parteien, wenn auch aus verschiedenen Gründen, akzeptabel sind. Aber eine solche Kompromißbildung vollzieht sich eben nicht in den Formen eines rationalen, Macht neutralisierenden, strategisches Handeln ausschließenden Diskurses.»[46]

Zum Verständnis dieser Überlegung ist vorauszuschicken, dass sich der von Habermas gebrauchte Terminus ‹ethische Diskurse› nicht auf die für ihn abstraktere Ebene der Moral als solcher bezieht, die aus den oben angeführten Argumentationsvoraussetzungen gewonnen werden soll und der Ebene von «konsentierten Grundwerten» entspricht. Ethische Diskurse beziehen sich für Habermas demgegenüber auf Wertorientierungen, die auf konkretere Lebensformen abheben, etwa so, dass die Kommunitaristen das Postulat aufstellen, nur eine größtmögliche republikanische Partizipation aller Angehörigen der politischen Gemeinschaft könne Demokratie auf Dauer stellen. Demgegenüber führen die Liberalen die Entscheidungsfreiheit des Individuums ins Feld, das von solchen Gemeinschaftsidealen nichts wissen will und seine Lebensauffassung an anderen Werten orientiert.[47]

Kontroversen dieser Art durchziehen das politische Geschehen und die entsprechenden Parteibildungen; sie sind Ausdruck eines Pluralismus, den auflösen zu wollen der Komplexität moderner Gesellschaften nicht gerecht würde. Demnach werden im politischen Tageskampf bei der Bestimmung von Positionen und Zielen unterschiedliche Auffassungen gegeneinander stehen, die sich nur durch Kompromisse bändigen lassen, bei denen die Beteiligten ihre Macht- und Sanktionspotenziale ausreizen. Und dennoch halten sie sich an Spielregeln des demokratischen Prozesses. Entscheidend ist nun, wie wir diese Spielregeln im Sinne einer politischen Diskursethik interpretieren. Mit der realpragmatischen Variante der Diskursethik würde man die Rationalisierung der Kompromissbildung betonen, die in der Beachtung von Verfahrensregeln (Geschäftsordnungen etc.) und dem damit geförderten Erzielen von rationaler Transparenz besteht, von der natürlich auch dann gesprochen werden kann, wenn kein Kompromiss erzielbar ist und eine strittige Mehrheitsentscheidung getroffen werden muss. Außerdem ist die grundsätzlich offene Dynamik des politischen Prozesses zu betonen, die es ermöglicht, zuvor nicht als möglich erachtete Übereinstimmung in bestimmten Fragen doch noch zu erzielen, weil eben die diskursethische Prozedur rational disziplinierende Wirkung zeigt und sich als effektiver Mechanismus erweist, gute von schlechten Argumenten zu unterscheiden. Dies muss gerade auch dann gesagt werden, wenn wir die Interessenbezogenheit der Parteien und ihre strategische Orientierung berücksichtigen. Denn wie sollten wir aufgrund des von Habermas selbst herausgestellten Tatbestands des Pluralismus jemals unterstellen dürfen, dass die Parteien ohne ihre machtgestützten strategischen Orientierungen auftreten?

Anstatt angesichts dieser Sachlage die pragmatische Rationalität diskursiver Vermittlung zu preisen, die in die Lage versetzt, die handfesten Widrigkeiten des politischen Prozesses einschließlich der dabei auftretenden taktischen und strategischen Tricks zu durchdringen, bringt Habermas einen anderen Begriff von Rationalität ins Spiel, der sich durch einen «Macht neutralisierenden, strategisches Handeln ausschließenden» rationalen Diskurs definiert. Durch diesen Begriff wird der pragmatischen Rationalität diskursiver Vermittlung die Rationalität wieder abgesprochen, die ihr eigentlich zukommt. Damit wird deutlich, dass Habermas ein inhaltliches Rationalitätsideal mit sich führt, das an frühere Begriffsbildungen von «herrschaftsfreier Kommunikation» erinnert. Es ist jedoch nicht zu sehen, wie dieses formalpragmatisch gewonnen werden könnte. Denn der «intrinsisch vernünftige Charakter von Verfahrensbedingungen für den demokratischen Prozess», der für Habermas in den «formalpragmatischen Ermöglichungsbedingungen für eine deliberative Politik» zu suchen ist, fällt nicht mit dem inhaltlich viel stärkeren Ideal eines Diskurses zusammen, der rational im Sinne von «machtneutralisierend und strategisches Handeln ausschließend» sein soll.

Es genügt hier, auf diese Inkohärenz hinzuweisen und auch die formalpragmatischen Fundierungen auf sich beruhen zu lassen, um nachvollziehbar zu machen, wie man eine realpragmatische Konzeption von deliberativer Politik festhalten kann, ohne den starken Ansprüchen zu folgen, die Habermas einlösen möchte. Systematisch bleibt der fruchtbare Ertrag der Diskursethik festzuhalten, der darin besteht, dass eine politische Ethik des Diskurses, auf welcher institutionellen oder gesellschaftlichen Ebene auch immer, wesentlich zur Zivilisierung von Konflikten und damit zur Humanisierung des Gemeinwesens beiträgt.

Pragmatismus und Utopie: Richard Rorty und die «liberale Ironikerin»

In anderer Weise als John Rawls bildet Richard Rorty einen produktiven Kontrast zu den starken Theorieansprüchen von Jürgen Habermas, mit denen dieser seine Diskurstheorie der Demokratie unterlegt. Nachdem bereits der Angelpunkt von Rortys praktischer Philosophie als «Furcht vor Rückfall in die Barbarei» hervorgehoben worden ist, um die konstruktive Beziehung seines geschichtlich-existenziellen Ansatzes zur Konzeption eines historischen Universalismus herauszuarbeiten (vgl. Kap. 1.2), wird im Folgenden die Verbindung von Pragmatismus und Utopie gewürdigt, die Rorty zur Optimierung der konstitutionellen Demokratie einbringt.

Dies fällt vor dem Hintergrund der Diskussion zu Habermas umso leichter, als Rorty einen überzeugten Realpragmatiker abgibt, der die utopische Dimension seines Liberalismus auf einer weltnahen Grundlage entfaltet. Diese wird gewahrt durch eine geschichtlich angeleitete moralisch-politische Urteilskraft, die sich mit der vergleichenden Rationalität eines Winston Churchill begnügt, der feststellte, die Demokratie «sei die schlechteste Regierungsform, die man sich vorstellen könne, bis auf all die anderen, die man bisher ausprobiert habe»[48]. Dem entspricht eine illusionslose Zeitdiagnose, zu der gehört,

> «daß wir von dem Punkt ausgehen müssen, an dem wir uns befinden, was bedeutet, daß es zahlreiche Auffassungen gibt, die wir einfach nicht ernst nehmen können. Daher halten wir Feinde der liberalen Demokratie wie Nietzsche oder Ignatius von Loyola gewissermaßen für *verrückt*, denn es besteht keine Möglichkeit, sie als Mitbürger unserer konstitutionellen Demokratie zu sehen ... Sie gelten nicht deshalb als verrückt, weil sie sich im Hinblick auf das ahistorische Wesen des Menschen geirrt hätten, sondern weil die Grenzen der Normalität durch das festgesetzt werden, was *wir* ernst nehmen können. Das wiederum wird bestimmt durch unsere Erziehung, durch unsere historische Situation.»

Deshalb plädiert Rorty für einen anti autoritären Umgang mit der Tradition der Philosophie und bringt dies auf die Formel vom «Vorrang der Demokratie vor der Philosophie». Dies bedeutet kein undifferenziertes Ausspielen der Faktizität demokratischer Institutionen gegenüber philosophischen Gedankengängen. Es bedeutet vielmehr, dass philosophische Fragestellungen und Reflexionen nur mehr in einem Horizont zu sehen sind, den unsere historische Urteilskraft unter Anleitung unserer moralisch-politischen Identität umgrenzt. Jenseits dieses Horizonts liegen die nur noch museal interessierenden Gelände politischer Philosophie, die von Nietzsches antidemokratischen Auffassungen bis zu kommunistischen Utopien oder pazifistischen oder anarchistischen Idealen reichen. Es ist eine ganze Menge an Auffassungen, die man ausschließen muss, weil das Spektrum solcher Auffassungen im Licht einer ungeschminkten moralisch-politischen Standortbestimmung größer und nicht kleiner wird.

Der Vorrang der Demokratie vor der Philosophie bedeutet so gesehen, dass Rorty eine Alternative aufbaut, die sich folgendermaßen zuspitzen lässt: Entweder philosophische Gedankengänge bewähren sich als rationale Beiträge zur Reflexion und Weiterentwicklung einer liberalen Gesellschaft im Rahmen der konstitutionellen Demokratie, oder sie gehören ins Museum oder die Abstellkammer der Geschichte. Oder aber – und damit kommt Rortys liberal-kulturelle Utopie ins Spiel – sie beschränken sich auf Fragen individueller Selbstverwirklichung, ästhetische Vorlieben und exzentrische Varianten von Privatheit. In diesem Sinn möchte Rorty die Philosophie an den Beispielen Nietzsches und Heideggers ebenso «privatisieren»[49], wie er auf der anderen Seite zugesteht, dass die «Zivilisation nur deshalb voran(schreitet), weil manche Leute willens sind, befremdliche, irrationale und verstörende Töne anzuschlagen»[50]. Sobald man die konstitutionelle Demokratie als unverzichtbaren institutionellen Rahmen im Rücken hat, kann man den soziokulturellen Beitrag der Philosophie entspannt diskutieren.

Dann lässt sich feststellen, dass es der gesellschaftlichen Funktion der Philosophie gut tut, wenn die Spannung erhalten bleibt zwischen denen, die Rorty «Liebhaber der Schönheit», und denen, die er «Liebhaber der Erhabenheit» nennt. Für unsere Zwecke verkürzend ausgedrückt: Die Spannung zwischen «rationalen Argumentierern» und «irrationalen Romantikern» ist als produktiver Konflikt zu sehen, um

Prozesse gedanklicher Innovation voranzutreiben. Am Beispiel: «... es wäre eine schlimme Katastrophe, wenn die Anhänger Heideggers jemals einen endgültigen Sieg über die Anhänger von Habermas erringen würden – und umgekehrt.» Diese Art von Offenheit setzt natürlich voraus, dass man die politischen Auffassungen Heideggers – wie die Nietzsches – längst nicht mehr ernst nimmt, diejenigen von Habermas dagegen sehr wohl und dennoch anerkennt, dass die Anhänger der philosophischen Originalität Heideggers eine produktive Rolle im Spannungsverhältnis zwischen «irrationalen Romantikern» und «rationalen Argumentierern» zu spielen vermögen. Im Interesse des politischen Liberalismus kann man weder politisch noch philosophisch neutral sein, wenngleich es zu einer weiterführenden liberalen Utopie gehört, Innovationsschübe «irrationaler Romantiker» aufzunehmen und ihnen kulturellen Raum zu geben. Rorty möchte das Innovationspotenzial, das Theoretiker wie Nietzsche, Heidegger und andere bieten, produktiv nutzen, indem er sie zugleich als politische Philosophen für «unnütz und im schlimmsten Fall gefährlich» erklärt. Deshalb, so meint er, befinde er sich auch mit Habermas nicht in politischen Meinungsverschiedenheiten, sondern unterscheide sich von ihm nur im «wünschenswerten Selbstbild einer demokratischen Gesellschaft, von der Rhetorik, in der sie ihre Hoffnungen ausdrücken sollte». Dem Selbstbild, das durch Habermas verkörpert werde, entspreche, dass sich in der demokratische Gesellschaft geradezu der «Universalismus und eine Form des aufklärerischen Rationalismus inkarniere». Dieser Art von metaphysischer Doktrin gelte es, die «Poetisierung von Kultur» gegenüberzustellen, die sich aus einer «Geschichte von der wachsenden Bereitwilligkeit zum Leben mit Pluralitäten und zum Beenden der Suche nach universeller Geltung» versteht. Es gelte, die «radikale Vielfalt privater Ziele», den «radikal poetischen Charakter individuellen Lebens» zu sehen und für die «ausschließlich poetischen Grundlagen des ‹Wir-Bewußtseins› hinter unseren sozialen Institutionen» zu plädieren.[51]

Die Radikalität dieses Entwurfs bezieht ihren Charme aus der Opposition zu der von Rorty als fundamentalistisch angesehenen Position von Habermas. Sobald wir jedoch diese Position ihrerseits im

Rahmen der konstitutionellen Demokratie realpragmatisch lesen, kommt Rortys Idee eher dem Vorschlag gleich, in die demokratisch-politische Kultur so oft wie möglich Anstöße individueller Innovationen und ästhetischer Bereicherungen aufzunehmen.[52] Denn die pragmatische Rationalität diskursiver Vermittlung qua politischer Ethik kann auch in Rortys Verständnis von liberaler Demokratie nicht weggedacht werden, wohl aber deren vermeintliche Grundlagen in Gestalt eines objektivistischen Rationalismus. Die diskursive Vermittlung ist quasi der Transmissionsriemen, über den die Prozesse laufen, die auch Rortys Verständnis von freier Diskussion im Sinne von Freiheit der Presse, des Gerichtswesens, der Wahlen und der Universitäten leiten. Zugleich ist festzustellen, dass die öffentlichen Angelegenheiten sich nicht nur darauf beschränken, «wie man die Gelegenheit zur Selbsterschaffung für alle gleich bereitstellt», sondern sich auch auf die von Rorty selbst namhaft gemachten Bedürfnisse nach Frieden, Wohlstand und Freiheit beziehen.

Damit ist tendenziell die Bandbreite von Politik angesprochen, die es in einer konstitutionellen Demokratie zu bewältigen gilt und wofür wir die Vermittlungsrationalität einer politischen Ethik benötigen, einer Ethik, die im Sinne Rortys «gesunden Menschenverstand und Sozialwissenschaft»[53] diskursiv zu integrieren erlaubt.

Genau dies gilt für Rortys Konzeption von radikaler Privatheit nicht, für die er die Idealfigur einer «Ironikerin» entwirft, von der er sich wünscht, sie möge zugleich eine Liberale sein. Die Ironikerin ist eine «typisch moderne Intellektuelle»[54], die den Vorwurf des Elitären nicht scheut, zu den eingefahrenen Vokabularien des gesunden Menschenverstandes auf Konfrontationskurs geht und primär daran interessiert ist, ihre Selbsterschaffung voranzutreiben. Sie versucht durch ständige Neubeschreibungen ihr Selbst zu variieren und findet etablierte Muster von menschlichen Selbstbildern veraltet und langweilig. Ihre Ironie kommt aus der Reflexion der eigenen Kontingenz und der Unfähigkeit, sich selbst ernst zu nehmen, weil ihre Selbstbeschreibungen ständigen Veränderungen unterliegen.

Philosophische Quellen sind für sie Anregungen, ihr Selbstbild zu überprüfen und gegebenenfalls zu verändern, nicht jedoch ein Antrieb, um herauszufinden, ob etwa Nietzsche eine allgemein gültige Wahrheit ausgesprochen hat. Da die Literatur ebenso Anregungen zur Veränderung ihres Selbstbildes bietet, trägt diese ebenso, ja in noch größerem Maß, zur Poetisierung der individuellen Lebensperspektive bei. Auf diese Weise ist die Ironikerin ständig darauf aus, ihren Horizont durch das Lesen von interessanten Büchern zu erweitern, ihr Urteilsvermögen insbesondere durch einen anti-autoritären Zugang zur Philosophie und durch Literaturkritik zu schärfen und Letztere aufgrund ihrer Kenntnisse und Einschätzungen auch als «Ratgeber in moralischen Fragen» heranzuziehen. Dies geht mit einem Verständnis von «Literatur» einher, das «alle Buchgattungen umfasst, von denen man sich vorstellen kann, sie hätten moralische Relevanz».

Worin aber liegt für die Ironikerin die moralische Relevanz? In der Sensibilität gegen alle Arten von Grausamkeit und Demütigung von Menschen. Indem sie diese Sensibilität mit ihrem Entwurf von radikaler Privatheit verbindet, wird sie zur «liberalen» Ironikerin und findet erst recht den Beifall Rortys. Die Verbindung zwischen radikaler Privatheit und öffentlich-politischer Gemeinschaft ergibt sich aus dem moralischen Impuls der Abwehr einer «gemeinsamen Gefahr», die aus Grausamkeit und Demütigung besteht. Menschliche Solidarität besteht für die liberale Ironikerin in der Abwehr dieser Gefahr.

Dies führt zu einer provokativen Umkehr der sozialen Relevanz von Literatur und philosophischer Theorie, mit der sich die liberale Ironikerin den Unmut traditioneller Philosophen zuzieht:

> «Metaphysiker assoziieren Theorie mit sozialer Hoffnung und Literatur mit privater Perfektion; in einer ironistischen liberalen Kultur ist es umgekehrt. In einer liberalen metaphysischen Kultur erwartete man von den Disziplinen, die den Auftrag hatten, durch die vielen privaten Erscheinungen hindurch zur einer gemeinsamen Realität hinter ihnen zu dringen – Theologie, Naturwissenschaft, Philosophie –, daß sie Menschen miteinander verbinden und damit Grausamkeit abschaffen helfen würden. In einer ironistischen Kultur dagegen gibt man diese Aufgabe den Disziplinen, die sich auf eine dichte Beschreibung des Idiosynkratischen und Privaten spezialisiert haben. Diese Arbeit müssen vor allem Romane und Ethnographien leisten … Umgekehrt ist in unserer zunehmend ironistischen Kultur Philosophie wichtiger für das Unternehmen privater Vervollkommnung geworden als für soziale Aufgaben.»

Auf diese Zuspitzung können wir unsererseits nur ironisch reagieren, nachdem wir ihren intellektuellen Reiz genossen haben. Denn die Ironie will es, dass der von Rorty am Beispiel Habermas aufgebaute Gegensatz zwischen einer metaphysischen und ironistischen Kultur einem Verhältnis wechselseitiger Ergänzung Platz macht, nachdem die Verbindung zwischen Menschen nicht mehr metaphysisch – sprich: objektivistisch – gesehen wird, sondern aus geschichtlichen Vermittlungen der Negation von Inhumanität, in denen auch die liberale Ironikerin steht. So wie gegen Adorno darauf zu bestehen war, dass sich die Unmittelbarkeit moralischer Impulse mit der Reflexionsdimension geschichtlich-moralischer Erfahrung durchdringt und auf die Verallgemeinerung des moralischen «Nein!» in Termini des inhaltlichen Universalismus verweist, so ist Rorty an diesen Zusammenhang zu erinnern. Ausdruck dieses Zusammenhangs sind die historischen Formen der konstitutionellen Demokratie, denen Rortys Pragmatismus Rechnung trägt. Das wiederum heißt, dass sich die jeweiligen Vorzüge von Philosophie und Literatur gleichermaßen sowohl im Hinblick auf Privatheit als auch im Hinblick auf Öffentlichkeit fruchtbar machen lassen. Wie die Ironikerin für ihre private Selbsterschaffung von Philosophie und Literatur profitiert, so gilt dies auch für die Öffentlichkeit und ihren Transmissionsriemen der diskursiven Vermittlung. Freilich, von welcher Literatur und Philosophie die private oder öffentliche Seite mehr zu erwarten hat, ist nicht zu verordnen, sondern selbst wiederum Gegenstand kontroverser Interpretationen, die im Einzelnen überzeugend machen müssen, worin der Wert oder Unwert einer Philosophie oder Literatur für das Private oder Öffentliche besteht. Die erfrischende Offenheit, mit der Rorty Feinde der liberalen Demokratie wie Nietzsche für verrückt erklärt, ist nur Ausdruck dieser permanenten Aufgabe, der sich Rorty in seinen Einzelinterpretationen zu Philosophie und Literatur stellt. Der Vorschlag, Nietzsche und andere zu «privatisieren», ist eben selber nur ein Interpretationsvorschlag. Genauso gut könnte man diskutieren, ob nicht ein universalistisch gezähmter Nietzscheaner doch noch Impulse für die demokratisch-politische Kultur geben kann (vgl. Kap. 1.3). Strittig wäre sicher auch zu diskutieren, ob zu Heideggers Verbindung mit dem Nationalsozialismus nicht einiges mehr zu sagen ist, «als daß einer der originellsten Denker des Jahrhunderts zufällig einen äußerst üblen Charakter hatte»[55].

Diese Klarstellungen ändern nichts daran, dass Rorty mit seiner Figur der liberalen Ironikerin die Protagonistin einer poetisch-ästhetischen Kultur präsentiert, die gerade dann ihre Stärken entfalten kann, wenn man ihr im Rahmen der pluralistischen Gesellschaft die Bodenhaftung durch eine demokratisch-politische Kultur gibt, die von einer politischen Ethik diskursiver Vermittlung getragen wird. Diese basiert mehrheitlich auf «Nicht-Intellektuellen» mit gesundem Menschenverstand und historischem Bewusstsein, denen Rorty als «vernünftigen Nicht-Metaphysikern» durchaus Tribut zollt. Gegenüber diesen bringt die liberale Ironikerin ihre ästhetisch-moralische Sensibilität zur Geltung und trägt so zu dem bei, was man eine Kultur der Empfindsamkeit nennen kann, die für Rorty moralischen Fortschritt verkörpert, der mit zunehmender Sensibilität und wachsendem Verständnis für die Vielfalt von menschlicher Entfaltung einhergeht.

In der Figur der liberalen Ironikerin kommt zugleich Rortys eigene moralische Sensibilität zum Ausdruck, weil sich in ihr die Rezeption des Feminismus reflektiert, der in unterschiedlichen Facetten und Strömungen die Grausamkeit gegenüber Frauen und deren Demütigung bekämpft. Nicht dass die liberale Ironikerin einfach für den Feminismus stehen würde. Vielmehr spiegelt sich in dieser Schöpfung eine gesellschaftlich-politische Entwicklung, die einer geschichtlichen Universalisierungsdynamik entspringt, die wir bereits im Rahmen der Realgeschichte des Universalismus kennen gelernt haben. Das unterdrückte Potenzial der Frauen wird freigesetzt, und nur so ist denkbar, dass mit der liberalen Ironikerin eine Frau die Rolle einer intellektuellen Avantgarde übernehmen kann.

Indem sie dies tut, wiederholt sich jedoch für die politische Bewegung des Feminismus selbst die Differenzierung in die poetisch-ästhetische Seite, die von der liberalen Ironikerin vertreten wird, und die demokratisch-politische Seite, welche auch für den Feminismus nicht anders als in Begriffen einer politischen Ethik diskursiver Vermittlung konzipiert werden kann. Diese muss sich zwar nicht nur in einer Sprache der Rechte für Frauen artikulieren, aber ohne den Bezug zu einer solchen Sprache – und sei er auch historisch-kritisch – scheinen Vorschläge, die spezifischen Erfahrungen von Frauen zu einer moralisch-politischen Identität von Frauen als Frauen zu entwickeln, für die Gesamtgesellschaft nicht anschließbar. Obwohl daher bei Rorty die «pragmatistische Feministin» wie als Bestätigung für diese Interpretation auftaucht, möchte er sie doch primär unter dem Gesichtspunkt der Utopie vorantreibender Selbstdefinitionen und letztlich der «Schaffung einer neuen und besseren Art von Menschen» wahrnehmen.[56]

Dies wirft das Problem auf, in welchem Verhältnis sowohl die liberale Ironikerin als auch die pragmatistische Feministin zum gewöhnlichen politischen Prozess stehen, bei dem wir uns daran erinnern müssen, dass wir es auch mit nichtintellekuellen Frauen zu tun haben, deren «gesunder Menschenverstand» nach Rortys eigenen Kriterien für die Bewältigung der öffentlichen Angelegenheiten insgesamt gefordert ist. Dieses Problem führt mitten hinein in den feministischen Diskussionskontext, für dessen amerikanische Bandbreite hier nur die Namen Catharine A. MacKinnon, Martha Nussbaum und Judith Butler genannt seien.[57]

Trotz der offenen Fragen ist es das Verdienst von Richard Rorty, mit seinem Plädoyer für eine Kultur der Empfindsamkeit aufgezeigt zu haben, dass es unausweichlich ist, sich der Dynamik moralisch-kultureller Prozesse ebenso wie ihrer Rückkopplung auf eine politische Ethik in Permanenz zu stellen. Welche Brechungen auch immer damit einhergehen werden – Rorty hat ein utopisches Potenzial aufgezeigt, das die Humanisierung der konstitutionellen Demokratie bereichert.

2.3 Politische Verantwortungsethik

Alle Beiträge zum politischen Liberalismus, die bislang diskutiert worden sind, lassen sich als Versuche verstehen, der konstitutionellen Demokratie eine Gestalt mit menschlichem Antlitz zu geben und Potenziale der Humanisierung freizusetzen, die dem moralischen Anspruch des Universalismus genügen. Zugleich wird jedoch das politische Geschehen innerhalb konstitutioneller Demokratien oder deren Vereinigungen sowie im internationalen Maßstab von Außenpolitik mit harten machtpolitischen Realitäten konfrontiert. Diese können nicht außer Acht bleiben, wenn es gilt, Politik unter die Vorgabe der Verhinderung von Barbarei zu stellen und entsprechende Ausgestaltungen zu prüfen. Daher müssen wir den Versuch unternehmen, die Machtdimension von Politik so zu thematisieren, dass zwei grundsätzliche Fehler vermieden werden. Erstens kann der Machtdimension von Politik und ihren Realitäten nicht dadurch Rechnung getragen werden, dass man sie von vornherein unter ein moralisierendes Vorurteil stellt, das sich von dem Diktum leiten lässt, Macht sei als solche böse (Jacob Burckhardt). Zweitens darf die Zugangsweise zur Machtdimension von Politik – sei es mit oder ohne Heranziehung des eben benannten Diktums – nicht einfach in einem quasi moralfreien Raum lokalisiert werden, in dem Macht und Gewalt nach vermeintlichen Eigengesetzlichkeiten herrschen. Wie kann das geschehen?

Eine klassische Antwort auf die moralischen Herausforderungen der Politik hat Max Weber durch seine Unterscheidung in Gesinnungsethik und Verantwortungsethik gegeben. Zugleich hat er damit die idealtypische Gestalt eines demokratischen Verantwortungspolitikers geschaffen, der sich in moralischen Dilemmata von Macht und Gewalt zu bewähren hat. Ich werde daher im Folgenden die wichtigsten Einsichten Max Webers für unsere Fragestellung fruchtbar machen. Rortys liberale Ironikerin und Webers Verantwortungspolitiker müssen wir gleichermaßen in das Spektrum moralischer Zeitgenossenschaft einordnen können.

Gesinnungsethik und Verantwortungsethik

Beginnen wir mit einer längeren Schlüsselpassage aus Max Webers «Politik als Beruf», um sukzessive die Systematik zu entfalten, die in ihr angelegt ist:

«Wir müssen uns klarmachen, daß alles ethisch orientierte Handeln unter zwei voneinander grundverschiedenen, unaustragbar gegensätzlichen Maximen stehen kann: es kann ‹gesinnungsethisch› oder ‹verantwortungsethisch› orientiert sein. Nicht daß Gesinnungsethik mit Verantwortungslosigkeit und Verantwortungsethik mit Gesinnungslosigkeit identisch wäre. Davon ist natürlich keine Rede. Aber es ist ein abgrundtiefer Gegensatz, ob man unter der gesinnungsethischen Maxime handelt – religiös geredet –: ‹der Christ tut recht und stellt den Erfolg Gott anheim›, oder unter der verantwortungsethischen: daß man für die (voraussehbaren) Folgen seines Handelns aufzukommen hat … Wenn die Folgen einer aus reiner Gesinnung fließenden Handlung üble sind, so gilt ihm nicht der Handelnde, sondern die Welt dafür verantwortlich, die Dummheit der anderen Menschen oder – der Wille des Gottes, der sie so schuf. Der Verantwortungsethiker dagegen rechnet mit eben jenen durchschnittlichen Defekten der Menschen, – er hat … gar kein Recht, ihre Güte und Vollkommenheit vorauszusetzen, er fühlt sich nicht in der Lage, die Folgen eigenen Tuns, soweit er sie voraussehen konnte, auf andere abzuwälzen. Er wird sagen: diese Folgen werden meinem Tun zugerechnet. ‹Verantwortlich› fühlt sich der Gesinnungsethiker nur dafür, daß die Flamme der reinen Gesinnung, die Flamme z. B. des Protestes gegen die Ungerechtigkeit der sozialen Ordnung, nicht erlischt. Sie stets neu anzufachen, ist der Zweck seiner, vom möglichen Erfolg her beurteilt, ganz irrationalen Taten, die nur exemplarischen Wert haben können und sollen.»[1]

An anderen Stellen wird die Haltung des Gesinnungsethikers auch als «Panmoralismus» bezeichnet (S. 40), dem zufolge nur unbedingte moralische Gebote als Orientierung des Handelns zugelassen werden.

Dieser Panmoralismus gerät in Konflikt mit der realen Welt, und so kann Weber die Position des Gesinnungsethikers dadurch charakterisieren, dass er feststellt: «Der Gesinnungsethiker erträgt die ethische Irrationalität der Welt nicht.» (S. 553)

Dieser Einstieg gibt Anlass zu ersten Klarstellungen. In terminologischer Hinsicht sei daran erinnert, dass ich die Termini ‹Moral› und ‹Ethik› bislang anders verwende als Weber. Mit ‹Ethik› habe ich die philosophische Disziplin bezeichnet, die sich mit Moral als ihrem Gegenstand befasst. Demzufolge müsste also Webers Unterscheidung gelesen werden als die Gegenüberstellung von Gesinnungsmoral und Verantwortungsmoral. Dass Weber selbst terminologische Schwankungen zulässt, zeigt sich an der Rede von «Panmoralismus», aus der hervorgeht, dass er den Gegenstandsbereich der Moral im Auge hat. Da aus dem Kontext normalerweise klar ist, dass Weber über Moral spricht, wenn er den Terminus ‹Ethik› gebraucht, folge ich der Einfachheit halber in diesem Kapitel seinem Sprachgebrauch.

Wichtiger ist eine sachliche Klarstellung, die wir von vornherein beachten müssen, um nicht auf Abwege zu geraten. Diese betrifft die Rede von der «ethischen Irrationalität der Welt». Dies bedeutet nicht, dass die Welt als solche «ethisch irrational» ist. Vielmehr geht es darum aufzuzeigen, dass nach Maßgabe der Ausschließlichkeit moralischer Normen die Welt für moralisch irrational gehalten werden müsste, wobei klar sein sollte, dass es hierbei um die menschliche (soziale) Welt geht. Dass es moralisch verwerflich ist, zu lügen und zu betrügen, führt, als rigider Maßstab genommen, zu der Diagnose, dass die Welt moralisch irrational ist, weil häufig gegen diesen Maßstab verstoßen wird.

Moralische Normen können in ein Spannungsverhältnis zu den Absichten und dem Handeln von realen Menschen geraten, das, wenn es nach dem Gesinnungsethiker geht, in eindeutiger Weise aufzulösen ist. Die gesinnungsethische Haltung besteht darin, der «moralischen Irrationalität» der Welt dadurch beizukommen, dass man eine völlige Übereinstimmung zwischen moralischen Maßstäben und der Anwendung dieser Maßstäbe erzielen zu können glaubt. Der Gesinnungsethiker strebt so etwas wie einen moralischen Algorithmus an, der tendenziell die situative Anstrengung zur moralischen Abwägung ersetzt und immer schon die richtige moralische Lösung liefert.

Diesen Grundgedanken können wir auch an einem gesinnungsethischen Kantianer exemplifizieren, der sich in orthodoxer Weise Kants Diktum gegen die Lüge zu Eigen macht. Er würde darauf bestehen, dass das Verbot der Lüge unter allen Umständen, in jeder Situation zu beachten sei, komme, was da wolle. Um hierzu Beispiele zu konstruieren: Wenn der Präsident der Europäischen Zentralbank ein Dementi hinsichtlich einer Leitzinserhöhung abgibt, obwohl diese intern schon so gut wie beschlossen ist, so kann dies der gesinnungsethische Kantianer nur als Ausdruck von Unwahrhaftigkeit werten und moralisch ablehnen. Ebenso wird es ein solcher Kantianer ablehnen, wenn einem krebskranken Patienten aus Rücksicht auf dessen psychischen Zustand die Wahrheit über die Schwere seiner Erkrankung verheimlicht wird.

Charakteristisch für eine idealtypisch beschreibbare gesinnungsethische Position ist also, dass sie eigentlich die moralische Reflexion auf jede denkbare Situation immer schon mitliefert. Es gibt kein spezifisches Problem des moralischen Urteils hinsichtlich der Anwendung vorausgesetzter Normen oder Prinzipien. Dieser gesinnungsethischen Position gilt es eine Kennzeichnung des Verantwortungsethikers gegenüberzustellen, die uns auf weiterführende Überlegungen bringt. In der bereits im obigen Zitat angeführten Beschreibung des Verantwortungsethikers heißt es, er rechne mit den durchschnittlichen Defekten der Menschen und habe kein Recht, ihre Güte oder Vollkommenheit vorauszusetzen. Insofern müsse er sich die Folgen seines Tuns selbst zuschreiben. Dies kann nicht so verstanden werden, als schlage Weber eine Art Kalkül vor, sich der Schwächen anderer Menschen strategisch erfolgreich zu bedienen. Denn der Verantwortungsethiker hat natürlich auch kein Recht, generell die Schlechtigkeit und Unvollkommenheit von Menschen anzunehmen, um aus einer skeptischen oder gar zynischen Pauschaldiagnose heraus anderen Menschen gegenüber eine ausschließlich strategische Einstellung einzunehmen. Vielmehr hat er davon auszugehen, dass er es mit ganz normalen handlungsfähigen Menschen in dem Sinn zu tun hat, dass diese Menschen durch moralische Selbstverständnisse ebenso geprägt sind wie durch ihre moralischen Stärken und Schwächen sowie durch eine entsprechende Praxis moralischer Erfahrungen und Urteile.

Hierin ist dann aber bereits die allgemeine moralische Orientierung impliziert, unter der für den Verantwortungspolitiker die Begegnung mit anderen Menschen steht. Sie kann gar nicht anders als im Horizont der universalistischen Moral gesehen werden, deren Inhalt wir im Verständnis eines historischen Universalismus formuliert haben. Die moralischen Stärken und Schwächen von normalen Menschen erscheinen unter der allgemeinen Zugangsweise, die uns die universalistische Moral vorgibt. Dementsprechend kann uns systematisch auch nur ein Verantwortungspolitiker interessieren, der diese Moral teilt.

In anderen Worten bedeutet dies weiter, dass die Orientierung am moralischen Universalismus der Unterscheidung von Gesinnungs- und Verantwortungsethik vorausliegt.[2] Hinsichtlich eines vorausgesetzten Moralprinzips – sei es in Gestalt von Kants kategorischem Imperativ, sei es in Gestalt eines inhaltlichen Grundsatzes des interhumanen Respekts oder in Gestalt eines diskursethischen Prinzips – kann man nur diskutieren, ob das Prinzip ausgewiesen ist oder nicht. Man kann auf die moralische Dimension des Prinzips als eines solchen nicht die Unterscheidung in Gesinnungs- und Verantwortungsethik zurückspielen. Prinzipien gelten oder nicht, sie werden akzeptiert oder nicht. Was wir mit der Unterscheidung in Gesinnungs- und Verantwortungsethik vor uns haben, ist offenbar die Problemstellung, wie Handelnde mit einer moralischen Grundorientierung umgehen, die – in welcher Variante der universalistischen Moral auch immer – schon zugrunde liegt.

Damit ist das Thema der Anwendungsproblematik moralischer Prinzipien angesprochen, zu dem die Unterscheidung in Gesinnungsethik und Verantwortungsethik einen Beitrag leistet. Diese Interpretation wird durch Max Webers Text bekräftigt, wenn er zunächst davon spricht, «alles ethisch orientierte Handeln» könne unter gegensätzlichen Maximen stehen, um dann das Beispiel einer gesinnungsethischen Maxime («der Christ tut recht und stellt den Erfolg

Gott anheim») zu nennen. Vorausgesetzt ist hierbei eine «ethische Orientierung» im Sinne der christlichen Moral (Prinzip), der durch das «und» die gesinnungsethische Anwendungsvariante hinzugefügt wird. Insofern ließe sich in Bezug auf welches Prinzip oder welchen Grundsatz auch immer, der für die «ethische Orientierung» vorauszusetzen ist, eine gesinnungs- und verantwortungsethische Variante unterscheiden. Dementsprechend können wir von einem gesinnungs- oder verantwortungsethischen Kantianer, einem gesinnungs- oder verantwortungsethischen historischen Universalisten, einem gesinnungs- oder verantwortungsethischen Diskursethiker sprechen.[3] Das obige Beispiel des gesinnungsethischen Kantianers lässt sich so analog zum Christen auf die Handlungsmaxime bringen: Der Kantianer sagt die Wahrheit und kümmert sich um sonst nichts!

Mit diesem Leitfaden können wir zur Frage übergehen, wie sich die Anwendungsproblematik von Moral in der Dimension der Politik fassen lässt. Dabei gilt es mit Blick auf Max Weber zu vergegenwärtigen, von welchen Gegebenheiten seiner Zeit er ausgeht. Dies ist auf der einen Seite der nationalstaatliche Rahmen von Politik mit dem von Weber phasenweise scharf forcierten deutschen Nationalismus. Auf der anderen Seite steht Webers Orientierung an den strukturellen Bedingungen westlicher Verfassungsstaaten mit demokratischen Einrichtungen (Parlament, Wahlrecht etc.). Das damit umrissene Spannungsverhältnis von Nationalismus und Universalismus durchzieht sein Werk. Es im Einzelnen aufzuschlüsseln ist hier nicht möglich, doch dürfte eine differenzierte Interpretation die folgende kurze Bestandsaufnahme stützen, die ich für unsere Zwecke gebe, um die Relevanz Webers im Rahmen der konstitutionellen Demokratie aufzunehmen:

Der glühende Nationalismus seiner «Freiburger Antrittsrede» (1895), der Weber nicht nur zu einem «‹nationalistischen› Beurteilungsmaßstab» für die Politik, sondern auch für die Sozialwissenschaft (Volkswirtschaftslehre) führt und als «letzten Wertmaßstab» die deutsche «Staatsraison» im Sinne von «ökonomischen und politischen Machtinteressen unserer Nation» ansetzt (S. 13 ff.), lebt zwar auch danach in Einschätzungen zum Ersten Weltkrieg fort, doch weicht die «Herrlichkeit des nationalen Empfindens» (S. 25) später der Ernüchterung. Sie führt dazu, dass Weber als Ergebnis des Ersten Weltkriegs zu einem «rational symmetrischen» Nationalismus gelangt: «Klarer Verzicht auf imperialistische Träume und also rein autonomistisches Nationalitätsideal: Selbstbestimmung aller deutschen Gebiete zur Einigung in einem unabhängigen Staat zu rückhaltlos friedlicher Pflege unserer Eigenart im Kreise des Völkerbundes» (S. 455).

Dieser Art von Nationalismus sind wir bereits bei der Diskussion zum Verhältnis von Partikularismus und Universalismus begegnet, wobei festzustellen war, dass eine partikularistisch-nationalistische Position dann eine ernst zu nehmende Auffassung vertritt, wenn sie sich durch universalistische Voraussetzungen zähmen lässt (vgl. Kap. 1.1). Dies gibt das Stichwort für den universalistischen Strang in Max Webers Denken, der seine Überlegungen in einen konstruktiven Bezug zur konstitutionellen Demokratie bringt.

Ausdruck hierfür ist die Anknüpfung an Menschenrechte, die für Weber historische Errungenschaften darstellen (S. 333) und zur Feststellung führen, dass «uns Westeuropäern die Menschenrechte so trivial geworden sind, wie Schwarzbrot es für den ist, der satt zu essen hat» (S. 62).[4] Sowenig bei Webers Zeitdiagnosen der nationale Bezugspunkt fehlt, so unzweideutig ist seine historisch reflektierte Identifikation mit «naturrechtlichen Axiomen», die «individualistische Lebenswerte» verkörpern (S. 62 f.), die es zu verteidigen gilt. Auch diejenigen Analysen Webers zum Naturrecht, die im Kontext seiner Rechts- und Herrschaftssoziologie nachzulesen sind, diagnostizieren die unvermeidliche Anknüpfung an naturrechtlich-universalistische Prämissen der Moderne.[5]

Vor diesem Hintergrund beklagt Weber in der Auseinandersetzung um Deutschlands künftige Staatsform (1918), «daß die Demokratie zu uns nicht wie in Holland, England, Amerika, Frankreich, in Verbindung mit erfolgreichen Kämpfen oder, wie wir es erstrebt hatten, in Verbindung mit einem ehrenvollen Frieden gekommen ist, sondern im Gefolge einer Niederlage» (S. 454). Er steht «ohne Vorbehalt und Zweideutigkeit auf dem Boden der Republik» (S. 455), um entschieden «die Hetze gegen die ‹westliche› Demokratie» (S. 455) zu verurteilen. Was immer sonst an Webers Sicht der Demokratie kritisierbar sein mag, fest steht, dass er sich nur eine Demokratie in der Tradition westlicher Verfassungen vorstellen kann, zu denen als unverzichtbare Grundlage die naturrechtlich-universalistische Moral in Gestalt von Menschenrechten gehört.

Damit sollte deutlich geworden sein, dass Max Webers Unterscheidung in Gesinnungs- und Verantwortungsethik und das Profil des Verantwortungspolitikers, das er entwirft, in das bereits dargelegte universalistische Vorverständnis und die institutionellen Bedingungen der konstitutionellen Demokratie einholbar sind. Systematisch gesehen kann etwas anderes auch gar nicht interessieren, sodass es zur Absurdität würde, etwa eine nazistische oder stalinistische Verantwortungspolitik diskutieren zu wollen.

So vorbereitet, lässt sich nun der Fragestellung Webers zum Verhältnis von Moral (Weber: Ethik) und Politik folgen: «Wie steht es denn aber mit der wirklichen Beziehung zwischen Ethik und Politik? Sollte es wirklich für die ethischen Anforderungen an die Politik so gleichgültig sein, daß diese mit einem sehr spezifischen Mittel: Macht, hinter der Gewaltsamkeit steht, arbeitet?» (S. 550) Und: «Das spezifische Mittel der legitimen Gewaltsamkeit rein als solches in der Hand menschlicher Verbände ist es, was die Besonderheit aller ethischen Probleme der Politik bedingt.» (S. 556)

Um diese Fragestellung für weitere Einsichten zu öffnen, ist es hilfreich, sie im Rahmen der konstitutionellen Demokratie so nahe wie möglich an die Gegenwart heranzuführen. Das bedeutet zunächst, die Rede von Macht und legitimer Gewaltsamkeit als selbstverständliche Alltagsphänomene von liberal-demokratischen Staaten einzuordnen. Da es hier um einen Punkt von grundsätzlicher Bedeutung geht, können wir zur Erläuterung gerade auf Ansätze zurückgreifen, die wir bei der Frage nach der Humanisierung der konstitutionellen Demokratie bereits kennen gelernt haben.

Hier ist insbesondere die Diskursethik von Habermas zu nennen, deren Vorzüge als politische Ethik bereits deutlich geworden sind. Die Potenziale zur Rationalisierung des politischen Prozesses, die wir herausgehoben haben, stoßen jedoch, so war zugleich zu sehen, an Grenzen, die auf Machtkonstellationen verweisen. Die konsensuelle Festlegung demokratischer Verfahren unter der Prämisse des egalitären Universalismus und die durch diskursive Prozeduren ermöglichte realpragmatische Rationalität der politischen Auseinandersetzung vermögen Beträchtliches bei der Humanisierung von Politik zu leisten; doch scheint ein Idealbegriff von rationalem Diskurs im Sinne der völligen Neutralisierung von Macht und des Ausschlusses strategischen Handelns einem inhaltlichen Ideal von herrschaftsfreier Kommunikation zu folgen, das allenfalls jenseits der Sphäre der Politik seine Berechtigung haben mag (vgl. Kap. 2.2).

Von daher bietet sich an, einem bescheideneren Begriff von Herrschaftsfreiheit zu folgen, der sich mit Grundgegebenheiten von Politik in Einklang bringen lässt. Dieser bestünde einfach darin, dass die politische Ethik diskursiver Vermittlung die Praxis des demokratischen Prozesses leitet. Niemand, der von einem Problem betroffen ist, darf ausgeschlossen werden, es muss genügend Beratungszeit geben, Informationen müssen vollständig in die Beratung eingehen, keine relevanten Inhalte dürfen tabuisiert werden etc. Endlich muss klar sein, dass eine einmal getroffene demokratische Entscheidung respektiert wird, auch wenn sie kontrovers ist und eventuell später wieder zur Debatte gestellt werden kann. Herrschaftsfrei geht es deshalb zu, weil niemand unter äußerem Zwang steht und die demokratische Willensbildung nach menschlichem Ermessen gründlich und ohne Verfahrensmängel erfolgt, wozu durchaus auch gehören kann, dass im demokratischen Ablauf die üblichen Tricks verwendet werden.

Wenn wir dies einmal als pragmatischen Begriff von Herrschaftsfreiheit aufnehmen, wird zugleich klar, in welchem Sinn man nicht sagen kann, dass Herrschaft verschwindet. Das beste demokratische Verfahren und die besten Absichten rationaler Auseinandersetzung garantieren noch keine Übereinstimmung hinsichtlich der Behandlung anstehender Probleme. Die diskursive Verständigung über Einschätzungen zu Sachfragen, Vormeinungen, Vorbehalten und Argumenten zur Problemlösung muss nicht Einigung bedeuten, sondern kann im Gegenteil dem Telos der Klärung von Entscheidungsalternativen dienen. Verfahrenskonsens verträgt sich also sehr gut mit Problemlösungs- und Entscheidungsdissens. Konsens in der Sache ist wünschenswert, aber er muss nicht eintreten. Dies bedeutet, dass Konflikte auch grundsätzlicher Art sich perpetuieren und immer wieder neu bilden können. Unter Berücksichtigung der Komplexität und des Pluralismus moderner Gesellschaften ist weiter festzuhalten, dass sich entsprechende Formen zur Organisation von gesellschaftlicher Willensbildung und Interessenkonstellationen immer schon vorfinden (Parteien, Verbände, Medien etc.), die alles daransetzen, wichtige Entscheidungsträger (Parlamente, Regierungen) von ihrer Sicht der Dinge zu überzeugen bzw. diese zu dominieren.

Dies verdeutlicht zum einen, welchen Beitrag diskursive Prozeduren bei der Optimierung der Rationalität von demokratischen Prozessen beisteuern können. Zum anderen jedoch ist klar, dass – wie immer diskursiv domestiziert – ein alltäglicher Machtkampf innerhalb von Organisationen, im öffentlichen Raum und bei der Entscheidungsfindung von Regierungen der Normalfall ist. Die Selbstverständlichkeit, mit der wir von einem Machtkampf in der CDU und SPD oder zwischen den Parteien bei Landtags- und Bundestagswahlen sprechen, zeigt die unmittelbare Anschließbarkeit des von Max Weber gebrauchten Stichworts der Macht auch unter denkbar avancierten demokratischen Bedingungen.

Dasselbe gilt für die Rede von legitimer Gewaltsamkeit. Der demokratische Verfassungsstaat beansprucht das Gewaltmonopol und stattet seine Institutionen entsprechend aus. Er billigt nicht nur seinen demokratisch legitimierten politischen Funktionsträgern zu, im Rahmen der Verfassung Gewaltmittel einzusetzen, sondern gewährt dies etwa auch der Justiz und Polizei. Wenn wir bei politischen Beispielen bleiben, so braucht nur an die erhebliche Wirkung von Steuergesetzen erinnert zu werden, mit denen die Politik nicht nur wesentliche Teile der Gesellschaft (Wirtschaft), sondern jeden einzelnen Bürger zu treffen vermag und grundsätzlich in der Lage ist, mit entsprechenden Zwangsmitteln ihre Entscheidungen durchzusetzen. Daneben stehen die bekannten Fälle der Umsetzung des Gewaltmonopols bei militanten Demonstrationen oder Formen des zivilen Ungehorsams.

Hinzu kommen Fragen der «legitimen Gewaltsamkeit» oder schlicht von Gewaltsamkeit beim Einsatz von staatlichen Machtmitteln in der Außenpolitik.

Wenn man sich diese Problemkonstellationen vergegenwärtigt und nachvollzieht, dass sie uns auch unter Bedingungen einer politischen Diskursethik erhalten bleiben, wird Webers Begriff von Politik ebenso anschließbar wie sein Versuch, den «ethischen Ort» (S. 548) von Politik zu bestimmen. Die Leitdefinition von Politik lautet: «‹Politik› würde für uns also heißen: Streben nach Machtanteil oder nach Beeinflussung der Machtverteilung, sei es zwischen Staaten, sei es innerhalb eines Staates zwischen den Menschengruppen, die er umschließt.» (S. 506)

Der «ethische Ort» der Politik wird als moralisches Profil eines Politikers gezeichnet, der sich verantwortungsethisch orientiert. Dabei geht es primär um Berufspolitiker, doch sind Webers Überlegungen grundsätzlich auch auf Gelegenheitspolitiker oder bewusst im Gegensatz zur professionell betriebenen Politik auftretende Strömungen übertragbar. Die Konzentration auf die Berufspolitik und die Beschäftigung mit der Frage, welche charakterlichen Qualitäten ein Politiker mitbringen sollte, insbesondere, wenn er Führungsaufgaben anstrebt, sind angesichts der Fortentwicklung der Berufspolitik seit Webers Tagen ohne Schwierigkeiten verständlich. Geradezu idealistisch klingt der Kanon an Qualitäten, den er entwirft, wenn wir an gewisse Erscheinungen der heutigen Mediendemokratie denken. Leidenschaft, Verantwortungsgefühl und Augenmaß sind als entscheidende Qualitäten vorauszusetzen, «um seine Hand in die Speichen des Rades der Geschichte legen zu dürfen» (S. 545). Dabei wird die Rede von Leidenschaft verstanden als «leidenschaftliche Hingabe an eine ‹Sache›, an den Gott oder Dämon, der ihr Gebieter ist» (S. 545).

Etwas prosaischer lässt sich das damit Gemeinte erläutern, wenn man politische Zielvorstellungen wie «soziale Gerechtigkeit», «soziale Revolution», «nationale Befreiung», «nationale Größe», «Abrüstung», «Weltfrieden», «Befreiung der Frau», «Abschaffung von Armut weltweit» etc. denkt. Weber hat die existenzielle Identifikation mit einer oder mehreren solcher eher umfassender politischer Zielvorstellungen im Auge, doch sind Abstufungen an «Kulturbedeutung» ohne weiteres in seinen Beispielhorizont integrierbar. Der eigene «Dämon» kann einen durchaus ein Leben lang dazu treiben, der Sache der «Rentenreform» in Deutschland einen Großteil seiner politischen Zeit zu widmen, ohne dass man damit ein Großziel wie das des Weltfriedens zu seinem Schwerpunkt machen müsste. Freilich ist verständlich, dass zur Zeit der «Münchner Räterepublik» Webers Blick auf Großthemen wie «Revolution», «Pazifismus», «Zukunft Deutschlands» gerichtet ist. Wie auch immer: Bezüglich des systematischen Ansatzes kann das Beispielfeld breit genug gewählt werden und umfasst im Grundsatz entsprechende Zielvorstellungen aus der gesamten Innen- und Außenpolitik.

Ernst zu nehmen ist die existenzielle Identifikation mit einer Sache jedoch nur, wenn die «Verantwortlichkeit» gegenüber dieser Sache zum «entscheidenden Leitstern des Handelns» (S. 546) wird. Dies erfordert die Fähigkeit des «Augenmaßes», wozu gehört, «die Realitäten mit innerer Sammlung und Ruhe auf sich wirken zu lassen» und mit innerer «Distanz» die nötige Kühle zu wahren; denn «Politik wird mit dem Kopfe gemacht» (S. 546). So erreichen wir die Weber'sche Problemformel, «wie heiße Leidenschaft und kühles Augenmaß miteinander in derselben Seele zusammengezwungen werden können?» (S. 546) Mit anderen Worten heißt dies die Frage stellen, wie die existenzielle Identifikation mit politischen Zielen und die moralisch-politische Urteilskraft ineinander greifen. Offenbar sind in einem solchen Ineinandergreifen gelungene von weniger gelungenen Lösungen zu unterscheiden. Da hier graduelle Abstufungen möglich sind und das Spannungsverhältnis von Leidenschaft (existenzielle Identifikation) und Augenmaß (moralisch-politische Urteilskraft) nicht ein für alle Mal im Sinne einer positiven Generalauskunft aufzulösen ist, erscheint es hilfreich, eher indirekt über Kriterien, die der Politiker auf keinen Fall verletzen sollte, eine Aufklärung herbeizuführen. Denn man kann sagen, dass in dem Maß, in dem die moralisch-politische Urteilskraft des Politikers zu kritisieren ist, er die Verantwortlichkeit seiner Sache gegenüber verfehlt.

Als Kritikpunkte führt Weber die Versuchungen der Eitelkeit und der «Selbstberauschung an Macht» (vgl. S. 546 f.) oder eine Kombination aus beiden Verhaltensweisen an, die das Augenmaß (Urteilskraft) trüben und der «Verantwortungslosigkeit» Vorschub leisten. Den Aspekt der Eitelkeit brauchen wir nicht weiter vertiefen, da alle seine unangenehmen Begleiterscheinungen in der Mediendemokratie noch offener zutage liegen als zu Zeiten Max Webers. Auch ist sicher seine Beobachtung zutreffend, dass Eitelkeiten in der Politik viel nachteiligere Auswirkungen haben können als in anderen gesellschaftlichen Bereichen, wo man sie eher in Einklang mit milieuspezifischen Skurrilitäten zu sehen gewohnt ist (z. B. Kunst, Wissenschaft).

Wichtiger sind die differenzierten Überlegungen zum Medium der Macht, die mit der Kritik an Macht als Selbstzweck einhergehen. Wie lässt sich diese Kritik nachvollziehen, da doch Macht und legitime Gewaltsamkeit als Eigenwert die Wertsphäre der Politik bestimmen und Weber keinen Zweifel daran lässt, dass es sich beim Streben nach Macht um ein «unvermeidliches Mittel» handelt und der «Machtinstinkt» dem Politiker als «normale Qualität» zugeschrieben werden muss?

Politik und moralische Maßstäbe

Die aufgeworfene Frage verweist darauf, ob es möglich ist, die Sphäre der Politik an moralische Maßstäbe der Kritik zu binden, die dem Spannungsverhältnis von Politik und Moral unter Wahrung der Eigenbedeutung beider Dimensionen gerecht werden kann. Eine Antwort hierauf möchte ich geben, indem ich das bereits Ausgeführte weiter systematisiere und moralische Kriterien formuliere, die in Einklang mit Max Webers Gedankengang stehen. Diese Kriterien sind:

1. Politische Leitziele müssen moralisch kritisierbar sein.
2. Politisches Handeln muss sich der moralischen Kritik zum Verhältnis von Zwecken und Mitteln stellen.
3. Moralische Dilemmata in der Politik müssen anerkannt werden.

Punkt 1 macht explizit, was in Webers Forderung steckt, die Hingabe an eine Sache (existenzielle Identifikation) sei der Leithorizont zum Erwerb von Macht und daher Letztere im Interesse dieser Sache, nicht aber als purer Selbstzweck einzusetzen. Die beispielhaften Stichworte für politische Ziele im Sinne der Hingabe an eine Sache, die wir hierzu herangezogen haben, sind jedoch allesamt mit moralischen Bedeutungen besetzt oder mit solchen in Verbindung zu bringen. Im Fall von «sozialer Gerechtigkeit», «Abrüstung», «Befreiung der Frau» etc. liegt dies auf der Hand, bei «nationaler Befreiung» im Sinne der Abschüttelung von Fremdherrschaft ebenso. «Nationale Größe» geht zumindest mit Bedeutungsfeldern wie Ehre, Prestige, innerer Stabilität und Wohlfahrt oder dergleichen einher, die beliebig moralisierbar sind.

Auch Leitziele wie «Rentenreform» sind mit Stichworten wie «Generationengerechtigkeit», «Verpflichtung gegenüber dem Alter» oder Vergleichbarem zu verbinden. So richtig es ist, mit Weber festzustellen, dass die Entscheidung für ein bestimmtes Leitziel Sache des Einzelnen bleibt, so richtig ist auch, dass diese Entscheidungen in einem moralischen Wertespektrum spielen, das wechselseitige Kritik erlaubt. Wenn wir uns außerdem an den moralischen Universalismus als Horizont moralisch-politischer Einzelfragen unter demokratischen Organisationsbedingungen erinnern, dann wird die moralische Kritisierbarkeit von Leitzielen im öffentlichen Raum ebenso zu einer Selbstverständlichkeit wie das grundsätzliche Recht jedes Einzelnen, entsprechende Leitziele frei zu entwickeln und seinem «Dämon» zu folgen.

Wer daher der Versuchung erliegt, im Verlauf politischer Kämpfe seine Leitziele purer Machtpolitik unterzuordnen, begibt sich auf einen Weg der Entmoralisierung seiner Leitziele.

Hier handelt es sich natürlich um graduelle Prozesse, die nur von Fall zu Fall kritisch zu bewerten sind. Gleichwohl lässt sich ein Kriterium für die moralische Einbindung von Machterwerb anführen, denn kein Politiker kann unter demokratischen Bedingungen die Selbstauskunft geben: «Es geht mir nur um Macht und so viel Macht wie irgend möglich!» Wer so redet, würde seine moralische Anerkennung verlieren oder zynisch preisgeben. Dass manche Politiker vielleicht so denken, aber nicht so reden, ändert an diesem Abgrenzungskriterium nichts. Denn der öffentliche Raum der Kritik ist in der Regel sensibel genug (Medien), um Zynismen solcher Art bloßzulegen.

In Punkt 2 halten wir ausdrücklich fest, dass moralische Kritik zum Verhältnis von Zwecken und Mitteln als wesentlicher Bestandteil verantwortungsethischer Reflexion in Ansatz gebracht werden muss.

Dies zeigt sich gerade an Beispielen, bei denen der Einsatz von gewaltsamen Mitteln nicht im Rahmen verfassungsstaatlich legitimer Gewaltsamkeit zu beschreiben ist. Im Kontext der Auseinandersetzungen seiner Zeit kritisiert Weber «Irrsinnige von links und rechts»[6], die sich zwar in ihren Zielen, nicht jedoch im bedenkenlosen Einsatz von Gewalt unterscheiden. In «Politik als Beruf» wird speziell an einige Strömungen der Linken die Frage gestellt, wie die hohen Ziele ihrer sozialrevolutionären Vorstellungen mit der Skrupellosigkeit ihrer Mittelwahl in Einklang zu bringen sind. Ein Beispiel macht dies deutlich: Wenn die Denkweise «revolutionärer Sozialisten (Zimmerwalder Richtung)» auf den Satz zu bringen ist: «Wenn wir vor der Wahl stehen, entweder noch einige Jahre Krieg und dann Revolution oder jetzt Friede und keine Revolution, so wählen wir: noch einige Jahre Krieg!» (S. 552), so zeigt sich hierin eine moralische Bedenkenlosigkeit, die ein kritisches moralisches Urteil herausfordert, den Zweck abzulehnen, der solche Mittel verlangt. Dies zumal dann, wenn die «Revolution» keineswegs die Einführung einer sozialistischen Wirtschaft zur Folge hätte, sondern allenfalls dafür sorgen könnte, aus der «Bourgeoisiewirtschaft» feudale und dynastische Restbestände zu entfernen (S. 553).

An einem anderen Beispiel seiner Auseinandersetzung mit dem linken politischen Spektrum, dem «gesinnungsethischen Syndikalisten» (S. 552), ist außerdem zu sehen, dass Max Webers Rede von Gesinnungsethik eine Doppeldeutigkeit beinhaltet. Der «Syndikalist» oder «Anarcho-Syndikalist»[7] wird als Illustration eines Gesinnungsethikers angeführt, der nicht bereit ist, die Folgen seines Handelns angemessen zu reflektieren. Bei dem oben bereits kommentierten Schlüsselzitat zur Unterscheidung von Gesinnungs- und Verantwortungsethik tritt jedoch der Christ als Beispiel auf, der die Sorge um mögliche Folgen seines Handelns Gott anheim stellt. Die Beispiele des Christen und des oben analog konstruierten gesinnungsethischen Kantianers liegen auf einer anderen Ebene als die des Syndikalisten oder revolutionären Sozialisten.

Man kann christlichen Idealen, für die Weber u.a. die Bergpredigt qua «absolute Ethik des Evangeliums» anführt (S. 550), oder Kants kategorischem Imperativ Anerkennung in dem Sinn zollen, dass sie Prinzipien zum Ausdruck bringen, in denen die moralische Dimension als solche erschlossen werden soll, auch wenn man ihre gesinnungsethischen Varianten kritisiert, weil diese in Begriffen von starren moralischen Algorithmen denken und die Anwendungsproblematik von Moral vernachlässigen. Speziell für den politischen Bereich kann man kritisieren, dass – um bei der kantischen Moral zu bleiben – eine kompromisslos verstandene und praktizierte «Wahrheitspflicht» mehr politischen Schaden als Nutzen anrichtet (S. 551).

Dies unterstreicht, dass Webers Kritik der Gesinnungsethik auf ein Bedeutungsfeld zielt, für das sich Termini angeben lassen wie «Standpunkt absoluter Ethik» oder «gesinnungsethische Utopie», Standpunkte, denen es speziell mit Blick auf die Politik durch das Einbringen von verantwortungsethischer Reflexion zu begegnen gilt, sodass man aus einem gesinnungsethischen einen verantwortungsethischen Kantianer machen könnte.

Demgegenüber handelt es sich beim «gesinnungsethischen Syndikalisten» um eine Kennzeichnung, die von vornherein auf der Ebene politischer Dogmatik anzusetzen ist. Man könnte von politischer Gesinnungsdogmatik sprechen, weil es einfach um das unbeirrbare Festhalten an bestimmten Überzeugungen geht. Angesichts der politischen Beispiele wäre die Frage zu stellen, ob nicht der Einsatz von Gewaltmitteln zu Folgen führt, die das politische Ziel desavouieren.[8] Sobald die Bereitschaft vorhanden wäre, das Verhältnis von Zwecken zu Mitteln überhaupt moralisch zu diskutieren, würde ein Prozess der Veränderung der politischen Zielvorstellung selbst einsetzen, der nicht damit vergleichbar ist, dass sich ein verantwortungsethisch geläuterter Kantianer der Anwendungsproblematik seines Prinzips angesichts der Herausforderungen der Politik stellt. Um das zu tun, muss er sein Moralprinzip nicht ändern. Der politische Gesinnungsdogmatiker hingegen muss seine Zielvorstellung ändern oder preisgeben, sobald es gelingt, ihm eine Reflexion nahe zu legen, die das Verfolgen seiner Ziele auf ein interhumanes Respektprinzip zurückbindet und einen moralischen Urteilsprozess anregt, der die Wahl seiner Mittel thematisiert.

Wenn wir uns damit in den universalistisch-demokratischen Bezugsrahmen zurückbegeben, so mangelt es natürlich auch darin nicht an Beispielen für die Wichtigkeit der moralischen Kritik zum Verhältnis von Zwecken und Mitteln. In liberalen Gesellschaften ergeben sich ständig Fragen nach dem Einsatz von Mitteln legitimer Gewaltsamkeit bei Anlässen zu zivilem Ungehorsam oder bei der Durchsetzung politischer Entscheidungen unterschiedlicher Brisanz («Atomausstieg»). Insofern sind etwa Innen- und Justizministerien von Bund und Ländern in Deutschland und vergleichbaren Staaten einer im Grundsatz akzeptierten Dauerkritik hinsichtlich ihrer Handhabung von entsprechenden Mitteln für bestimmte Zwecke ausgesetzt.

Hervorzuheben ist die Problematik des Einsatzes von Gewaltmitteln bis hin zur Kriegsführung im Bereich der Außenpolitik. Auch hier besteht permanenter Anlass zu moralischer Kritik hinsichtlich der Relation von Zwecken und Mitteln. Dies gilt sowohl für Entscheidungen, die sich im Bereich von Einsätzen bewegen, welche durch die UN gedeckt sind, als auch für solche, denen eine solche Legitimation fehlt, weil eine überzeugende Argumentation zugunsten kriegerischer Mittel für das Erreichen eines bestimmten Ziels, wie etwa die Bekämpfung von Terrorismus, nicht gegeben werden kann (Irak-Krieg der USA des Jahres 2003). Leider müssen wir illusionslos den Tatbestand konstatieren, dass demokratische Verfassungsstaaten nicht davor gefeit sind, sich verantwortungsethischer moralischer Kritik zu entziehen.

Gerade wenn man es im Sinne der Gedankenführung Max Webers als permanente Aufgabe für die Politik ansieht, im verantwortungsethischen Selbstverständnis die moralische Kritik zum Verhältnis von Mitteln und Zwecken ernst zu nehmen, besteht nach der anderen Seite die Möglichkeit, das Entstehen von moralischen Dilemmata in der Politik anzuerkennen und nicht mit undifferenzierten Urteilen zu begleiten.

Damit kommen wir zu Punkt 3, den moralischen Dilemmata der Politik. Hierzu können wir an bekannte Stichworte Max Webers anknüpfen. Es ist die Rede von der «Tragik, in die alles Tun, zumal aber das politische Tun, in Wahrheit verflochten ist» (S. 547). Es geht um «ethische Paradoxien» und die Verantwortung des Politikers für das, was aus ihm selbst unter ihrem Druck werden kann; denn der Politiker lässt sich «mit diabolischen Mächten ein, die in jeder Gewaltsamkeit lauern» (S. 357) und so das «Heil der Seele» (S. 558) gefährden. Politik kann so bedeuten, «ethische ‹Schuld›»[9] auf sich nehmen zu müssen. Dies ist zu bedenken gerade für eine verantwortungsethisch orientierte Politik, die sich den kritischen Maßstäben zu den obigen Punkten 1 und 2 im Grundsatz nicht entzieht.

Als Beispiel, das sich wegen seiner Bekanntheit anbietet, kann der Irak-Krieg der USA und ihrer Verbündeten (2003) herangezogen werden. Nach allem, was inzwischen bekannt geworden ist, lässt sich dieser Krieg weder moralisch noch völkerrechtlich rechtfertigen, weil die Abwehr einer massiven terroristischen Gefährdung nach der Formel «Gefahr im Verzug» nicht überzeugend zu machen ist. Was bleibt, sind machtpolitische Argumente derart, dass es Zeit geworden ist, ein diktatorisches Regime zu beseitigen, um die politische Ordnung im Nahen Osten neu zu gestalten und entsprechende Ölvorräte zu sichern etc. Selbst wenn man dieses Beispiel nur im Hypothetischen belässt, um einer genaueren Analyse nicht vorzugreifen, reicht dies aus, um die moralische Diagnose zu verdeutlichen, um die es geht.

Gesetzt den Fall, es bliebe nur eine machtpolitische Argumentation zurück, so würde dies bedeuten, dass die verantwortlichen Politiker moralisch fehlerhaft gehandelt hätten, sie hätten «ethische Schuld» auf sich geladen. Das Spannungsverhältnis zwischen Moral und Politik wäre zugunsten der Machtpolitik aufgelöst worden. Natürlich wird niemand bestreiten, dass es dabei um komplizierte Entscheidungsfindungen gehen kann. Dies würde jedoch nur bedeuten, dass die handelnden Politiker nicht einfach leichtfertig agiert haben, ohne damit die Feststellung des moralischen Scheiterns aufzuheben.

Wenn wir dieses Beispiel noch etwas weiterführen, dann lässt sich auch gut nachvollziehen, warum es sich bei Gesinnungsethik und Verantwortungsethik gar nicht um «absolute Gegensätze, sondern Ergänzungen» (S. 559) handelt. Denn ein Politiker, der in der fraglichen Entscheidungssituation zu der Überzeugung gekommen ist, es gäbe keine triftigen moralischen, sondern nur machtpolitische Argumente für die militärische Intervention, hätte die Möglichkeit gehabt, nicht nur im Sinne einer selbstkritischen Verantwortungsethik seine Einwände vorzubringen, sondern eine darüber hinausgehende gesinnungsethische Option zu ziehen. Es besteht grundsätzlich die Möglichkeit zu sagen: «Hier kann ich nicht mitmachen, es tut mir Leid!» Was immer dies dann politisch bedeuten mag (Rücktritt, parteipolitische Entmachtung etc.), es ist die Pointe von Max Webers Position, dass das Spannungsverhältnis zwischen Politik und Moral auch zugunsten der Letzteren auflösbar bleiben muss. Die gesinnungsethische Option «Ich kann nicht anders, hier stehe ich» muss «für jeden von uns, der nicht innerlich tot ist, irgendwann eintreten können» (S. 559). Allerdings kann man hierfür kein Orientierungsschema an die Hand geben, sondern muss an die situative Urteilsfindung des Einzelnen zurückverweisen.

Der systematische Ertrag, der sich aus Max Webers Überlegungen ziehen lässt, ist nicht gering zu veranschlagen. Gerade dadurch, dass Weber die Sphäre der Politik mit ihren spezifischen Bedingungen von Macht und Spielarten von Gewaltsamkeit realistisch in Ansatz bringt, kann er das Spannungsverhältnis von Moral und Politik für Einsichten öffnen. Es gelingt ihm, eine normative Konzeption von Politik zu formulieren, die der Gefahr des Moralisierens ebenso entgeht wie der Gefahr der Entmoralisierung des Politischen. Die Kritik der Gesinnungsethik ermöglicht es, die Spannung von Politik und Moral in moralischen Begriffen und Kriterien zu denken, die der verantwortungsethischen Orientierung ihren Ort zwischen den äußersten Polen der reinen Machtpolitik und der unverzichtbaren «gesinnungsethischen Option» zuweisen. Dadurch, dass Weber zeigt, wie sich das Verhältnis von Politik und Moral einmal nach der Seite der reinen Machtpolitik entmoralisieren, andererseits in die Absolutheit des moralischen Standpunkts zuspitzen kann, fördert er Einsichten, die zu beachten sind, wenn sich die moralischen Ansprüche der konstitutionellen Demokratie nach innen und außen zu bewähren haben.

Moralische Dilemmata und politische Kultur

Angesichts der Bandbreite politischer Probleme unter gegenwärtigen Bedingungen und der schwierigen Entscheidungen, die erforderlich werden können, kann es nicht verwundern, dass im Kontext jeweiliger Machtkonstellationen moralisches Scheitern in der Politik ebenso an der Tagesordnung ist wie moralisches Gelingen. Dies wirft die Frage auf, wie ein politisches Gemeinwesen mit den herausgestellten Kriterien der moralischen Kritisierbarkeit von politischen Zielen, der moralischen Kritik zum Verhältnis von Zielen und Mitteln sowie den möglichen moralischen Dilemmata umgeht. Dies können wir als Frage nach der politischen Kultur im Rahmen einer konstitutionellen Demokratie verstehen, die sich in der Praxis des öffentlichen Urteilens zu Personen und ihrem Handeln in entsprechenden Situationen ausdrückt. Insbesondere der Umgang mit moralischen Dilemmata kann hier zu weiteren Überlegungen anregen.

Als Ausgangspunkt mag die von Max Weber herausgehobene gesinnungsethische Option dienen, die komplementär zur verantwortungsethischen Grundorientierung zu sehen ist. Wenn beide moralische Orientierungen «zusammen erst den echten Menschen ausmachen, der den ‹Beruf zur Politik› haben kann» (S. 559), erhalten wir einen Leitfaden für die Beurteilung von politischen Persönlichkeiten, der in die Richtung der Beurteilung ihrer moralisch-politischen Integrität geht. Webers Warnung, man solle sich klar machen, was aus einem unter dem Druck moralischer Dilemmata («ethische Paradoxien») werden kann, heißt in anderen Worten, dass man nicht beliebig oft in beliebigen Situationen moralisch scheitern kann, wenn man nicht irgendwann seine moralische Integrität und damit politische Ernsthaftigkeit aufs Spiel setzen will.

Die Gefahr des Abgleitens in machtpolitischen Opportunismus oder entmoralisierte Machtpolitik besteht permanent. Umgekehrt ist die gesinnungsethische Option natürlich nicht zu verwechseln mit einer generellen gesinnungsethischen Orientierung, etwa in der Variante des gesinnungsethischen Kantianismus. Auch legt ein Beispielbereich wie der des Einsatzes militärischer Mittel keineswegs von selbst eine negative moralische Beurteilung fest. Es kann Militäreinsätze geben, die moralisch gerechtfertigt sind. Ein wichtiger Teil der politischen Kultur eines Landes besteht somit darin, auf welche Weise die so weit umschriebenen Kriterien der moralischen Beurteilung von Politik in der öffentlichen Auseinandersetzung greifen und wie weit der Idealtypus des nach Weber'schen Maßstäben konstruierten Verantwortungspolitikers sich in der Realität wenigstens in Annäherungen findet.

Über das Gesagte hinaus können wir die politische Kultur einer Demokratie daran messen, wieweit sie in der Lage ist, die oben aufgezeigte Rückbindung auf den moralischen Individualismus in schwierigen Entscheidungssituationen durchzuhalten oder nicht. Hierzu lässt sich ein Beispiel heranziehen, das mit der inzwischen eingetretenen zeitlichen Distanz zur Erläuterung dienen kann.

Im Jahre 1977 wurde die deutsche Politik mit einem moralischen Dilemma konfrontiert, das sich aus der Entführung des Arbeitgeberpräsidenten Hanns Martin Schleyer durch die RAF (Rote Armee Fraktion) ergab. Durch die Entführung sollte die Freilassung von wichtigen Mitgliedern der RAF erpresst werden. Die damalige Bundesrepublik befand sich in einem emotional, moralisch und politisch aufgewühlten Zustand. Bundeskanzler Helmut Schmidt und sein Krisenstab mussten abwägen, was gegen ein Eingehen auf die Erpressung sprach: Ermutigung der Terroristen zu weiteren vergleichbaren Taten, moralische Empörung in Einklang mit der Bevölkerung, Ablehnung einer nachgiebigen Haltung, Prestigeverlust der Regierung Schmidt bei entsprechendem Zurückweichen etc. Dem standen jedoch Gründe für die Rettung des Lebens des Entführten gegenüber: Recht des Einzelnen auf Schutz vor krimineller Gewalt, Solidarität mit einer bekannten Persönlichkeit des öffentlichen Lebens und dessen Familie, Vermeidung von negativen Rückwirkungen auf andere Personen des öffentlichen Lebens etc. In geradezu klassischer Weise ging es um zwei konfligierende Maximen: Du «sollst dem Übel gewaltsam widerstehen, denn sonst bist du für seine Überhandnahme verantwortlich» (S. 551). Und dagegen: Du sollst das Leben von Mitbürgern schützen und nicht aufs Spiel setzen, denn sonst bist du für ihren Tod verantwortlich.

Helmut Schmidt und sein Krisenstab haben seinerzeit dieses Dilemma zugunsten der «Staatsräson» und gegen das Leben des Entführten aufgelöst. Sie waren bereit, die moralische Verantwortung für den Tod eines Menschen zu übernehmen. Dies festzustellen charakterisiert die damalige Entscheidung und stellt keine moralische Wertung dar, da diese nicht ohne Analyse der näheren Umstände vorgenommen werden kann. Und dennoch lässt sich an diesem Beispiel ein wichtiger Punkt festmachen. Denn auch hier gilt, dass die an der Entscheidung Beteiligten die Möglichkeit zur «gesinnungsethischen Option» gehabt hätten, um gegen einen Beschluss zu plädieren, der zugunsten der «Staatsräson» fiel. Wie immer «unrealistisch» eine solche Option zur damaligen Zeit gewesen sein mag, man konnte auch seinerzeit einen Standpunkt einnehmen, der im Bewusstsein der inneren Stärke einer gereiften Demokratie die Auffassung bestärkt hätte, auf ein Abflauen von terroristischen Verirrungen zu setzen und das moralische Dilemma im Sinne der Rettung des Lebens des Einzelnen aufzulösen.

Dies klingt auch in größerem Abstand zum Jahr 1977 wie eine Utopie, die zu verwerfen das neue Zeitalter des weltweiten Terrorismus allen Anlass bieten mag. Doch diese utopische Zuspitzung kann gerade deshalb als ein fruchtbarer Idealtypus für die Reife einer Demokratie und ihrer politischen Kultur dienen, weil sie durch den Kontrast zu den tatsächlichen Verhältnissen die uneingelösten humanen Perspektiven dieser Kultur aufzeigt.

Anmerkungen Kapitel 2.1

1 Th. W. Adorno, Negative Dialektik, Frankfurt/M. 1975, S. 358. Die folgenden Zitate ebd., S. 358, 281. Vgl. zur Nachzeichnung und Plausibilisierung von Adornos Moralphilosophie G. Schweppenhäuser, Ethik nach Auschwitz. Adornos negative Moralphilosophie, Hamburg 1993, insbes. Kap. 8.
2 P. Levi, Ist das ein Mensch?, München 2002, S. 128.
3 Dies steht in Übereinstimmung mit der inzwischen klassischen Phänomenologie des Moralischen bei P. F. Strawson, Freiheit und Übelnehmen, in: U. Pothast (Hg.), Seminar: Freies Handeln und Determinismus, Frankfurt/M. 1978, S. 201–233, insbes. S. 217 f. Vgl., wie Ch. Menke (Spiegelungen der Gleichheit, a.a.O., S. 74 ff.) die Komplementarität von Solidaritätsgefühl und Moralprinzip gegen Adorno zur Geltung bringt.
4 Th. W. Adorno, Probleme der Moralphilosophie, Frankfurt/M. 1996, S. 262.
5 Vgl. ebd., S. 261: «Wir mögen nicht wissen, was das absolut Gute, was die absolute Norm, ja auch nur, was der Mensch oder das Menschliche und die Humanität sei, aber was das Unmenschliche ist, das wissen wir sehr genau.»
6 M. Horkheimer/Th. W. Adorno, Dialektik der Aufklärung, Frankfurt/M. 1969, insbes. S. 9–49.
7 Th. W. Adorno, Negative Dialektik, a.a.O., S. 304.
8 Vgl. z. B. M. Schäfer, Der philosophische und soziologische Diskurs der Moderne und der Nationalsozialismus, in: G. v. Graevenitz (Hg.), Konzepte der Moderne, Stuttgart/Weimar 1999, S. 565–592, insbes. S. 587 ff.
9 Th. W. Adorno, Erziehung nach Auschwitz, in: R. Tiedemann (Hg.), Th. W. Adorno, «Ob nach Auschwitz noch sich leben lasse», Frankfurt/M. 1997, S. 50. Die folgenden Zitate ebd., S. 204, 42, 48, 54, 63.
10 Sehr treffend zu den institutionellen, nicht nur moralischen Lehren aus Auschwitz: B. Schlink, Vergangenheitsschuld und gegenwärtiges Recht, Frankfurt/M. 2002, S. 149 f.

Anmerkungen Kapitel 2.2

1 Vgl. Dürig in Maunz/Dürig/Herzog, Grundgesetz, Kommentar, Art. 1, Rdnr. 9, München 1991.
2 Vgl. zur Entstehung des GG: Maunz, in: Maunz/Dürig/Herzog, Präambel, Rdnr. 3 ff.
3 Im Folgenden nehme ich Anregungen auf aus J. Isensee, Das Volk als Grund der Verfassung – Mythos und Relevanz der Lehre von der verfassungsgebenden Gewalt, Opladen 1995, Kap. E, insbes. S. 82.
4 Maunz/Dürig, in: Maunz/Dürig/Herzog, Art. 79, III Rdnr. 13.
5 Vgl. D. Sternberger, Nicht alle Staatsgewalt geht vom Volke aus, Stuttgart 1971, S. 112.
6 Maunz/Dürig, in: Maunz/Dürig/Herzog, Art. 79, III Rdnr. 14.
7 Vgl. Herzog in Maunz/Dürig, Art. 20, IV Rdnr. 327 ff. Dort auch zum Appellcharakter dieses Artikels.
8 Vgl. zu diesem Begriff W. Fikentscher, Methoden des Rechts, Bd. IV, Tübingen 1977, S. 608 ff. Es geht hier nur darum, die Grundidee aufzunehmen, nicht den historischen und systematischen Überlegungen Fikentschers im Einzelnen zu folgen. Vgl. die im «Parlamentarischen Rat» geäußerte Überzeugung von Carlo Schmid: «Die Grundrechte müssen das Grundgesetz regieren; sie dürfen nicht nur ein Anhängsel des Grund-

gesetzes sein, wie der Grundrechtskatalog von Weimar ein Anhängsel der Verfassung gewesen ist.» Zitiert nach: M. Jestaedt, Grundrechtsentfaltung im Gesetz, Tübingen 1999, S. 8. Dort nimmt Jestaedt die Rede von einem «grundrechtlich fundierten Verfassungsstaat» bei J. Pieroth/B. Schlink (Grundrechte Staatsrecht II, 12. Aufl., Heidelberg 1996, Rdnr. 19) auf und spricht schlicht von einem «Grundrechtsstaat».

9 Vgl. J. Elster, Mehrheitsprinzip und Individualrechte, in: Shute, St./Hurley, S. (Hg.), Die Idee der Menschenrechte, Frankfurt/M. 1996, S. 219.

10 B. Ackerman, We the People, Bd. 1, Cambridge, Mass./London 1991, S. 320 f., Übersetzung R. Z.

11 B. Ackerman, a. a. O., Kap. 1. Vgl. auch die geraffte Präsentation der Theorie in: B. Ackerman, Ein neuer Anfang für Europa, Berlin 1993, S. 24 ff.

12 B. Ackerman, Rooted Cosmopolitanism, in: Ethics 104/1994, S. 517, Übersetzung R. Z. Vgl. auch die übrigen Beiträge zu B. Ackerman in demselben Band. Zum Folgenden ebd., S. 517 ff., und B. Ackerman, We the People, Bd. 1, a. a. O., S. 86 ff.

13 A. Hamilton/J. Madison/J. Jay, Die Federalist Papers, übersetzt, eingeleitet und mit Anmerkungen versehen von B. Zehnpfennig, Darmstadt 1993, Nr. 78 (Hamilton), S. 459 f.

14 B. Ackerman, Bd. 1, a. a. O., S. 316, Übersetzung R. Z.

15 Zitiert nach E. Fraenkel, Das amerikanische Regierungssystem, Opladen 1981, S. 362.

16 B. Ackerman, We the People, Bd. 2: Transformations, Cambridge, Mass./London 1998, S. 160. Zur Verfassungsdynamik S. 100, zum Aufweis der Transformationen ebd., Teil 2, Reconstruction, S. 99–252. Das folgende Zitat zum Begriff des Volks ebd., S. 187, Übersetzung R. Z.

17 B. Ackerman, Rooted Cosmopolitanism, a. a. O., S. 533, Übersetzung R. Z.

18 Der Kommentar von Maunz/Dürig/Herzog (a. a. O., Art. 1, Rdnr. 7) nennt dies eine «axiomatische Ewigkeitsentscheidung zugunsten des der Verfassung vorgegebenen Wertgehalts der Grundrechte». Dies zeigt zugleich, wie weit die Sprache des Verfassungsrechts von einer philosophisch angemessenen Interpretation entfernt ist.

19 D. Grimm, Die Verfassung und die Politik, München 2001, S. 50.

20 P. Häberle, Verfassung als öffentlicher Prozeß, Berlin 1996, S. 780.

21 Zur Verfassungsdebatte vgl. B. Guggenberger/T. Stein (Hg.), Die Verfassungsdiskussion im Jahr der deutschen Einheit, München 1991.

22 J. Isensee, a. a. O., S. 53.

23 R. Dworkin, Bürgerrechte ernstgenommen. Übersetzt von U. Wolf, Frankfurt/M. 1984, S. 251, das folgende Zitat ebd., S. 248.

24 R. Dworkin, Freedom's Law. The Moral Reading of the American Constitution, Oxford 1996.

25 R. Dworkin, Law's Empire, Cambridge, Mass. /London 1986.

26 R. Dworkin, Taking Rights Seriously, London 1977. Deutsch: Bürgerrechte ernstgenommen, a. a. O.

27 So z. B. J. Habermas, Faktizität und Geltung, Frankfurt/M. 1992, S. 135. Treffend dagegen H. Lenk, Menschenrechte oder Menschlichkeitsanrechte?, in: G. Paul/C. Robertson-Wensauer (Hg.), Traditionelle chinesische Kultur und Menschenrechtsfrage, Baden-Baden 1997, S. 26 f.

28 R. Dworkin, Bürgerrechte ernstgenommen, a. a. O., S. 14, neuerdings zusammenfas-

send: R. Dworkin, The Roots of Justice, in: St. Wesche/V. Zanetti (Hg.), Dworkin. In der Diskussion, Paderborn 1999, S. 113.

29 R. Dworkin, Bürgerrechte ernstgenommen, a. a. O., S. 319.

30 R. Dworkin, Freedom's Law, a. a. O., S. 17. Übersetzung R. Z.

31 Vgl. zu dieser Problematik D. Grimm, Rückkehr zum liberalen Grundrechtsverständnis?, in: ders., Die Zukunft der Verfassung, Frankfurt/M. 1991, S. 221–240.

32 J. Habermas, Faktizität und Geltung, a. a. O., S. 234.

33 Dies gilt auch für vergleichbare Versuche wie die von Robert Alexy (Recht, Vernunft, Diskurs, Frankfurt/M. 1995, S. 127 ff.). Dazu als exemplarische Kritik: St. Wesche, Robert Alexys diskursethische Menschenrechtsbegründung, in: Rechtstheorie 30/1999, S. 79–93.

34 Vgl. zu den Details J. Habermas, Diskursethik – Notizen zu einem Begründungsprogramm, in: ders., Moralbewußtsein und kommunikatives Handeln, Frankfurt/M. 1983, S. 53–125; J. Habermas, Erläuterungen zur Diskursethik, Frankfurt/M. 1991, S. 119–226.

35 J. Habermas, Richtigkeit versus Wahrheit. Zum Sinn der Sollgeltung moralischer Urteile und Normen, in: ders., Wahrheit und Rechtfertigung, Frankfurt/M. 1999, S. 313. Das folgende Zitat ebd., S. 306 f.

36 R. Rorty, Gerechtigkeit als erweiterte Solidarität, a. a. O., S. 86.

37 M. Walzer, Lokale Kritik – globale Standards, Berlin 1996, S. 28.

38 J. Rawls, Erwiderung auf Habermas, in: Zur Idee des politischen Liberalismus. John Rawls in der Diskussion, hrsg. von der Philosophischen Gesellschaft Bad Homburg und W. Hinsch, Frankfurt/M. 1997, S. 248.

39 J. Rawls, Politischer Liberalismus, Frankfurt/M. 1998, S. 40, 77.

40 In meiner früheren Interpretation sehe ich mich durch die Revisionen zur Wahrheitstheorie und zum Begriff des kommunikativen Handelns eher bestätigt: vgl. J. Habermas, Wahrheit und Rechtfertigung, a. a. O., Kap. 2, 6; R. Zimmermann, Utopie – Rationalität – Politik, Freiburg 1985, §§ 19–21.

41 J. Rawls, Politischer Liberalismus, a. a. O., Einleitung, Kap. 2. Vgl. zum Folgenden Kap. 6 und die dortige Rezeption von Ackerman und Dworkin (S. 333 ff.).

42 Ebd., S. 69 f.

43 J. Habermas, Versöhnung durch öffentlichen Vernunftgebrauch, in: Zur Idee des politischen Liberalismus, a. a. O., S. 178.

44 J. Rawls, Politischer Liberalismus, a. a. O., S. 68 ff., 324 ff.

45 Ebd., S. 331 f.

46 J. Habermas, Faktizität und Geltung, a. a. O., S. 344. Zum Folgenden ebd., S. 347.

47 Vgl. zur Kommunitarismus-Liberalismus-Kontroverse: A. Honneth (Hg.), Kommunitarismus. Eine Debatte über die moralischen Grundlagen moderner Gesellschaften, Frankfurt/M. 1995.

48 R. Rorty, Solidarität oder Objektivität?, a. a. O., S. 25. Zum Folgenden ebd., S. 26, 98.

49 Vgl. R. Rorty, Kontingenz, Ironie und Solidarität, a. a. O., Kap. 5.

50 R. Rorty, Die Schönheit, die Erhabenheit und die Gemeinschaft der Philosophen, Frankfurt/M. 2000, S. 39. Zum Folgenden ebd., S. 40. Für meinen Zusammenhang genügt eine verkürzende Aufnahme dieser Thematik. Vgl. hierzu auch A. Wellmer, Kommentar zu Richard Rortys «Die Schönheit, die Erhabenheit und die Gemeinschaft der Philosophen», in: R. Rorty, a. a. O., S. 43–56.

51 Zitate: R. Rorty, Kontingenz, Ironie und Solidarität, a.a.O., S. 119ff.

52 Vgl. J. Früchtl, Demokratische und ästhetische Kultur, in: Th. Schäfer et al. (Hg.), a.a.O., S. 264–286, und R. Rorty, Erwiderung auf Josef Früchtl, ebd., S. 287–291.

53 R. Rorty, Solidarität oder Objektivität?, a.a.O., S. 105.

54 Vgl. zum Folgenden R. Rorty, Kontingenz, Ironie und Solidarität, a.a.O., Kap. 4. Das folgende Zitat ebd., S. 161.

55 Ebd., S. 186, Anm. Dies wiederum als Gegenposition zu J. Habermas, Der philosophische Diskurs der Moderne, Frankfurt/M. 1985, Kap. VI. Vgl. auch K.-O. Apel, Zurück zur Normalität?, a.a.O.

56 R. Rorty, Feminismus und Pragmatismus, in: ders., Wahrheit und Fortschritt, a.a.O., S. 306ff.

57 Vgl. als exemplarischen Ausdruck der Problematik die Polemik von M. Nussbaum gegen Judith Butler: The Professor of Parody, in: New Republic, Vol. 220, Issue 8, 22.2.1999. Demgegenüber: J. Butler, Restating the Universal: Hegemony and the Limits of Formalism, in: J. Butler/E. Laclau/S. Žižek, Contingency, Hegemony, Universality. Contemporary Dialogues on the Left, London/New York 2000, S. 11–43. Vgl. C. A. MacKinnon, Feminism Unmodified: Discourses on Life and Law, Cambridge/Mass. 1987, und Kap. 1.2, Anm. 49–51.

Anmerkungen Kapitel 2.3

1 M. Weber, Politik als Beruf, in: ders., Gesammelte Politische Schriften, Tübingen 1988, S. 551f. Im Folgenden beziehen sich einfache Seitenzahlen in Klammern auf diesen Sammelband.

2 Daher ist es nicht nachvollziehbar, wenn W. Schluchter (Religion und Lebensführung, Bd. 1, Frankfurt/M. 1988, S. 235ff.) Kants Ethik als «formale Gesinnungsethik» einordnet und ihr seine Weber'sche Variante einer «formalen Verantwortungsethik» auf derselben Ebene gegenüberstellt, um nach einem vergleichbar abstrakten Prinzip zu suchen. Seine Idee einer «dialogisch kritizistischen Verantwortungsethik» könnte unabhängig davon im Hinblick auf die Anwendungsproblematik der universalistischen Moral verfolgt werden. Vgl. auch neuerdings: W. Schluchter, Individualismus, Verantwortungsethik und Vielfalt, Weilerswist 2000, S. 29. Kritisch treffend zu Schluchter: M. Endreß, Max Weber zwischen Immanuel Kant und Jürgen Habermas. Kontexte und Probleme der Unterscheidung von Gesinnungs- und Verantwortungsethik, in: A. Bienfait/G. Wagner (Hg.), Verantwortliches Handeln in gesellschaftlichen Ordnungen, Frankfurt/M. 1998, S. 35–68.

3 Insofern ist K.-O. Apel (Kann der postkantische Standpunkt der Moralität noch einmal in substantielle Sittlichkeit ‹aufgehoben› werden? Das geschichtsbezogene Anwendungsproblem der Diskursethik zwischen Utopie und Regression, in: W. Kuhlmann [Hg.], Moralität und Sittlichkeit, Frankfurt/M. 1986, S. 241) zuzustimmen, wenn er einen Teil A und Teil B der Ethik unterscheidet. Teil A behandelt das Grundprinzip der Moral, Teil B die Anwendungsproblematik mit einer entsprechenden Fragestellung zur «geschichtsbezogenen Verantwortungsethik». Treffend daher auch die Einordnung des Problems der «politischen Verantwortungsethik» in Teil B. Vgl. K.-O. Apel, Diskurs und Verantwortung, Frankfurt/M. 1988, S. 259. Dies ist unabhängig davon, dass Apels Letztbegründungsthese zu Teil A nicht haltbar ist.

4 Zu Webers Bezug zur Thematik der Menschenrechte vgl. insbes. W. Brugger, Menschenrechtsethos und Verantwortungspolitik, Freiburg/München 1980.

5 Vgl. M. Weber, Wirtschaft und Gesellschaft, a. a. O., Kap. VII, § 7, Kap. IX, Abschn. 6.

6 W. Mommsen, Politik und politische Theorie bei Max Weber, in: J. Weiß (Hg.), Max Weber heute, Frankfurt/M. 1989, S. 519.

7 Vgl. zu diesem Kontext: W. Schluchter, Einleitung, in: M(ax) W(eber) G(esamtausgabe) I/17, Tübingen 1992, S. 13, 39.

8 Schluchter spricht von «Gesinnungspolitik» (ebd., S. 16) bzw. vom «Idealismus der Gesinnungspolitiker» (ebd., S. 41). Zu Robert Michels als Bezugspunkt für Webers Kritik am Anarcho-Syndikalismus vgl. W. Mommsen, Robert Michels und Max Weber. Gesinnungsethischer Fundamentalismus versus verantwortungsethischer Pragmatismus, in: W. Mommsen/W. Schwentker (Hg.), Max Weber und seine Zeitgenossen, Göttingen 1988, S. 196–215.

9 M. Weber, Gesammelte Aufsätze zur Wissenschaftslehre, Tübingen 1973, S. 504.

3 SOZIALWISSENSCHAFT ODER DER AUSSCHLUSS VON GESELLSCHAFTLICHEM IRRSINN

Zu dem oben entwickelten Begriff von moralischer Zeitgenossenschaft gehört, dass wir auf die Potenziale zu rationaler Weltinterpretation zurückgreifen, die uns einschlägige Wissenschaften bieten. Wie wir gesehen haben, besteht die kritische Zielrichtung dieser Orientierung darin, denjenigen Moralauffassungen den Boden zu entziehen, die sich mit pseudorationalen Verschwörungs- und Rassentheorien oder geschichtsmetaphysischen Volks- und Klassentheorien verschränken. Auf diese Weise lässt sich die theoretische in den Dienst der praktischen Vernunft nehmen, um die Chance zu wahren, der Moral ihren eigenen Spielraum zu lassen und unterschiedliche Moralauffassungen rational diskutabel zu halten. Die konstruktive Zielrichtung besteht darin, die mit unserem universalistischen und demokratischen Selbstverständnis verbundene Disposition zu rationaler Weltinterpretation sowohl aus der Ich- als auch der Wir-Perspektive zu stärken und im Sinne rationaler Kohärenz zu kultivieren. Hierbei gilt es, insbesondere Philosophie und Sozialwissenschaft im Interesse moralisch relevanter Weltinterpretationen methodisch zu verbinden (vgl. Kap. 1.1, 1.2).

Wenn wir in dieser Weise die Sozialwissenschaft unter eine moralische Vorgabe stellen, könnte dies in Konflikt mit einem sozialwissenschaftlichen Selbstverständnis gesehen werden, das sich nach dem Vorbild Max Webers dem Postulat der Wertfreiheit verschrieben hat und eine solche Vorgabe im Interesse der Wissenschaftlichkeit der Sozialwissenschaft und anderer Wissenschaften ablehnt. Bekanntlich ist Max Webers Postulat bis in die Zeiten des Positivismusstreits zwischen kritischer Theorie und kritischem Rationalismus und darüber hinaus prägend geblieben, auch wenn die polemischen Feuer inzwischen erloschen sind.[1]

Deshalb ist es von grundsätzlicher Bedeutung nicht nur für das integrative Konzept von theoretischer und praktischer Vernunft, das ich vertrete, sondern auch für das Selbstverständnis der Sozialwissenschaft als solcher, dass man sich die innere Verbindung von Wertfreiheit und Moral klar macht. Dabei beschränke ich mich auf die Sozialwissenschaft, wenngleich die Problemstellung auch für andere Wissenschaftszweige besteht.

Sobald der moralische Sinn der Sozialwissenschaft einmal entfaltet ist, ergibt sich nicht nur ein systematischer Rahmen für das Verhältnis von Sozialwissenschaft und Politik (Kap. 3.1), sondern auch für die Rezeption wichtiger sozialwissenschaftlicher Beiträge zum Geschehen des Holocaust (Kap. 3.2).

3.1 Der moralische Sinn der Sozialwissenschaft

Die Interpretation, die ich zur Verbindung von Wertfreiheit und Moral gebe, schließt an Max Weber an, doch treibe ich die bereits bei Weber aufweisbare Wechselbeziehung von Wertfreiheit und Moral einen Schritt weiter: Das richtig verstandene Postulat der Wertfreiheit erweist sich als ein Postulat der rationalen Integration von sozialwissenschaftlicher Empirie und universalistischer Moral. Diese These geht über Weber hinaus, doch sie steht in enger Verwandtschaft zu seinen Grundüberlegungen. Man könnte daher von einer systematischen Transformation Max Webers sprechen. Diese Transformation erlaubt uns zugleich, verschiedene Versionen von Wertfreiheit zu unterscheiden und rational zu gewichten. Darüber hinaus verklammern wir auf diese Weise rationale Weltinterpretation und Politik.

Wertfreiheit und Moral: Max Weber richtig gelesen

Beginnen wir mit der Aufnahme einiger Selbstverständlichkeiten. Zunächst ist festzustellen, dass es sich bei dem Postulat der Wertfreiheit eigentlich um ein Postulat der Wert*urteils*freiheit handelt. Es basiert auf der Unterscheidung in Erfahrungswissen auf der einen Seite, wertender Beurteilung auf der anderen Seite. Weber meinte, dies sei im Grunde genommen trivial, so trivial nämlich wie die Unterscheidung in Erkenntnis des Seienden und Feststellung des Seinsollenden. Worum es zu tun ist, betrifft ausschließlich die Sonderung von Problemen.

Dass die Sache ganz so trivial nicht ist, zeigt sich, wenn wir die

Voraussetzungen herausheben, die der Forderung nach einer Differenzierung von Problemen zuzuordnen sind. Dabei ist erstens zu bemerken, dass eine Abgrenzung von Tatsachen vorliegt, im Hinblick auf die eine Frage nach wertender Beurteilung überhaupt Sinn macht. Das sind solche Tatsachen, die durch Handlungen von Menschen hervorgebracht oder in ihrem Entstehen beeinflusst werden können.[2] Natürlich ist hier primär an soziale Tatsachen zu denken, doch auch Handlungen Einzelner außerhalb sozialer Zusammenhänge können Bewertungsfragen aufwerfen. Hätte z. B. Robinson auf seiner Insel ein Tier gequält, wäre dies der Fall. Es sind also ganz allgemein Handlungstatsachen, die bei Werturteilen ausschließlich in Rede stehen. Denn für Naturtatsachen ist es nicht sinnvoll, eine vergleichbare Frage nach Werturteilen aufzuwerfen. Dass Wale Säuger sind, dass die Sonne eine Neutrinostrahlung aussendet etc., sind Tatsachen, die als solche zu keiner wertenden Beurteilung Anlass geben. Die Natur handelt nicht, und deshalb bedarf es in Bezug auf diese auch keines wertenden Vokabulars, das sich auf Handlungen bezieht. Eine erste Voraussetzung der Fragestellung betrifft also die Unterscheidung von Handlungsempirie und Naturempirie.

Die zweite Voraussetzung geht die Handlungsempirie als solche an. Der Begriff von Empirie, der hier maßgebend ist, kann für Weber in der Tradition Diltheys (S. 43, 92) nur eine Empirie sinnvoller Deutung von Handlungen und geistiger Gebilde sein, die handlungsrelevant sind. Handlungen müssen verstanden werden aus dem subjektiven Sinn der Handelnden, wofür es analytische Unterscheidungen von Handlungsaspekten zu treffen gilt. Die Begrifflichkeit, die hierzu benötigt wird, verlangt nach einem teleologisch-intentionalistischen Vokabular, das die Handlungsphänomene auf Absichten, Motive, Zwecke hin befragt und in eine angemessene Ordnung bringt.[3] Worum es geht, ist ein Begriff von Handlungsempirie als Sinnempirie. Dies bedeutet die Abgrenzung vom Behavorismus als einer naturalistischen Verhaltensempirie. Dem entspricht, dass es im Rahmen einer solchen Empirie unvermeidlich ist, in die Interpretation menschlicher Absichten, Motive und Zwecke einschlägige Interessen, Wertmaßstäbe und moralische Überzeugungen einzubeziehen. Dies setzt beim wissenschaftlichen Betrachter die Fähigkeit voraus, mit fremdem wie auch eigenem Sinn und Wertungen umzugehen. Man kann also keine ernst zu nehmende Sozialwissenschaft betreiben, wenn man nicht auch eine Zugangsweise zur moralischen Handlungsdimension von Menschen hat, wenn man nicht selber über die Fähigkeit zu moralischen Urteilen verfügt und wenn man nicht in der Lage ist, sich mit unterschiedlichen Werturteilen auseinander zu setzen. All das gehört zu dem hier relevanten Begriff von Sinnempirie. Es geht nicht darum, das entsprechende Erfahrungswissen über Handlungen und Handlungstatsachen in eine irgendwie wertneutrale Sphäre zu verlagern, sondern nur darum, praktisch wertende Urteile von Wissenschaftlern in methodische Distanz zu empirischen Aussagen zu bringen, die aus der Beobachterperspektive getroffen werden.

Eine dritte Voraussetzung ist nicht minder wichtig. Diese lässt sich bezeichnen als die Anerkennung der moralischen Dimension als solcher. Auch diesen Punkt kann man durch eine negative Abgrenzung fassen. Es gibt keine Möglichkeit, so können wir sagen, moralisch-praktische Urteile welcher Art auch immer naturalistisch oder empiristisch oder psychologistisch zu reduzieren. Vielmehr muss der Eigenwert moralisch-praktischer Urteile anerkannt werden, um in methodischer Selbstreflexion zu prüfen, ob erfahrungswissenschaftliche Geltungsansprüche von Werturteilen oder moralischen Urteilen oder Idealen nachvollziehbar unterschieden werden. Vor diesem Hintergrund kann man der Sozialwissenschaft geradezu die Aufgabe stellen, eine «realistische Wissenschaft vom Ethischen» (Moralischen) zu betreiben (S. 502), wie Max Weber sie selbst in seiner genialen Studie zur Protestantischen Ethik (Moral) und dem Geist des Kapitalismus vorgeführt hat. Hierbei geht es um die faktischen moralischen Überzeugungen von Menschen im Wechselzusammenhang ihrer sonstigen Lebensumstände, ohne dass die Wissenschaft die Instanz wäre, um über das «Geltensollende» zu befinden. Selbstredend muss es eine solche Instanz geben, doch diese Instanz ist der moralisch urteilende und handelnde Mensch.

So selbstverständlich die genannten Voraussetzungen sein mögen, sie bilden den Bezugsrahmen für das Postulat der Werturteilsfreiheit, der zu beachten bleibt. Besonders die mit der dritten Voraussetzung thematisch gemachte Eigendimension der Moral als solcher verweist uns bereits darauf, dass das Postulat der Wertfreiheit ein doppeltes Gesicht hat. Zum einen lässt es sich in methodischer Hinsicht als Differenzierungspostulat verstehen, das im Interesse der wissenschaftlichen Handlungsempirie auf einer Trennung von Tatsachen und Werturteilen besteht. Zum anderen lässt es sich in moralischer Hinsicht als Postulat zur Freiheit der praktischen Wertung aus der Perspektive empirisch handelnder Menschen als Menschen lesen. Dies können wir den methodisch-moralischen Doppelaspekt der Wertfreiheit nennen.

Die Bestätigung dieses Doppelaspekts sehen wir in der Wissenschaft daran, dass deren Probleme aufgeworfen werden durch praktische Fragen, sodass «die bloße Anerkennung des Bestehens eines wissenschaftlichen Problems in Personalunion steht mit einem bestimmt gerichteten Wollen lebendiger Menschen» (S. 158). Wer z.B. den Weg zur Einheit Deutschlands nach moralischen und politischen Wertkriterien eher emphatisch bejahte, wird als Verfassungsrechtler oder Politologe seinen wissenschaftlichen Ehrgeiz darin gesehen haben nachzuweisen, dass die Wiedervereinigung legitimerweise nach dem früheren Artikel 23 des Grundgesetzes vollzogen werden konnte (Beitrittsklausel), ohne die in Artikel 146 enthaltene Möglichkeit einer verfassungskonstitutiven Volksabstimmung in Erwägung zu ziehen. Wer Art und Weise der Vereinigung problematischer empfunden hat oder gar auf eine «Geburtsmakeltheorie» (vgl. Kap. 2.2) des Grundgesetzes hinauswollte, wird eher die Stellung des Artikels 146 gestärkt haben. Es ist also offenkundig, dass und wie wertende Urteile den Blick auf die Handlungsempirie leiten und zu welchen wissenschaftlichen Kontroversen damit Anlass gegeben werden kann. Hierher gehören auch Relevanzurteile über Bedeutung und Tragweite von zu Forschungsgegenständen erhobenen Problemlagen, die Weber im Anschluss an Rickert unter dem Gesichtspunkt der «Wertbeziehung» abhandelt, freilich ohne dessen weitergehende Werttheorie zu übernehmen. Außerdem verfällt Weber nicht in den Fehler, der darin liegt, dass für sozialwissenschaftliche Fragestellungen, die durch

Wertgesichtspunkte motiviert sind, noch in irgendeinem Sinn ein «Objektivitätsproblem» aufgeworfen werden müsste. Die Triftigkeit von Fragestellungen verweist auf das Gegensatzpaar «fruchtbar oder unfruchtbar», nicht auf die Gegensätze «wahr oder falsch» bzw. «gerechtfertigt oder ungerechtfertigt».[4]

Halten wir also fest, dass die Wertbindung der Sozialwissenschaft in Form von Werturteilen und Relevanzurteilen unterschiedlicher Brisanz dem methodisch-moralischen Doppelaspekt der Wertfreiheit entspricht. Wir können gar nicht anders, als uns den Fragestellungen der Handlungsempirie wertend zuzuwenden. So gesehen stellt der methodische Aspekt der Wertfreiheit, die Trennung von Empirie und Wertung, eher ein Minimalprogramm der Wissenschaft dar, um «die oft haarfeine Linie, welche Wissenschaft und Glauben scheidet, hervortreten ... zu lassen» (S. 212).

Max Weber bewegt sich im Begriffsfeld von Kants Erkenntnistheorie, wenn er die Bindung an «‹subjektive› Voraussetzungen» zur Sprache bringt, durch die unsere Zugangsweise zur Wirklichkeit strukturiert wird und die maßgebend dafür sind, welche «Kulturbedeutung» Vorgängen in der sozialen Wirklichkeit zukommt (S. 182). Die Zuschreibung von Kulturbedeutung setzt Wertstandpunkte, Wertgesichtspunkte oder Werturteile voraus, die das «wissenschaftliche Interesse» (S. 181) definieren. Die ‹subjektiven› Voraussetzungen der Sozialwissenschaft sind Wertvoraussetzungen. Die Bindung an diese Voraussetzungen ist «subjektiv» in Analogie zu Kants subjektiven Bedingungen von Naturerkenntnis in Gestalt von Raum und Zeit und den Kategorien. Das Vermögen, Wertungen abzugeben, bildet den Angelpunkt der Sozialwissenschaft bzw. Kulturwissenschaft. Webers Untersuchungen zielen auf die subjektiven Bedingungen sozialwissenschaftlicher Empirie:[5]

«Transzendentale Voraussetzung jeder Kulturwissenschaft ist nicht etwa, daß wir eine bestimmte oder überhaupt eine ‹Kultur› wertvoll finden, sondern daß wir Kulturmenschen sind, begabt mit der Fähigkeit und dem Willen, bewußt zur Welt Stellung zu nehmen und ihr einen Sinn zu verleihen.» (S. 180)

Wenn man so will, kann man dies als kulturanthropologische Voraussetzung Webers bezeichnen, ohne dabei dem in vielen Bedeutungen schillernden Wort ‹transzendental› allzu großes Gewicht beizumessen. Noch prosaischer ausgedrückt ließe sich von einem Normalbegriff des Menschen sprechen, der darin besteht, «daß die empirischen Menschen normalerweise ‹vernünftige›, d.h. (empirisch betrachtet) der Erfassung und Befolgung von ‹Zweckmaximen› und des Besitzes von ‹Normvorstellungen› fähige Wesen sind» (S. 355). Wir können dies auch so ausdrücken, dass die Sozialwissenschaft eines methodisch-hermeneutischen Vorbegriffs vom Menschen bedarf, der nicht auskommt ohne ein Alltagsverständnis von normal vernünftigen Menschen.

Ein solcher Vorbegriff vom Menschen, der als hermeneutisch unvermeidlich angesehen werden muss, ist normativ in einem unproblematischen Sinn. Als normativ ist der Normalbegriff des Menschen insofern zu bezeichnen, als Menschen nicht zu allen Zeiten und an allen Orten Zweckmaximen verfolgen und Normvorstellungen einnehmen oder generell «intentional» orientiert sind. Es gibt zeitliche Phasen bei jedem Menschen, in denen ein solcher Begriff nicht relevant ist (z.B. Schlaf), und es gibt Menschen, auf die ein solcher Begriff aus Gründen ihrer physischen Verfassung (Kleinkinder) bzw. wegen Krankheit nicht angewendet werden kann. Darüber hinaus mag es Menschen geben, von denen bezweifelbar ist, ob sie überhaupt in der Lage sind, Normvorstellungen einzunehmen. Dies erläutert, warum der hermeneutisch-methodische Normalbegriff vom Menschen keine schlichte empirische Verallgemeinerung darstellt.

Andererseits ist der Begriff so elementar, dass ohne ihn Menschen weder als solitäre noch als soziale Wesen in ihren alltäglichen Verhaltensweisen fassbar würden. Es wäre nicht zu verstehen oder zu beschreiben, was Menschen täglich im Straßenverkehr, bei der Arbeit, in kulturellen Aktivitäten, im Sport etc. tun, ohne die Zugangsweise zu entsprechenden menschlichen Tätigkeiten über ein Vokabular in Anspruch zu nehmen, das den Normalbegriff vom Menschen als ein Wesen impliziert, das in der Lage ist, Zweckmaximen zu verfolgen und Normvorstellungen einzunehmen.

Welche Normvorstellungen Menschen im Einzelnen einnehmen, zeigt sich daran, wie sie werten und entsprechende Werturteile fällen. Dabei kommt bei Werturteilen eine Dimension von Rationalität ins Spiel, die bloßen Gefühlsäußerungen fehlt. Wenn jemand urteilt «Die Todesstrafe ist unmenschlich!» oder «Es ist schlecht, wenn zu viele Staatszielbestimmungen in eine Verfassung hineingeschrieben werden!», so lässt sich über solche Urteile nicht nur trefflich streiten, sondern dieser Streit vollzieht sich im rationalen Austausch von Argument und Gegenargument. Daher spricht Weber auch von «rationalen Werturteilen» (S. 54) oder schlicht «objektiven Werturteilen» (S. 404) im Unterschied zu Wertgefühlen, um den Anspruch zu bezeichnen, der entsprechenden Stellungnahmen anhaftet.

Indem Werturteile gefällt werden, erfolgt in unterschiedlichen Graden von Allgemeinheit ein Rückgriff auf zugrunde liegende Werte. Dies wird am Beispiel der Todesstrafe besonders deutlich, das mit einem Begriff von Menschlichkeit oder Menschenwürde operiert, der die Todesstrafe ausschließt. Andere Beispiele wären in Abstufungen zu diskutieren, um sukzessive ihre vorausgesetzten Wertbezüge zu zeigen. Da für uns insbesondere die allgemeinen Wertorientierungen interessant sind, lässt sich Webers Rede von Werten in den näher liegenden Sprachgebrauch von «Wertmaßstäben» übersetzen. Kants kategorischer Imperativ ist so gesehen ein Wertmaßstab, aufgrund dessen ein Urteil gefällt wird wie «Es war hinterhältig, deinen Bruder zu belügen». Umgekehrt können Wertmaßstäbe in Werturteilen eingeschränkt werden, wenn z. B. gesagt wird: «Es wäre unverantwortlich gewesen, wenn der Präsident der Europäischen Zentralbank in seinem SPIEGEL-Gespräch die Erhöhung der Leitzinsen vorweggenommen hätte.» Dieses Beispiel verweist auf das oben bereits erläuterte Problemfeld von Gesinnungsethik und Verantwortungsethik zurück und zeigt zugleich, dass die Beziehung von Werturteilen auf Wertmaßstäbe von struktureller Art ist, die beide ethische (moralische) Orientierungen durchzieht.

Wenn wir uns auf das Gebiet konzentrieren, in dem moralische Wertmaßstäbe beim Fällen einzelner Werturteile relevant werden (etwa im Unterschied zu ästhetischen, religiösen etc.), dann ist jedoch klar, dass der für uns allgemeinste moralische Maßstab in einem bestimmten Sinn schon besetzt ist: Es ist der moralische Maßstab des inhaltlich verstandenen Universalismus, den wir im Verständnis eines historischen Universalismus durch das Prinzip des interhumanen Respekts gefasst haben. Von diesem Maßstab können einzelne Werturteile nicht beliebig abgekoppelt werden, wenn das moralische Selbstverständnis kohärent bleiben soll. Bei einzelnen Werturteilen oder Wertmaßstäben geringerer Allgemeinheit ist jeweils zu prüfen, ob dies der Fall ist oder nicht.

Sobald wir mit dieser Klarstellung auf die Voraussetzungen der Wertfreiheit zurückkommen, eröffnet sich die systematisch relevante Spezifizierung der moralischen Eigendimension des Menschen. Diese war ja zunächst ganz allgemein als eine der Komponenten für den Bezugsrahmen des Postulats der Werturteilsfreiheit anzusetzen. Die Spezifizierung der moralischen Eigendimension bedeutet nun, dass für uns – im Unterschied zu anderen Moralauffassungen – das moralische Selbstverständnis nur durch die Moral des Universalismus besetzt sein kann. Andere Verständnisse von Moral können wir uns nur im Licht des Universalismus erschließen, jedenfalls dann, wenn wir nicht hermeneutisch naiv sind. Wenn wir also die moralische Eigendimension für uns angemessen ausdrücken wollen, dann so, dass wir auf den Inhalt des Universalismus zurückgreifen. Die Freiheit der praktischen Wertung kann also nur als eine durch den Universalismus geleitete Freiheit verstanden werden.

Der oben herausgestellte methodisch-moralische Doppelaspekt der Wertfreiheit ist durch seine moralische Komponente historisch gebunden. Die Freiheit zur praktischen Wertung und Entscheidung, die für Weber wie von der Sache her wichtig ist, meint die praktische Wertung und Entscheidung von Menschen, die eine moralische Selbstbindung an den modernen Universalismus teilen. Denn richtig verstanden sagt ja Weber nicht nur: Die analytische Distinktion zwischen Sein und Sollen und die moralische Eigendimension des Menschen – wie auch immer inhaltlich besetzt – müssen beachtet werden. Dies wäre ein Postulat analytischer Unterscheidungen. Zu einem methodisch-praktischen Postulat gelangt man erst dann, wenn man sagt: Der moralische Respekt vor anderen Menschen (historischer Universalismus) verbietet der Sozialwissenschaft eine Vermischung von theoretischen Aussagen und praktischen Wertungen, weil damit ebendieser moralische Respekt bzw. die moralische Achtung vor anderen Menschen beeinträchtigt würde.

Hinzu kommt, dass erst das Vermeiden einer solchen Vermischung die praktische Relevanz, die der Sozialwissenschaft durchaus zuzuschreiben ist, angemessen zu entfalten erlaubt. Weber hat diese praktische Relevanz herausgestellt, indem er betont, die Sozialwissenschaft könne Rechenschaft über das eigene Handeln anleiten, sie könne dazu beitragen, «Rechenschaft über den letzten Sinn des eigenen Tuns» (S. 608) abzulegen, und so die Kultivierung moralischer Verantwortung fördern. Dieser grundsätzliche Punkt steht hinter seiner Abneigung, im akademischen Betrieb dem «wertenden Professor» das Wort zu geben. Moral ist eine zu ernste Sache, um sie «Kathedersozialisten» oder «Kathedernationalisten» zu überlassen. Viel überzeugender um Moral ist derjenige bemüht, der die sozialwissenschaftliche oder philosophische Analyse einsetzt, um seinen Adressatenkreis vor die Aufgabe eigener moralischer Urteilsfindung zu stellen. Deshalb sagt Weber: «Ich bin … versucht, wenn einem Lehrer dies gelingt, zu sagen: er stehe im Dienst ‹sittlicher› Mächte: der Pflicht, Klarheit und Verantwortungsgefühl zu schaffen, und ich glaube, er wird dieser Leistung um so eher fähig sein, je gewissenhafter er es vermeidet, seinerseits dem Zuhörer eine Stellungnahme oktroyieren oder suggerieren zu wollen.» (S. 608)

Hierin kann man zugleich eine Selbstkritik an der früheren Freiburger Antrittsrede (vgl. Kap. 2.3) sehen, in der Weber ohne weitere abwägende Reflexion seinen Nationalismus quasi oktroyiert. Denn wer den Respekt vor anderen Menschen ernst nimmt, muss davon absehen, sie zu manipulieren oder zu instrumentalisieren, zumal dann, wenn sein institutioneller Auftrag darin besteht, Wahrheitssuche hinsichtlich empirischer oder normativer Zusammenhänge zu betreiben. Die Ergebnisse und methodischen Verfahren solcher Wahrheitssuche sind jedoch durchaus in den Dienst moralischer Urteilsfindung zu nehmen, da das Urteil umso rationaler sein wird, je besser die für das

Urteil relevanten Tatsachen oder begrifflichen Beziehungen bekannt sind. Neben der erwünschten wissenschaftlichen Klarheit im Interesse der Rationalität des moralischen Urteils steht die Kultivierung des moralischen Urteils selbst, indem moralische Alternativen der Entscheidung aufgezeigt werden, die unter verschiedenen Gesichtspunkten und mit divergierenden Konsequenzen darzulegen sind. «Verantwortungsgefühl» kann sich nur im Spannungsfeld nicht immer einfacher moralischer Problemlagen bilden, die das eigene moralische Urteil herausfordern.

Hierzu gehört dann auch, Fehler einzusehen und zu korrigieren. Insofern stellt die von Weber dem moralischen Urteil vorangestellte «Wertdiskussion» (S. 510f.) ein wichtiges Medium dar, in dem die Wissenschaft moralische Verantwortung zu schärfen erlaubt. Das jeweilige moralische Urteil (oder sonstige Werturteil) bleibt jedoch Sache des Einzelnen. Wie immer man zu den jeweiligen Urteilen stehen mag – sie sind Urteile von Menschen, deren moralische Eigenständigkeit zu respektieren ist, auch wenn man sich darüber aufregt und sie kritisiert. Diese Kritik ist jedoch eine moralische und keine wissenschaftliche, sosehr sie sich wiederum wissenschaftlicher Informationen und Klarstellungen bedienen mag.[6]

Die praktische Relevanz der Sozialwissenschaft kann also erst dann richtig entfaltet werden, wenn die Sozialwissenschaft sich das Verbot der Beeinträchtigung der moralischen Eigenständigkeit von Menschen zu Eigen macht. Da dieses Verbot die positive Identifikation mit dem moralischen Universalismus im Sinne des historischen Universalismus impliziert, ergibt sich eine zwingende moralische Bindung der Sozialwissenschaft an den Universalismus.

Damit wird das Postulat der Werturteilsfreiheit von Max Weber aufgeschlüsselt in zwei Hauptkomponenten, die wir zusammenfassend herausstellen, um unser Resultat weiter zu vertiefen. Diese sind:

1. Analytische Hauptkomponente: Differenz Sein-Sollen, geltungstheoretische Unterscheidungen: Empirie – Moral (Werte).
2. Synthetische Hauptkomponente: Inhalt moderner Moral (historischer Universalismus).

Genauer betrachtet besteht also der methodisch-moralische Doppelaspekt des Postulats der Werturteilsfreiheit aus diesen Komponenten. Das Postulat der Werturteilsfreiheit ist aus diesen Bestandteilen als Prämissen abzuleiten: Wer, so können wir sagen, die Rationalitätsbedingungen der modernen Sozialwissenschaft anerkennt (analytische Hauptkomponente) und wer den Inhalt der modernen Moral teilt (synthetische Hauptkomponente), der muss das Postulat der Werturteilsfreiheit in seiner methodisch-praktischen Doppelbedeutung anerkennen.

Umgekehrt gilt aber auch: Aus dem Postulat der Werturteilsfreiheit im voll entfalteten Sinn, das Gegenstand unserer Betrachtung war, folgen die obigen Komponenten – ein Ergebnis, das nur dann überrascht, wenn man die «Freiheit zur praktischen Wertung» abstrakt stehen lässt und nicht erkennt, dass diese nur als eine Freiheit gedacht werden kann, die der Bindung an den moralischen Universalismus verpflichtet ist. Die herausgearbeitete analytische und synthetische Komponente stellen somit die notwendigen und hinreichenden Bedingungen für das Postulat der Werturteilsfreiheit dar.

Dies ist natürlich nicht ‹Originalton Weber›. Es handelt sich jedoch um eine zwingende systematische Konsequenz, die gezogen werden muss. Gleichgültig also, ob wir das Postulat der Werturteilsfreiheit in der gedanklichen Ordnung aus den obigen Prämissen gewinnen oder selbst als Prämisse für die moderne Moral ansetzen: In beiden Fällen haben wir es mit einer synthetischen Komponente zu tun, die über das nur analytische Feststellen von begrifflichen Unterscheidungen hinausgeht. Synthetische Aussagen bzw. Prämissen sind ja bekanntlich nicht dadurch zu bestätigen oder zu widerlegen, dass man sie irgendwoher ableitet, sondern durch Gegebenheiten der ‹Welt› abstützt oder bestreitet. Dies gilt für synthetisch-empirische Aussagen ebenso wie für synthetisch-moralische Aussagen, die auf das inhaltliche Selbstverständnis von Menschen zurückgreifen. Unser Resultat können wir auch so ausdrücken, dass im Postulat der Werturteilsfreiheit praktische und theoretische Vernunft eine gleichgewichtige Rolle spielen, wobei die synthetische Komponente durch die praktische Vernunft ins Spiel kommt.[7]

Mit Blick auf Max Weber wie von der Sache her könnte man erneut bezweifeln, ob die gedankliche Beziehung zwischen dem Postulat der Werturteilsfreiheit und dem moralischen Universalismus zu Recht besteht. Schauen wir uns daher einen nahe liegenden Einwand an. Kann man nicht das Postulat der Werturteilsfreiheit in seinem methodisch-moralischen Doppelaspekt teilen, die geltungstheoretischen Distinktionen durchaus mittragen und doch die spezifische Folgerung auf den moralischen Universalismus ablehnen? Gibt es nicht einen allgemeinen Begriff von moralischer Autonomie im Sinne freier Entscheidung für eine moralische Grundüberzeugung, die nicht notwendigerweise die des moralischen Universalismus ist? Könnte z. B. nicht ein Chinese, der universalistische Menschenrechte als westliche Werte ansieht, dem für unsere moralische Grundüberzeugung, wie Weber sagt, das «Gehör» fehlt (S. 155), die Überlegungen zum Komplex der Werturteilsfreiheit mitvollziehen, bis auf die eine, nämlich die Konsequenz des Universalismus? Weist nicht der Begriff des historischen Universalismus selbst in die Richtung einer historisch veränderbaren und daher unterschiedlich besetzbaren Verbindung von Empirie und Moral?

Dieser Einwand zwingt zu einem nochmaligen Überdenken unserer Resultate. Ich nehme ihn zum Anlass, um einen Schritt anzuschließen, der die Systematik weitertreibt.

Zunächst: Deskriptiv betrachtet ist klar, dass es faktische Kombinationen von empirischer Forschungstätigkeit mit antiuniversalistischen Einstellungen geben kann und gibt. Auch ein Rassist kann sich der empirischen Wahlforschung bedienen, um seine politischen Chancen zu untersuchen, ebenso wie einem Chinesen die Quellen und die empirisch-methodischen Aufarbeitungen der modernen Verfassungsgeschichte zugänglich sind, ohne dass er den Universalismus der Menschenrechte teilen müsste. Doch was zeigt dies? Eigentlich nur noch einmal, dass das Postulat der Werturteilsfreiheit in seinem methodisch-moralischen Doppelaspekt mehr umfasst als die analytische Trennung von Empirie und Moral. Es wäre völlig falsch, aus den Beispielen des Rassisten oder antiuniversalistischen Chinesen den Schluss zu ziehen, den aufgezeigten methodisch-moralischen Doppelaspekt mit der spezifischen Konsequenz des Universalismus wieder abzuschwächen. Das genaue Gegenteil ist richtig. Wir müssen vielmehr einen weiteren Schritt tun und die Verbindung von Empirie und Moral hermeneutisch radikalisieren. Dies geschieht dadurch, dass wir offensiv unser Potenzial an empirisch-theoretischer und praktischer Rationalität zu einem Postulat der rationalen Integration von Empirie und Moral umsetzen und sagen: Wer moderne Sozialwissenschaft betreibt, kann sein Tun nur dann rational rechtfertigen, wenn er die Moral des Universalismus teilt.

Das Streben nach empirischer sozialwissenschaftlicher Erkenntnis ist kein absoluter Wert an sich, sondern kann nur in Abwägung zu anderen Wertgesichtspunkten gewichtet werden, insbesondere dem obersten praktischen Wertgesichtspunkt, der in Gestalt des Universalismus für uns formulierbar ist. Ein Werturteil zugunsten der empirischen Wahrheitsforschung der Sozialwissenschaft als solcher kann für uns nur so aussehen, dass wir eine rationale Integration unterstellen zwischen dem Erzielen empirischer Resultate und dem Adressieren dieser Resultate an autonome Menschen im Sinne der oben klargelegten interhumanen Symmetrie zwischen Menschen als Menschen. Hierin liegt die objektiv-moralische Funktion der Sozialwissenschaft.[8]

Wer die interhumane Symmetrie ablehnt, ist kein Adressat der Sozialwissenschaft im moralischen Sinn, sondern eben nur ein möglicher faktischer Nutznießer, ein Trittbrettfahrer. Das Postulat der rationalen Integration von Empirie und Moral verpflichtet uns darüber hinaus dazu, solche Trittbrettfahrer moralisch einzufangen, indem wir, wenn irgend möglich, mit ihnen gleichermaßen über empirische wie über moralische Fragen argumentieren. Rational kohärent bleibe ich nur, wenn ich mit einem Rassisten nicht nur über empirische Auswertungen, sondern darüber debattiere, was ihn möglicherweise von seiner antiuniversalistischen Auffassung abbringt. Wie die praktische Relevanz der Sozialwissenschaft unter Voraussetzung der universalistischen Moral darin besteht, einen Beitrag zur Kultivierung des moralischen Urteils zu leisten, so besteht ihre praktische Verpflichtung darin, gegen antiuniversalistische Positionen auf kritischen Konfrontationskurs zu gehen, um den Inhalt der Moral zur Geltung zu bringen und die Gegenseite zumindest aufzuweichen. Das Postulat der rationalen Integration von Empirie und Moral formuliert so eine permanente Aufgabe. Hermeneutische Radikalisierung bedeutet den ständigen Prozess reflexiv begründeter Vergegenwärtigung unseres geschichtlich-moralischen Orts. Das existenzielle Reflexionsradikal der Negation von Inhumanität, das wir aus der Ich-Perspektive herausgearbeitet haben, um es in der Wir-Perspektive für einen Begriff von moralischer Zeitgenossenschaft fruchtbar zu machen, gibt so der Sozialwissenschaft ihre normative Orientierung (vgl. Kap. 1.3).

Das Postulat der rationalen Integration von Empirie und Moral ist eine Orientierungsnorm, gegen die faktisch genauso oft verstoßen werden kann wie gegen die methodische Trennung von Empirie und Moral. Das Postulat hindert uns nicht, andere wissenschaftstheoretische Auffassungen oder moralische Einstellungen zu verstehen. Es fördert gerade deren Eigenheiten besser zutage, weil wir die Unterschiede schärfer markieren können.

Drei Versionen von Werturteilsfreiheit

Die Stärke des damit erreichten Postulats der rationalen Integration von Empirie und Moral können wir dadurch weiter unter Beweis stellen, dass wir weniger avancierte Versionen des Postulats der Werturteilsfreiheit davon abgrenzen. An solchen Versionen kann demonstriert werden, warum sie in Termini von Rationalität gegenüber dem erreichten Postulat abfallen. Dementsprechend lassen sich unterscheiden:

1. das universalistisch gebundene Postulat der Integration von Empirie und Moral, kurz Integrationspostulat;
2. das nicht universalistisch gebundene Postulat der Komplementarität von Empirie und Moral, kurz Komplementaritätspostulat;
3. das Postulat der Trennung von Empirie und Moral, kurz Trennungspostulat.

Das unter Punkt 2 angeführte Postulat bleibt hinter dem universalistisch gebundenen Postulat deshalb zurück, weil zwar der methodisch-praktische Doppelaspekt der Werturteilsfreiheit zutreffend ins Spiel kommt, aber die mögliche argumentativ-rationale Verbindung zwischen empirisch-analytischer Wissenschaft und synthetischem Bezug auf den moralischen Universalismus nicht gesehen oder unzureichend bestimmt wird. Die moralische Eigendimension des Menschen und die Relevanz moralisch-praktischer Selbstdefinition in Freiheit werden eingeräumt, es unterbleibt jedoch eine rationale Abwägung und Wertung verschiedener moralischer Standpunkte, die mit der empirisch-analytischen Wissenschaft einhergehen. Das schon gebrachte Beispiel des antiuniversalistischen Chinesen zeigt die Rationalitätslücke an, die entsteht, wenn man es bei einer nicht spezifizierten Komplementarität von Empirie und Moral belässt. Man erkennt die Wichtigkeit und den Eigenwert moralischer Standpunkte an, doch es folgt der Gegenüberstellung von Standpunkten keine weitere Auseinandersetzung. Die hermeneutische Radikalisierung auf den universalistischen Standpunkt unterbleibt und damit die Anstrengung, sich mit der argumentativen Überwindung nicht-universalistischer Standpunkte zu befassen. Die Komplementarität von Empirie und Moral verharrt auf der deskriptiven Ebene und lässt sich auf die objektiv-moralische Funktion der Sozialwissenschaft nicht ein.

Wenngleich die Argumentation für den moralischen Universalismus und die Kritik anderer Positionen nicht auf simple «Knockdown»-Beweise oder strukturelle rationale Garantien zurückgreifen können (vgl. Kap. 1.1), so ist doch klar, dass die nicht universalistisch gebundene Komplementarität von Empirie und Moral gegenüber der expliziten Bindung an den Universalismus reflexiv und argumentativ zurückfällt. Deshalb ist sie weniger rational als das Postulat unter Punkt 1, und der Schritt zu diesem Postulat bedeutet einen Gewinn an Rationalität.

Was Max Weber betrifft, so kann kein Zweifel bestehen, dass ihm vielerorts die nicht universalistisch gebundene Komplementarität von Empirie und Moral genügt, um wenigstens analytisch den methodisch-moralischen Doppelaspekt der Werturteilsfreiheit klar zu machen. Im Hinblick auf die nationalistischen Züge seines Werks verwundert es nicht, dass eine Schranke besteht, die ihn daran hindert, sich der Frage des Spannungsverhältnisses von Nationalismus und Universalismus explizit zuzuwenden, auch wenn wir in seiner

Spätphase einen universalistisch gezähmten Nationalismus konstatieren können (vgl. Kap. 2.3).

Systematisch könnte gegen den Schritt vom Komplementaritätspostulat zum Integrationspostulat vielleicht nur so argumentiert werden, dass man die Möglichkeit bestreitet, unterschiedliche moralische Positionen in Begriffen von Rationalität differenzieren zu können. Alle denkbaren moralischen Positionen wären dann dem Sinn nach entweder gleich rational oder gleich irrational. Ein konsequenter moralischer Subjektivismus oder Emotivismus wird dies behaupten wollen. Woran eine solche Auffassung scheitert, müsste im Einzelnen gezeigt werden. Doch selbst wenn sie plausibel zu machen wäre, müsste zumindest ein methodischer Gewinn an Rationalität eingeräumt werden, der darin besteht, dass der explizite Bezug auf den Inhalt des moralischen Universalismus diagnostiziert wird, dass eben dieser Bezug – wenngleich «emotivistisch» interpretiert – in seiner historischen Unvermeidlichkeit in den Blick kommt und damit eine größere Transparenz von Wertstandpunkten und ihrer Bedeutung für Fragestellungen der empirischen Wissenschaft erreicht werden kann.

Das unter Punkt 3 angeführte Postulat der Trennung von Empirie und Moral stellt einen geringeren Grad an Rationalität gegenüber dem Postulat unter Punkt 2 dar, weil nur auf der unbestreitbaren Unterscheidung der beiden Sach- und Geltungsdimensionen bestanden, aber auf eine positive Bestimmung der Eigenbedeutung von Moral komplementär zur Empirie verzichtet wird. Aufgrund der schon explizierten Stufen von Rationalität, die wir in den Postulaten unter 1. und 2. finden, versteht es sich von selbst, dass ein ausschließlich an der Trennung von Empirie und Moral ausgerichtetes Postulat der Werturteilsfreiheit zu kurz greift, weil es sich auf eine bloß negative Stoßrichtung beschränkt. Eine solche Beschränkung kann unterschiedlich motiviert sein. Sie mag wissenschaftspolitische, systematisch-arbeitsteilige oder moraltheoretische Gründe haben.

Die unproblematische Beschränkung auf das Trennungspostulat von Empirie und Moral stellt die wissenschaftspolitische dar, sofern sie im Bewusstsein der prinzipiell positiv zu bestimmenden Komplementarität von Empirie und Moral geschieht. Bei Max Weber findet sich diese Linie der Argumentation speziell in Diskussionsreden auf den Tagungen des Vereins für Socialpolitik und den deutschen soziologischen Tagungen. In diesem Kontext heißt es: «... das Hineinmengen eines Seinsollens in wissenschaftliche Fragen ist eine Sache des Teufels, die der Verein für Socialpolitik allerdings recht oft in ausgiebiger Weise besorgt hat.»[9] Diese polemische Zuspitzung ist dem Zweck geschuldet, allererst der analytischen Hauptkomponente des Postulats der Werturteilsfreiheit zu ihrem Recht zu verhelfen und auf der Scheidung von Wissenschaft und praktischem Wollen zu bestehen. Deshalb der Kampf gegen die «Vermengung von Wissenschaft und Werturteil» in wissenschaftspolitischer und institutioneller Hinsicht, um sowohl einer Korrumpierung der empirischen Wissenschaft als auch einer Verschleierung wichtiger Wertfragen zu begegnen.[10]

Auch im Kontext wissenschaftspolitischer Auseinandersetzungen versäumt Weber jedoch nicht, darauf hinzuweisen, dass die Trennung von Empirie und Moral bzw. Wertung deshalb geschieht, um beiden Seiten, sowohl der Empirie wie der Moral, gerecht werden zu können:

> «... es wurde gesagt, daß wir hier praktische Wertfragen des Lebens ausschließen wollen. Nicht weil wir sie für minderwertige Dinge hielten. Im Gegenteil. Ich möchte glauben, daß gerade auch die spezifische Wichtigkeit, die jeder einzelne von uns diesen, seine ganze Subjektivität in Mitleidenschaft ziehenden, eben deshalb aber auf dem Boden einer ganz anderen Provinz des Geistes sich abspielenden praktischen Problemen zumessen wird, dazu führen muß, sie nicht als trockene Tatsachenfragen zu behandeln ...»[11]

Kommen wir zum zweiten Aspekt, der sich für eine Beschränkung auf die Trennung von Moral und Empirie anführen lässt. Er ist systematisch-arbeitsteiliger Natur. Als Sozialwissenschaftler könnte man z. B. sagen: Die Konzentration auf empirische Forschung bedeutet einfach, dass man sich nicht gleichermaßen kompetent um die Disziplin der Ethik und die in ihr betriebene philosophische Aufklärung der modernen Moral kümmern kann; es gibt daher eine unvermeidliche Arbeitsteilung zwischen empirischer Wissenschaft und Moraltheorie

(Ethik), die der methodisch-analytischen Unterscheidung in Empirie und Moral entspricht.

Eine solch arbeitsteilige Beschränkung ist dann unproblematisch, wenn sie sich nicht gegen die Einsicht in die Bindung an den Universalismus sperrt und die systematische Erläuterung der Integration von Empirie und Moral nicht verweigert, sondern offen bleibt für die Reflexion auf die Eigendimension der Moral und der Klärung des geschichtlich vermittelten universalistischen Selbstverständnisses.

Die positivistische Verkürzung einer entsprechenden Arbeitsteilung tritt dann ein, wenn man meint, die empirische Wissenschaft könne sich von der Reflexion auf den Stellenwert der Moral völlig lösen und das Postulat der Werturteilsfreiheit reduziere sich auf das Postulat der Trennung von Empirie und Moral. Mit dieser Charakterisierung ist auch schon verdeutlicht, warum ein bloßes Trennungspostulat gegenüber den anderen beiden Versionen des Postulats der Werturteilsfreiheit an Rationalität abfällt. Bei Max Weber tritt allenfalls eine unproblematische arbeitsteilige Argumentation auf, gegen eine positivistische Verkürzung ist er durch seine Überlegungen zur Komplementarität von Empirie und Moral gefeit.

Eine «positivistische» Verkürzung könnte jedoch in anderer Hinsicht gegeben sein: dann nämlich, wenn Weber – trotz der in Anspruch genommenen Komplementarität von Empirie und Moral – tatsächlich die Position vertreten würde, moralische Standpunkte und Maßstäbe oder Wertfragen überhaupt seien nicht in Begriffen von Rationalität zu verstehen oder zu rechtfertigen oder zu kritisieren. Die positivistische Verkürzung einer solchen Position läge nicht darin, im wissenschaftspolitischen oder arbeitsteiligen Interesse eine Selbstbeschränkung der empirischen Wissenschaft zu fordern, sondern aus moraltheoretischen Gründen auf der Trennung von Empirie und Moral zu bestehen, weil die moralische Dimension *per se* nun einmal «irrational» sei. Jede Vermengung von Empirie und Moral könne daher nur zulasten der Rationalität empirischer Wissenschaft gehen.

Eine solche Irrationalismusthese der Moral ist jedoch bei Max Weber nicht anzutreffen, wie wir bereits im Diskussionskontext der Unterscheidung von Gesinnungs- und Verantwortungsethik klar gemacht haben. Wer eine solche These vertritt, würde sich zu Unrecht auf Weber berufen, der gelegentlich in aller Deutlichkeit die Vorzüge von Kants Ethik preist, um daran seine Fragestellung zu knüpfen, in welches Spannungsverhältnis die Moral zu anderen «Wertsphären» wie etwa der Politik treten kann.[12] Die von Kant herausgearbeitete Eigendimension der Moral gibt für Weber die Grundlage ab, um nach Grenzen der Moral angemessen fragen zu können. Es wäre also verfehlt, ihm eine Irrationalitätsthese zur Moral als solcher zu unterstellen, zumal es bei dieser um eine «Provinz des Geistes» geht.[13]

Rationale Weltinterpretation in Gesellschaft und Politik

Durch die Entfaltung des Postulats der rationalen Integration von Empirie und Moral aus dem Geist von Max Webers Postulat der Werturteilsfreiheit haben wir einerseits die moralische Vorgabe eingelöst, die der Sozialwissenschaft die praktische Aufgabe zuweist, die Gefahr gesellschaftlichen Irrsinns durch rationale Weltinterpretation zu bannen. Andererseits geht damit die Verpflichtung einher, die methodische und empirische Funktion sozialwissenschaftlicher Untersuchungen ernst zu nehmen und Dispositionen zu rationaler Weltinterpretation über offene Prozesse von Kritik und Gegenkritik auf Dauer zu stellen. Zugleich haben wir damit aufgezeigt, wie unterschiedliche Rationalitätsdimensionen integrierbar sind, ohne ihre Unterschiede zu verwischen. Es bleibt dabei, dass sich sozialwissenschaftliche Untersuchungen an einem propositionalen Begründungsbegriff von empirischer Verifikation oder Falsifikation orientieren, wenn sie soziale Gegebenheiten welcher Art auch immer zum Gegenstand haben. Es bleibt weiter dabei, dass der für moralische Auffassungen relevante Begriff von Begründung ein motivationaler Begriff ist, der personenbezogen zu verstehen ist. Die Differenzierung dieser Rationalitätsdimensionen und die Anforderung, sich rational in ihnen zu bewegen, wird durch die Integration von Empirie und Moral gefördert (vgl. Kap. 1.3). Moralisch bestärkt wird dadurch auch die Unterscheidung in Sein und Sollen (Wollen), die gewöhnlich unter geltungstheoretischen Gesichtspunkten überzeugend gemacht wird. Für uns wird dies gleichermaßen zu einer Sache des Respekts zwischen Menschen. Die

Entwicklung von moralischen Selbstverständnissen kann nicht durch Instanzen des «Seins» präformiert werden, wie immer förderlich die rationale Untersuchung von Seinsverhältnissen für die moralische Motivation sein mag.

Entsprechendes gilt für das Verhältnis von Sozialwissenschaft und Politik. Eine im universalistischen Selbstverständnis betriebene Politik, die den oben ausgeführten moralischen Standards von Verantwortungspolitik zu genügen hat, ist verpflichtet, sich der rationalen Potenziale der Sozialwissenschaft zu bedienen. Als moralischer Zeitgenosse muss der Politiker – wie wir alle – das rationale Potenzial der Sozialwissenschaft suchen, um seiner Verantwortung bei entsprechenden Entscheidungen gerecht zu werden. Wie der Respekt vor der moralischen Autonomie des Einzelnen verbietet, im Namen der Wissenschaft moralische oder andere Werturteile zu verkünden, so gebietet umgekehrt ebendieser Respekt vor dem moralischen Individuum, alle denkbare Rationalität an Problemlösung einzusetzen, wenn politische Entscheidungen anstehen, die Menschen betreffen, denen man im universalistischen Selbstverständnis begegnet. Sozialwissenschaftliche Rationalität ist somit ein wichtiges Element für eine politische Ethik diskursiver Vermittlung, die zur Optimierung der konstitutionellen Demokratie gehört (vgl. Kap. 2.2).

Dies lässt immer noch genügend Konflikte oder Dilemmata bestehen, wie wir gesehen haben. Und natürlich gilt auch hier, dass letzte und oftmals entscheidende politische Impulse und Motive nicht wissenschaftlich abzuleiten sind. Aber immerhin können diese rationalen Zwängen ausgesetzt werden, die im Interesse von Humanität sind.

3.2 Auschwitz, Sozialwissenschaft und Moral

Nachdem wir gesehen haben, dass die objektiv-moralische Funktion der Sozialwissenschaft in einer Verknüpfung von empirischer Forschung und moralisch-universalistischer Orientierung besteht, können wir exemplarisch die Integration von Empirie und Moral im Hinblick auf sozialwissenschaftliche Forschungsansätze unter Beweis stellen. Darüber hinaus lässt sich die moralphilosophische Diagnose des Gattungsbruchs, die ich entwickelt habe, in entsprechende Fragestellungen empirischer Art einbringen. Die Fruchtbarkeit der damit gewonnenen Perspektive möchte ich in Grundzügen an drei Themen aufweisen: Globalisierung und Moral nach Auschwitz, Geschichtsschreibung und Moral, Auschwitz im Vergleich und als Gefahr der Wiederholung.

Globalisierung und Moral: von Auschwitz zu «Schindlers Liste»

Das Integrationspostulat von Empirie und Moral legt nicht nur den moralischen Sinn der Sozialwissenschaft in objektiver Hinsicht frei (Funktion), sondern ermöglicht auch eine Forschungsperspektive für empirische Untersuchungen zu Akzeptanz und Ausbreitung moralisch-universalistischer Selbstverständnisse. Dem moralischen Sinn der Sozialwissenschaft in objektiver Hinsicht korrespondiert ein moralischer Sinn in subjektiver Hinsicht, der sich als moralische Sensibilität bei der Erarbeitung und Durchführung von Fragestellungen zeigt, in denen die moralische Relevanz des Holocaust ihrerseits zum Gegenstand wird.

Als Beispiel hierfür greife ich die Untersuchung von Daniel Levy und Natan Sznaider heraus: «Erinnerung im globalen Zeitalter: Der Holocaust». Zugleich kann am Beispiel dieser Untersuchung aufgezeigt werden, wie sich die systematischen Gesichtspunkte, die wir gewonnen haben, kritisch zur Geltung bringen lassen. Vergegenwärtigen wir uns die Leitthese dieser Untersuchung, um einige Aspekte zu kommentieren:

> «Gerade die Katastrophe Europas wird zum Ausgangspunkt neuer grenzüberschreitender Solidarität. Der Umgang mit dem Holocaust, so unsere These, öffnet exemplarisch unser Verständnis für neue Erinnerungskulturen in der Zweiten Moderne. Weiterhin behaupten wir, daß Erinnerungen an den Holocaust in einer Epoche ideologischer Ungewißheiten zu einem Maßstab für humanistische und universalistische Identifikationen werden. Diese nationenübergreifende Dynamik steht im soziologischen Mittelpunkt unserer Analyse.»[1]

Indem die Autoren auf die von Ulrich Beck vorgeschlagene Begriffsbildung der Zweiten Moderne Bezug nehmen, wollen sie auf globale Prozesse aufmerksam machen, «die sich durch die Entortung von Politik und Kultur auszeichnen» (S. 9). Für unseren Zusammenhang genügt es, diese Perspektive der Entortung festzuhalten, ohne näher auf die Begriffsbildung einer Zweiten Moderne einzugehen, die Beck im Sinne einer «neuen Großen Erzählung» verstanden wissen möchte, in der die «Entterritorialisierung des Sozialen» zur Leitorientierung der Abgrenzung von Erster Moderne und Postmoderne wird.[2] Wie immer es mit solchen Abgrenzungen bestellt sein mag – der Gesichtspunkt der schwindenden Relevanz der Territorialität in Politik und Ökonomie lässt sich nicht zuletzt anhand historischer Vergleichsstudien nachvollziehen, die eine lange Ära der Territorialität von ca. 1860 bis 1960/70 konstatieren, um davon die Prozesse der Globalisierung der letzten Jahrzehnte abzuheben.[3] In diesem Rahmen arbeiten die Autoren die «Kosmopolitisierung der Holocausterinnerung» (S. 16) heraus, indem sie in vergleichenden Untersuchungen zu den USA, Deutschland und Israel den Tendenzen zur Entfaltung eines «kosmopolitisierten Gedächtnisses» folgen, um zu zeigen, «wie sich Gedankenformen aus ihrem ursprünglich gruppenspezifischen (oder religiösen) Umfeld lösen und zu allgemein verbreiteten Werten werden» (S. 92).

Mit dieser Blickrichtung wird der «Amerikanisierung des Holocaust»[4] und der durch die Massenmedien geförderten «Universalisierung des Bösen» (S. 150) eine tragende Rolle zugewiesen: «Zum einen transformiert die amerikanische Medienlandschaft den Holocaust in ein konsumierbares Produkt; und zum anderen transformiert es den Holocaust in ein universales Gebot, welches allgemeine Menschenrechte zu einem politisch relevanten Begriff im Bewußtsein der an dieser neuen Erinnerung teilnehmenden Menschen werden läßt.» (S. 150) Sosehr die Autoren klarstellen, dass sie damit nicht dem naiven Glauben verfallen wollen, die Politik der USA sei von menschenrechtlichen Imperativen durchdrungen, so sehr beharren sie darauf, dass die Amerikanisierung des Holocaust dazu beigetragen hat, der Erinnerung an dieses Ereignis den Status eines «global gültigen Werts» zu geben, dessen Verselbständigung zu einer moralisch kulturellen Norm als innovativer Prozess von Erinnerung unter Bedingungen globalisierter Lebensräume zu sehen ist. Diese Sichtweise geht einher mit der Distanzierung von einer Kulturkritik, die im Kontext der älteren kritischen Theorie mit Vokabeln der Banalisierung, Trivialisierung oder gar «Disneyfizierung» oder «McDonaldisierung» gegen eine «Instrumentalisierung» des Holocaust für durchschaubare Interessen der «Kulturindustrie» oder anderer Interessengruppen argumentiert.

Der Einwand, den Levy und Sznaider dagegen erheben, hat zunächst etwas Einleuchtendes. Sie verweisen darauf, dass man nicht erwarten kann, dass es so etwas wie eine reine, vollkommene und unveränderbare Erinnerung an den Holocaust jemals geben wird, die quasi «interessenlos und machtfrei» der Darstellbarkeit in Medien wie Fernsehen oder Film entzogen werden könnte. Deshalb verteidigen sie exemplarisch die künstlerische Leistung von Steven Spielbergs Film «Schindlers Liste»:

«Das besondere Merkmal von *Schindlers Liste* ist die Gleichzeitigkeit, mit welcher der Film das historisch Konkrete mit einer universalen Moral verbindet. Der ‹typisch amerikanische› Ansatz zeichnet sich durch nicht-typische Identifikationsmöglichkeiten aus – nämlich die Rolle des *Zuschauers*. Die zukunftsorientierte amerikanische Kultur entreißt die Erinnerung der Vergangenheit, und zwar in einem Prozeß der Entortung, in welchem Amerikaner, Deutsche und Israelis von Zeugen, Tätern und Opfern zu Zuschauern werden können. Die … Rolle des Zuschauers verdrängt die Opferrolle … Der moralische Kampf spielt sich um das Verhältnis zu den Opfern ab: Gut und Böse gegeneinander, der eingreifende Zuschauer und der böse, grausame Täter.» (S. 155)

«Schindler sind alle, die retten wollen, Göth (Kommandant des Lagers Plaszow) sind alle, die töten wollen, und die Juden sind die Opfer überall. Hier wird die Massenkultur zur Trägerin von Erinnerung. Ein öffentlicher Raum zur Diskussion über moralische Fragen wird geschaffen, an dem sich alle Zuschauer beteiligen können.» (S. 158)

Insofern besteht die Leistung von Spielbergs Film darin, dass es ihm gelingt, einerseits den historischen Bezug zum Holocaust festzuhalten und damit das Außerordentliche seiner moralischen Bedeutung einzubringen, andererseits die moralische Problematik in Gestalt der Antipoden Schindler und Göth so zu individualisieren, dass die Zuschauer zu emotionalen wie auch zu diskursiven Stellungnahmen herausgefordert werden, die ihren Niederschlag in moralischen Identifikationen finden.

Dieser Betrachtung kann man in dem Sinn folgen, dass Massenmedien durchaus in der Lage sind, den Holocaust in einen moralischen Erfahrungsraum zu stellen, der für eine große Anzahl von Menschen weltweit anschließbar ist. Dies hindert nicht, die Art und Weise zu kritisieren, wie sie dies tun, wie nicht zuletzt die vielfältigen Reaktionen auf Spielbergs Film zeigen. Doch bei aller Kritik im Einzelnen scheinen Bilderverbote oder elitäre Ablehnungen von Massenkultur fehl am Platze zu sein. Eine Kritik, die gegen die Verwandlung von Auschwitz in eine «Konsumware» polemisiert, aber zugleich die «universale Dimension des Holocaust … mit einer auf die Zukunft ausgerichteten moralisch-emanzipatorischen Obligation» verbinden möchte, kann stellvertretend für die Schwierigkeit stehen, die sich hier auftut.[5]

Die Wucht des Ereignisses treibt die massenmediale Verarbeitung geradezu zwangsläufig hervor, wie kritisch auch immer die Produkte dieser Verarbeitung zu analysieren sein mögen und exemplarisch an der unterschiedlichen Zugangsweise von Claude Lanzmanns «Shoah» oder Steven Spielbergs «Schindlers Liste» zum Ausdruck kommen. Offenbar bleibt gar nichts anderes übrig, als auf einen ständigen Prozess von Kritik und Gegenkritik zu setzen, der zur Urteilsbildung des interessierten Publikums beiträgt.

Noch komplizierter wird es, wenn es um die massenmediale Vermittlung von Holocaust-Erinnerungen im Kontext von politischen Konflikten geht, bei denen die Frage der «humanitären Intervention» aufgeworfen wird. Levy und Sznaider zeichnen beispielhaft auf (S. 178 ff.), wie die Berichterstattung vom Bosnienkrieg des Jahres 1992 bis zum Massaker von Srebrenica (1995), das zum späteren Eingreifen der NATO im Kosovo beitrug, in Fernsehbildern und Kommentaren sukzessive Bezüge zu Konzentrationslagern und Auschwitz herstellte. Es kam ein Definitionsprozess in Gang, an dessen Ende eine Gleichsetzung von Serben mit Nazis stand, obwohl bekannt war, dass die Serben zu Zeiten des Dritten Reichs entschiedene Gegner der Nazis waren. Auf diese Weise kam es zu einem «dialektischen Prozeß», in dem der Kosovokrieg zu einem Moment in der «Universalisierung des Holocaust» wurde sowie umgekehrt die Universalisierung des Holocaust als «zeitlose und entortete» Erinnerung zu einem wichtigen Beweggrund für die Intervention gegen die Serben: «Kosovocaust» (S. 188).

Die Erinnerung an den Holocaust überlagert nationale Formen der Erinnerung, die sich an den Weltkriegen des 20. Jahrhunderts orientieren, sodass sich als generelle Tendenz festhalten lässt:

> «Es ist die Entortung der Holocausterinnerung, welche ein abstraktes und somit universal zugängliches Terrain eröffnet, auf welchem sich kosmopolitische Erinnerungen bilden können. Diese entortende Kraft ist im wesentlichen die Folge der Amerikanisierung des Holocaust, hat sich aber mittlerweile zu einer globalen Norm entwickelt, wodurch Menschenrechtskonventionen zu einem Prinzip internationaler Friedens- und Kriegspolitik geworden sind.» (S. 210)

Als Fortsetzung dieses Prozesses sehen die Autoren das Holocaust-Forum in Stockholm (2000), auf dem unter Beteiligung hochrangiger Politiker der europäischen Staaten insbesondere der zukunftsorientierte Stellenwert der Holocaust-Erinnerung zum Ausdruck kommt, wenn die Deklaration fordert, «das moralische Pflichtgefühl unserer Völker und die politische Verantwortung unserer Regierungen zu stärken, um sicherzustellen, daß zukünftige Generationen die Ursachen des Holocaust verstehen und über seine Konsequenzen nachdenken können» (S. 213). Zu konstatieren, dass damit der Holocaust weiter im europäischen Gedächtnis verankert wird, ist sicherlich zutreffend.

Allzu euphorisch gehen die Autoren jedoch weiter und erklären den Holocaust nach dem Kalten Krieg geradezu «zum neuen europäischen Gründungsmoment»[6], weil sich dieses Ereignis nicht zuletzt in europäisch-volkspädagogischer Hinsicht «in abstrakte Kategorien von gut und böse einreihen läßt» (S. 214), wodurch eine Entortung von Erinnerung geleistet wird.

Spätestens hier zeigen sich die systematischen Grenzen dieser soziologischen Studie, die gerade dann zu bemerken sind, wenn man ihre produktiven Seiten würdigt: Die moralische Relevanz des Holocaust wird in origineller Weise zum Gegenstand einer Untersuchung, die mit der Gedankenfigur der Entortung von Politik und Kultur aufzeigt, wie die kosmopolitische Öffnung eines moralischen Erfahrungsraums interpretiert werden kann, an der wir interessiert sein müssen, wenn wir uns sowohl an das existenzielle Reflexionsradikal aus der Ich-Perspektive als auch an den Begriff von moralischer Zeitgenossenschaft erinnern, auf den wir als methodische Rekonstruktionen der Negation von Inhumanität gestoßen sind (vgl. Kap. 1.3).

Doch die Negation von Inhumanität aus der Erfahrung des Holocaust weist Besonderheiten auf, die sich in der von Levy und Sznaider zugrunde gelegten Forschungsperspektive fast zwangsläufig verlieren. Der moralische Bruch, der mit dem Verlust eines einheitlichen moralischen Bildes vom Menschen einhergeht, entzieht sich der Einreihung in unspezifizierte «abstrakte Kategorien von Gut und Böse»: Gattungsbruch ist von anderer Qualität und erzwingt eine Neubesinnung solch herkömmlicher Kategorien (vgl. Kap. 1.1). Dies zu thematisieren ist gerade dann von Bedeutung, wenn man die oben zitierte Stockholmer Deklaration ernst nimmt, die das Ziel hat, dass künftige Generationen «die Ursachen des Holocaust verstehen und über seine Konsequenzen nachdenken können». Zur Kosmopolitisierung des Holocaust muss eine komplementäre geschichtlich-moralische Vertiefung treten. Eine solche Vertiefung ist nicht gleichbedeutend mit ausschließlich nationalen Perspektiven zu sehen. Ihre Sicht ergibt sich aus der Notwendigkeit, die moralische Tiefendimension von Auschwitz so zu erschließen, dass deren Verständnis und mögliche Konsequenzen so klar wie möglich zutage treten.

Mit Blick auf moralisch-politische Probleme der «humanitären Intervention», für die keine abstrakten Lösungsformeln anzubieten sind, vermag die geschichtlich-moralische Vertiefung von Auschwitz gleichfalls einen Beitrag zu leisten. In Verbindung mit wissenschaftlich orientierten politischen Fallanalysen gilt es, eine Differenzierung zu erreichen, die das Vokabular von «Gut und Böse» in Relationen stellt, welche die Bedeutung von Auschwitz für verantwortungsethische Reflexion und Entscheidung festhält, ohne sie zu nivellieren.

Als Konsequenz bietet sich an, die Tendenzen der entortenden Globalisierung der Holocaust-Erinnerung, die Levy und Sznaider aufzeigen, dialektisch zurückzubinden auf zukunftsorientierte Prozesse der Re-Verortung von entorteten Erinnerungen, ohne die das kulturell-moralische Gedächtnis nicht auskommt. Auch hierfür steht das Holocaust-Denkmal in Berlin.

Geschichtsschreibung und Moral

Wenn wir die moralische Tiefendimension von Auschwitz als Gattungsbruch verstehen, dann ist klar, dass dies Auswirkungen auf das Selbstverständnis der historischen Forschung und ihre leitenden Begriffe haben muss. Ebenso ist klar, dass Vorstellungen von «deutscher Identität», die diesem Bruch nicht Rechnung tragen, unakzeptabel sind. Diese Problemlagen kommentiere ich im Folgenden an einigen wichtigen Beiträgen von Historikern.

Der von Dan Diner gewählte Begriff des «Zivilisationsbruchs» steht in der Tradition der von Hannah Arendt betonten universellen Bedeutung von Auschwitz («Verbrechen an der Menschheit», vgl. Kap. 1.1) und bringt mit eigenen Akzenten die «weltgeschichtliche Bedeutung des Nationalsozialismus» zum Ausdruck:

«Der nationalsozialistische Zivilisationsbruch, wie er in der praktischen Widerlegung der Prinzipien von Zweckrationalität und Selbsterhaltung durch die Tat ‹Auschwitz› wirklich wurde, erhebt die *partikulare* Perspektive der zur Vernichtung ausersehenen Opfer paradoxerweise zum *allgemeinen* Maß, weil die Radikalität des *erfahrenen* Opferseins mit jenem *universellen kognitiven* Unvermögen in eins zusammenfällt, sich vor dem Hintergrund westlich-zweckrationaler Zivilisation eine – und vor allem die eigene – zwecklose Vernichtung überhaupt vorstellbar zu machen. Jedes Denken, das auf ein interessengeleitetes, zumindest auf Selbsterhaltungsmotive des anderen gerichtetes Handeln spekuliert und sie im eigenen Handeln antizipierend aufnimmt, wird durch die Sinnlosigkeit der Vernichtung dementiert.»[7]

Indem die Nazis die Vernichtung der Juden entgegen ihren eigenen wirtschaftlichen Interessen und entgegen den Erfordernissen ihrer Kriegsführung vorantrieben, nahmen sie eine Position des «Gegenrationalen» ein, die nach Diner von Irrationalität zu unterscheiden ist, weil mit ihr die kognitive Orientierung an Zweckrationalität und das Interesse an Selbsterhaltung fallen gelassen werden.

Diese Sichtweise erläutert Diner an der Situation der Judenräte, die den Versuch machten, die Nützlichkeit ihrer Leidensgenossen als Arbeitskräfte zu organisieren, um den Nazis quasi ökonomische Leistungen anzubieten, die wenigstens einem Teil der Juden das Leben retten konnten. Obwohl die Strategie «Rettung durch Arbeit» insgesamt keinen Erfolg haben konnte, gibt es dennoch Beispiele dafür, dass Teilerfolge möglich waren, wie insbesondere im Fall des Ghettos von Lodz gezeigt werden kann.[8] Die Judenräte versuchten, auf die Nazis mit einer Rationalität zu reagieren, die für diese nicht mehr durchgehend bindend war. Es war der Versuch, auf außermoralische Ressourcen von Rationalität im Sinne des «homo oeconomicus» zurückzugreifen, der jedoch an der «Gegenrationalität» der Nazis scheiterte. Zugleich war dieser Versuch mit der ganzen Tragik des moralischen Dilemmas behaftet, dass Juden selbst die «Selektion» von Juden zu verantworten hatten, die nicht mehr als Arbeitskräfte in Frage kamen. Wenn Diner den Schluss zieht, dass der Historiker, der über Nazismus und die «Endlösung» schreibt, eine «negative historische Kognition» braucht, durch die er die nach herkömmlichen Maßstäben in sich gebrochene Rationalität seines Untersuchungsgegenstandes als «Objekt des Verstehens» reflektiert, so ist der Richtung dieser methodischen Überlegung im Grundsatz zu folgen. Doch sie bedarf einer entscheidenden Qualifikation, die sich in einer anderen Begrifflichkeit als der von Zweckrationalität und Selbsterhaltung zu bewegen hat.

Wir müssen die «Logik der Vernichtung» auf die nazistische Transformationsmoral zurückbeziehen, die im Rahmen der nazistischen Ideologie den Gattungsbruch vorantreibt und damit eine Gegenmoral inauguriert. Insofern kann das «Gegenrationale», das Diner als das Überbordwerfen von Maßstäben des Zweckrationalen und Interessenrationalen interpretiert, seinerseits als in Wertüberzeugungen gegründet verstanden werden, die selbst dieses Gegenrationale noch mit einer immanenten Konsistenz versehen. Wenn wir auf diese Weise das Gegenrationale, das Diner herausarbeitet, in das nazistische Projekt einer moralischen Transformation des Menschen integrieren, dann bedeutet dies, dass wir die von Diner betonte «negative historische Kognition» vor allem in moralischen Begriffen fassen müssen.[9] Wir brauchen die «negative moralische Kognition» des Gattungsbruchs, um uns die Bedeutsamkeit des historischen Objekts, mit dem wir es zu tun haben, zu erschließen. Insofern kann man dem Fazit nur zustimmen: «Auschwitz muss *gedacht* werden, ehe man darüber historisch schreiben kann.»[10]

Dieses Fazit leitet über zur Frage der «Historisierung des Nationalsozialismus», in deren Kontext auch Diners Überlegungen seit dem «Historikerstreit»[11] stehen. Zu dieser Frage ist es lohnend, auf Überlegungen von Jörn Rüsen einzugehen, die den «Historikerstreit» in größerem Abstand reflektieren und das Thema «Moralität und Historizität» ins Zentrum rücken. Für Rüsen «lautet die bohrende Frage, die die wachsende zeitliche Distanz der Gegenwart zum Nationalsozialismus und die aus ihr unvermeidlich folgende Historisierung unseres Verhältnisses zu ihm aufwirft, ob diese Historisierung eine Entmoralisierung unseres Verhältnisses zum Nationalsozialismus und damit auch zum Holocaust bedeute.»[12]

Rüsen ist zu Recht der Auffassung, dass «Historisierung keine Entmoralisierung bedeutet», weil es unvermeidlich ist, dass Menschen als moralische Subjekte, die sich erinnern, zugleich in ein moralisches Innenverhältnis zur Subjektivität derjenigen treten, deren Handeln und Leiden Inhalt der Erinnerung ist. Daher gilt: «Moral blockiert … nicht die Zugänge zur Geschichte, sondern macht sie allererst möglich, sie ist gleichsam das Tor zur spezifisch historischen Dimension der Vergangenheit …» Mit dieser Argumentation wendet sich Rüsen gegen das «Blockadeargument» von Martin Broszat, der in seinem viel diskutierten «Plädoyer für eine Historisierung des Nationalsozialismus» die moralische Pauschaldistanzierung von der Zeit des Nationalsozialismus kritisiert und zugleich für eine «Auflösung dieser Blockade zugunsten einer moralischen Sensibilisierung der Historie überhaupt, gerade aufgrund der Erfahrung des Nationalsozialismus» eintritt.[13]

Diesem Plädoyer mangelt jedoch seinerseits die moralische Begrifflichkeit, die nötig wäre, um moralische Sensibilität und Differenzierung für Bereiche der NS-Zeit walten zu lassen, die in keinem direkten Zusammenhang mit Auschwitz stehen. Dieses Defizit benennt Rüsen und macht deutlich, dass es nicht möglich ist, die Historisierung des Nationalsozialismus ohne eine moralische Interpretation des Holocaust zu diskutieren. Seine eigene Interpretation besteht darin, eine identitätstheoretische Konzeption vorzulegen, die mit dem Gedanken eines «differenzübergreifenden Menschseins» arbeitet:

> «… ein solches Identitätskonzept läßt in den Verbrechen des Nationalsozialismus den Widerschein der eigenen Subjektivität wahrnehmen … Aus dem Moralismus der Verurteilung vergangener Handlungen wird eine historische Einsicht zeitübergreifender Möglichkeit als drohende Gefahr. Damit werden keinesfalls die historischen Differenzen zwischen Potentialität und Aktualität von Unmenschlichkeit eingeebnet, sondern im Blick auf die Bedeutung von Kontingenz wahrgenommen. Zugleich aber löst sich der starre Blick auf ein zeitlich begrenztes Stück der Vergangenheit und weitet sich zur Wahrnehmung dynamischer Prozesse, die über die Gegenwart in die Zukunft hineinreichen.»[14]

Die Einsicht in die «zeitübergreifende Möglichkeit drohender Gefahr», die Rüsen formuliert, leuchtet sofort ein, wenn wir uns den Zusammenhang von Gattungsbruch und Gattungsversagen vergegenwärtigen, die sich als tiefere Bedeutung des moralischen Geschehens des Holocaust ergeben haben. Insofern ist die zeitübergreifende Möglichkeit drohender Gefahr, die mit dem Riss im moralischen Bild des Menschen einhergeht, immer schon gegeben und löst zeitliche Umgrenzungen auf, weil davon Gegenwart und Zukunft gleichermaßen tangiert werden. Dies festzustellen, so haben wir gesehen, hat nichts mit «Moralisierung» zu tun, sondern ergibt sich aus dem Versuch, empirische Forschung und moralphilosophische Begriffe zu integrieren. «Moralisierung» qua «moralische Verurteilung» und die Interpretation der moralischen Bedeutung geschichtlich relevanter Ereignisse können unterschieden werden.

Wenn wir diese Unterscheidung im Auge behalten, wird zweifelhaft, ob es Rüsen gelingt, über den Gedanken eines «differenzübergreifenden Menschseins» eine «historische Einsicht» zu formulieren, die ihrerseits in einer moralphilosophischen Begrifflichkeit gehalten ist, der man nicht folgen muss:

> «Was geschieht im Rahmen einer solchen Konzeption von historischer Identität mit der Authentizität der Täterschaft? ... Sie muß ... als Herausforderung der historischen Erfahrung genau dort zur Geltung gebracht und ernst genommen werden, wo die historische Aneignung der Epoche des Nationalsozialismus den innersten Kern der Subjektivität betrifft, der mit dem Begriff ‹Identität› angesprochen wird. Es scheint, als gäbe es hier nur einen fundamentalen Akt der Nicht-Identifikation, der entschiedenen Diskontinuität und des vermittlungslosen Bruchs. Aber dann wäre der Moralismus, der die historisierende Aneignung dieser Vergangenheit verhindert, im Kern der Historisierung selber angesiedelt.»

Wenn man so will, dann ist der «Moralismus» in der Tat im Kern der Historisierung angesiedelt, aber nicht, weil es um eine wohlfeile moralische Verurteilung aus sicherer Distanz geht, sondern weil die Zeit des Nationalsozialismus ein Interpretationsproblem aufwirft, das nicht ohne das Heranziehen eines moralischen Vokabulars angegangen, geschweige denn gelöst werden kann. Erst das Bemühen um ein solches Vokabular scheint es zu ermöglichen, die von Broszat angesprochene «moralische Sensibilisierung» überhaupt in Angriff nehmen zu können, die nicht nur den Holocaust, sondern die Zeit des

Nationalsozialismus in ihrer ganzen moralischen Bandbreite in den Blick nimmt. Doch entsprechende Differenzierungen sind in den Horizont zu stellen, der nun einmal durch die moralische Katastrophe von Auschwitz bezeichnet wird.

Natürlich wäre es abwegig, mit Begriffen von Gattungsbruch, Gattungsversagen, nazistischer Transformationsmoral alles zu nivellieren, was die Bandbreite der nationalsozialistischen Zeit in moralischer Hinsicht zeigt. Doch erst wenn die Relevanz dieser oder vergleichbarer Begriffe klar ist, können wir z. B. gezielt fragen, wie sich die Realitäten des «alten» moralischen Bewusstseins von Menschen an den Vorgaben des nazistischen Wertesystems gestoßen haben, wie umgekehrt Menschen, die zunächst gar nichts gegen den Antisemitismus der Nazis hatten, sukzessive zu Widerständlern wurden, weil sie gefühlt, erfahren, erkannt oder nur geahnt haben, welche Radikalisierung in der «Judenfrage» im Gang war oder sich abzeichnete etc. Ebenso mag es um die moralische Bandbreite der «anständigen» Nazis gehen oder um die Attraktivität, die der Nazismus auch außerhalb Deutschlands auf sich gezogen hat.

Doch solche Differenzierungen setzen auf der Ebene der moralischen Identität jenen «fundamentalen Akt der Nicht-Identifikation voraus», der nicht zu umgehen ist, weil nur durch ihn auch die «negative moralische Kognition» zu gewinnen ist, die wir oben in Auseinandersetzung mit Diner als erschließende Bedingung des Historikers herausgearbeitet haben. Demgegenüber formuliert Rüsen eine andere erschließende Vorstellung, die jedoch im Licht des nazistischen Gattungsbruchs obsolet geworden ist:

«Die Besonderheit besteht darin, daß der Holocaust eine elementare normative Qualität des Menschseins – ich nenne sie: Menschheitlichkeit – radikal negiert hat und mit ihm die Überzeugung, daß das Menschsein des Menschen mit einer quasi-natürlichen, einer fundamentalen und universellen Selbstverständlichkeit einen normativen Charakter, einen hohen inneren Wert hat. Es ist die Menschheitlichkeit, die die Nachgeborenen im identitätsträchtigen Prozeß des historischen Verstehens den Subjekten der Vergangenheit grundsätzlich zubilligen müssen … Das gilt auch für die Täter. Ihre Tat muß so gedeutet werden, daß die Täter mit ihr ihre eigene Menschheitlichkeit ebenfalls getötet haben und damit tendenziell Menschheitlichkeit überhaupt. Genau hier liegt die Ungeheuerlichkeit des Holocaust, die ihn nicht bruchlos in eine Kontinuität historischer Entwicklungen eingehen läßt, an die positiv identitätsträchtig angeknüpft werden könnte.»

Mit dieser Deutung bewegt sich Rüsen in einer kantischen Gedankenfigur, die ein einheitliches moralisches Bild des Menschen aufgrund seines Menschseins als eines solchen vertritt und dieses Menschsein als Wert an sich fasst. Er versucht, den Holocaust im Rahmen dieser Gedankenfigur zu interpretieren, was sich daran zeigt, dass er konsequenterweise die Täterschaft so versteht, dass die Täter ihre eigene Menschlichkeit getötet haben. Darin überlebt der Gattungstraditionalismus; denn aufgrund dessen muss man sagen, dass die Täter ihre eigene Menschlichkeit getötet haben. Man kann dann nicht sagen, dass sie die «universelle Selbstverständlichkeit», das «Quasi-natürliche» eines einheitlichen Begriffs des Menschseins hinter sich gelassen haben, indem sie ein «neues Menschentum» zu schaffen bereit waren, auf dessen Weg sich Auschwitz befand. Freilich nicht alle Täter gleichermaßen, weil wir bezogen auf die nazistische Ideologie und Transformationsmoral wiederum zwischen Gattungsbrechern und gewöhnlichen Verbrechern unterscheiden müssen (vgl. Kap. 1.1).

Wenn Rüsen schließlich festhält, dass der Holocaust eine Erfahrung davon darstelle, dass «die normative Qualität dieses Menschseins, die je eigene und zugleich universelle Menschheitlichkeit selber kontingent ist», dann deutet sich zwar eine Richtung der historischen Reflexion an, die wir oben in moralischer Hinsicht durch den Begriff des historischen Universalismus ausgeführt haben; doch diese Reflexion bleibt bei Rüsen eingebunden in die Fragestellung, wie man historisch die Tötung der Menschheitlichkeit im Holocaust so verarbeiten kann, dass diese zugleich wahrgenommen und überwunden wird.

Zu dieser Verarbeitung macht Rüsen einen bedenkenswerten Vorschlag, der darin besteht, «historisch trauern zu lernen». Die Idee besteht darin, im Unterschied zur Trauer aus emotional-persönlicher Betroffenheit eine Trauerarbeit zu entwickeln, die bezogen auf Kollektive einen «seelisch-geistigen Vorgang im Bereich des Geschichtsbewußtseins» meint, der sich reflexiv auf einen Verlust richtet, der etwas Allgemeines und Grundsätzliches mit sich führt: «einen Entzug von Welt, der mit einem Selbstverlust verbunden ist.» Dieser Ansatz wird auf drei Stränge des «historischen Gewebes der eigenen Identität» bezogen (Generationenfolge, Nation, Menschheit), wovon wir zunächst die Menschheitsdimension herausgreifen, um an die obigen kritischen Überlegungen anzuknüpfen. Denn dann zeigt sich, dass Rüsen da, wo er den Verlust, der eingetreten ist, sehr deutlich beim Namen nennt, kaum noch den Weg zurück zum Leitgedanken eines «differenzübergreifenden Menschseins» findet. Sehr treffend formuliert Rüsen das Bild des modernen Selbst durch «ein Menschheitskriterium …, das aus der puren Zugehörigkeit zur Menschengattung politische Grundüberzeugungen gewinnt und historisch in der Genese des eigenen Gemeinwesens plausibel macht. Es handelt sich … um den obersten Gesichtspunkt der Organisation demokratischer Teilhabe – ausgeführt in den Menschenrechten.» Doch was geschieht, wenn wir auf diesen universalistischen Gattungstraditionalismus die historische Erfahrung beziehen?

Zunächst lässt sich feststellen, dass Rüsens Diagnose sich dem Gattungsbruch nähert:

> «Eine historische Erfahrung, in der die universale Geltung dieses Menschheitskriteriums dadurch negiert wird, daß Andere ihres Menschheitsstatus beraubt werden, tangiert den Grund der eigenen Identität, die sich menschheitlich versteht … Allemal wirkt eine solche historische Erfahrung als Selbstverlust. Sie zieht den zivilisatorischen Grundlagen moderner Gesellschaften den historischen Boden unter den Füßen weg. Sie läßt sich nicht in die Vorstellung eines Zeitverlaufs integrieren, in der Vergangenheit und Zukunft durch die ungebrochene Geltung des normativen Werts des Menschseins zusammengehalten werden. Sie zerbricht die Kontinuität derjenigen Geschichte, in die die bürgerliche Subjektivität ihre menschheitlich-normativen Züge eingeschrieben hat, in Stücke.»

Wenn wir den Selbstverlust der kollektiven Identität, den Rüsen thematisiert, gleichsam in einem Vokabular der moralischen Trauer beschreiben, über das wir verfügen, dann wird deutlich, dass wir in der historischen Situation, in der wir stehen, nicht mit einer Fiktion antworten können, die Rüsen im Sinne der Wiederaneignung einer gattungstraditionellen Menschheitsorientierung vorschlägt: «Man könnte von Fiktion im Sinne eines wirklichkeitsträchtigen ‹Als Ob› sprechen … Die verlorene Sicherheit eines verläßlichen Besitzes gültiger und wirksamer Normen wird als Unruhe von Kritik und Utopie und als Motivation wiedergewonnen, die eigene Welt in einer Bewegung zu halten, die diesen Normen geschuldet ist.»

Auch ein Gattungstraditionalismus des «Als Ob» bleibt an das traditionelle Muster gebunden. Stattdessen haben wir andere Einsichten und Konsequenzen stark zu machen. Indem die nazistische Transformationsmoral gezeigt hat, dass ein grundsätzlich anderes Bild des Menschen möglich ist, das für uns als unmoralisch zu qualifizieren ist, jedoch die Kraft in sich hatte, nicht nur eine Selbstbindung von Eliten zu schaffen, sondern tendenziell auf «normale» Menschen überzugreifen, sie in ihren Bann zu ziehen und selbst den Holocaust aktiv oder passiv zu tragen, bleiben die moralischen Möglichkeiten des Menschen gebrochen oder gespalten. Der moralische Riss im Bild des Menschen, der durch Gattungsbruch und Gattungsversagen gekennzeichnet ist, kann nicht mehr gekittet werden. Dies zu versuchen, käme lediglich einer metaphysischen Hoffnung gleich. Insbesondere die Trauer über das moralische Gattungsversagen, das mit dem Holocaust einhergeht (vgl. Kap. 1.1), sollte dazu führen, Perspektiven von Humanität unter Bedingungen eines Menschseins zu erkunden, das nicht «differenzübergreifend» zu reflektieren ist, sondern unter Betonung der Differenzen. Dem korrespondiert ein Geschichtsbewusstsein des moralischen Bruchs, das es unmöglich macht, weder in der Dimension der Menschheit noch der Nation einem identitätstheoretischen Gedanken zu folgen, der auf ein geschichtlich re-integriertes «Wir» zusteuert.

Die Negation von Inhumanität, die ich oben in der Ich- wie der Wir-Perspektive dargelegt habe und die für die Wir-Perspektive sukzessive in einem Begriff der moralischen Zeitgenossenschaft entfaltet wurde, lebt von inhaltlichen Festlegungen auf einen moralischen Universalismus, der nicht «metahistorisch» ist, sondern aus geschichtlichen Vermittlungen gedacht wird, in die sowohl die Realgeschichte des Universalismus mit der für ihn charakteristischen Universalisierungsdynamik Eingang findet als auch das Brechen dieser Dynamik durch den Nazismus. Wenn wir den Universalismus als historischen verstehen, dann bleibt die reale Möglichkeit des moralischen Andersseins prinzipiell offen. Dies ist der Grund, weshalb ein menschheitliches «Wir» ebenso wie ein nationales «Wir» unter bestimmte Qualifikationen zu stellen ist, die unaufhebbaren Differenzen Rechnung tragen.

Weil in Moralkonzeptionen zugleich existenzieller Sinn als praktisch-moralische Identität definiert wird, ist es ausgeschlossen, ein moralisches Anderssein bruchlos unter dem Begriff eines kollektiven Wir zu integrieren. Es ist daher nicht nachvollziehbar, wie ein solches Anderssein «Teil des eigenen Selbst» werden kann, wie Rüsen meint, wenn er am Beispiel einer Äußerung von Klaus von Dohnanyi einen «neuen identitätsträchtigen Umgang mit dem Holocaust» wahrzunehmen glaubt:

> «Wer in unseren Tagen zu diesem Land in seiner Tragik und mit seiner ganzen Geschichte wirklich gehören will ..., der muß sagen können: Wir haben den Rassismus zum Völkermord gemacht; wir haben den Holocaust begangen; wir haben den Vernichtungskrieg im Osten geführt ... Nicht ‹Deutschland›, die abstrakte Nation ... nein, wir selbst sind es gewesen ... die deutsche Identität ... wird heute eben durch nichts deutlicher definiert als durch unsere gemeinsame Abkunft aus dieser schändlichen Zeit ...»[15]

Diese Art, den Gattungsbruch und das Gattungsversagen in eine Vorstellung von «deutscher Identität» einzuarbeiten, beschreitet bei allem guten Willen den falschen Weg: Die hier in Frage stehende problematische gemeinsame Abkunft kann man sich nicht aneignen, indem man Unvereinbares vereinheitlicht, sondern nur in der Abarbeitung von Differenz zu einem «Wir», mit dem uns eine moralisch reflektierte Zeitgenossenschaft die Identifikation auf immer versagt.

Ausblick: Auschwitz im Vergleich und als Gefahr der Wiederholung

Nachdem die Relevanz einer moralphilosophischen Begrifflichkeit für die Reflexion der Zugangsweise der Sozialwissenschaft zu den mit Auschwitz bezeichneten Geschehnissen deutlich geworden ist, möchte ich das Verhältnis von empirischer Forschung und Moral abschließend an zwei Fragen erörtern. Diese Fragen betreffen die «Einzigartigkeit» von Auschwitz und die Gefahr seiner Wiederholung.

Was die erste Frage angeht, so sollte klar sein, das die Einzigartigkeit von Auschwitz, wenn sie besteht, nur dadurch bestimmt werden kann, dass die spezifische Besonderheit herausgehoben wird, welche dieses Ereignis von anderen Ereignissen unterscheidet, die in einer Dimension der Vergleichbarkeit zu thematisieren sind. Es macht keinen Sinn, Auschwitz in einen Vergleich mit singulären Morden zu setzen, sondern nur mit solchen Ereignissen, die als Völkermord gelten können. Aufgrund der Interpretation, die wir erreicht haben, lautet daher die Frage: Gibt es ein geschichtliches Ereignis, das als Völkermord gleichfalls dazu nötigt, die Diagnose des Gattungsbruchs zu stellen und gegebenenfalls auch ein komplementäres Gattungsversagen zu berichten?

Diese Frage kann im Hinblick auf die empirische Genozidforschung durchaus als offen betrachtet werden, weil die in diesen Begriffen vollzogene moralphilosophische Interpretation von Auschwitz nicht beeinträchtigt wird, falls sich herausstellen sollte, dass es ein in relevanter Hinsicht vergleichbares Ereignis bereits gegeben hat. Wir müssten dann freilich feststellen, dass uns Auschwitz allererst sensibilisiert hat, vergleichbare Ereignisse in «negativer moralischer Kognition» wahrzunehmen. Der Abschied vom Gattungstraditionalismus würde durch vergleichende Bestätigung nur unterstrichen. Die deutschen Untaten würden nicht relativiert, weil eine Charakterisierung als Gattungsbruch keine Relativierung zulässt, auf wen auch immer sie zutreffen mag.

Soweit ich sehe, liegen zwar in der empirischen Genozidforschung keine Ergebnisse in dieser Richtung vor, doch wäre es offenbar nicht sinnvoll, sie a priori ausschließen zu wollen. Es besteht kein moralischer Zwang, die Einzigartigkeit von Auschwitz empirisch nachweisen zu müssen, sowenig ein solcher Nachweis der hier vorgetragenen Verbindung von Gattungsbruch und Gattungsversagen widersprechen würde.

Gleichwohl stellt sich auch hier die Frage nach der Begrifflichkeit, mit der historische Forschungen operieren, die der Frage der Einzigartigkeit von Auschwitz in vergleichenden Studien nachgehen. Dazu kommentiere ich einige wenige Punkte der groß angelegten Untersuchung von St. T. Katz, der in einer quasi weltgeschichtlichen Perspektive die Einzigartigkeit des Holocaust herauszuarbeiten sucht. Katz geht es darum, die Forderung von Broszat und anderen hinsichtlich der Historisierung des Holocaust gerade so aufzunehmen, dass in Fallstudien, die Jahrhunderte übergreifen, die spezifische Besonderheit des Holocaust demonstriert wird:

> «Wie Broszat akzeptiere ich das einleuchtende Argument, dass der Holocaust Gegenstand der historischen Forschung werden muss … Im Gegensatz zu der falschen Dichotomie zwischen Historisierung und Einzigartigkeit, für die Broszat und andere eintreten, ist es meine Absicht, die Einzigartigkeit der Sho'ah genau durch ihre Historisierung nachzuweisen.»[16]

Dabei geht Katz methodisch so vor, dass er keine «moralischen oder transzendentalen Kriterien» zugrunde legen möchte, sondern das Spezifische des Holocaust in der «intentionalen Verfolgung der restlosen physischen Vernichtung eines Volkes» sieht, eine Absicht, die darauf abzielt, jeden Mann, jede Frau, jedes Kind dieses Volkes physisch zu vernichten. Durch diese intentionalistische Definition des Holocaust versucht Katz, in methodischer Hinsicht seine Forschungen zu entmoralisieren, da er diese nicht hinsichtlich ihrer moralischen Bedeutung interpretieren zu müssen glaubt.

Damit kein Missverständnis entsteht: Natürlich geht Katz von einer moralischen Verurteilung des Holocaust aus und charakterisiert ihn als «monumentales Verbrechen». Dies bildet die Voraussetzung seiner Forschung im «context of discovery», die unerlässlich ist, um Vergleiche mit anderen Verbrechen anzustellen, die gleichfalls «monumental» genannt werden können. Doch hierbei handelt es sich um die Artikulation des Forschungsinteresses, das sich unvermeidlicherweise in einem moralisch wertenden Vokabular bewegt, ganz so, wie es der oben klargestellten sozialwissenschaftlichen Methodik entspricht (Kap. 3.1).

Zugleich gibt Katz jedoch eine Interpretation, die man als Strategie der moralischen Neutralisierung bezeichnen kann. Diese besteht darin, dass er vermeiden möchte, die Opfer des Holocaust gegenüber den Opfern anderer Verbrechen, die vergleichend betrachtet werden, an die Spitze einer Hierarchie des Bösen und des Leidens zu setzen. Der Holocaust sei in der moralischen Wertung nicht schlimmer («not more evil») als andere Geschehnisse, wie die griechisch-römische Sklaverei, der Massenmord an den Armeniern, das Leiden der Ureinwohner Süd- und Nordamerikas oder der Archipel Gulag. So richtig eine solche Feststellung in Bezug auf das konkrete Leiden der Opfer ist, das man in der Tat in keine moralische Hierarchie von Demütigung, Schmerz und Grausamkeit bringen kann, so richtig ist auch, dass damit die Frage nach der moralischen Bedeutung eines Geschehens in Begriffen seiner epochalen oder weltgeschichtlichen Relevanz noch nicht beantwortet ist. Diese Frage lässt sich nicht in Begriffen der moralischen Gleichheit der Opfer hinsichtlich ihres Leidens neutralisieren, wenn man in Vergleiche eintritt, die epochenübergreifend orientiert sind. Durch seine Strategie der Historisierung des Holocaust im Rahmen einer moralischen Neutralisierung bleibt Katz spiegelbildlich der Gedankenfigur einer Entmoralisierung des Holocaust verhaftet, für die Broszats Plädoyer für eine Historisierung des Nationalsozialismus steht.

Auch das empirische Material, das Katz in beeindruckender Fülle ausbreitet, verlangt daher eine weitergehende Reflexion zum Verhältnis von moralischer Begrifflichkeit und empirischer Forschung, das Katz unterbestimmt lässt:

«Obwohl man für die philosophische Möglichkeit offen bleiben muss, dass die Sho'ah in transzendentaler Hinsicht einzigartig ist, dass sie alle hergebrachten und bewährten philosophischen Kategorien transzendieren könnte, Kategorien, die ohne Scham zu empfinden konstruiert werden, um Einzigartigkeit aufgrund ihres kategorialen Status zu verneinen, werde ich diese und ähnliche Ansprüche *nicht* als meine eigenen vorbringen.»

Nachdem wir uns klar gemacht haben, in welcher Weise die Komplementarität von Gattungsbruch und Gattungsversagen dazu nötigt, althergebrachte philosophische Kategorien des Gattungstraditionalismus preiszugeben, um das Besondere des moralischen Geschehens des Holocaust zu deuten und daraus philosophische Konsequenzen zu ziehen, besteht keine weitere Veranlassung, an der philosophischen Zurückhaltung von Katz auch für die empirische Forschung festzuhalten. Das Problem, um das es geht, betrifft ebenso die Interpretation der Empirie im «context of justification». Denn nun könnte man unter Aufnahme der von Katz in Ansatz gebrachten Untersuchung die Problemorientierung einer empirisch vergleichenden Forschung in einer Begrifflichkeit fassen, die unsere Ausgangsfrage bekräftigt: Gibt es außer dem Holocaust noch Ereignisse, die sich analog dem Tatbestand beschreiben lassen, dass im Nazismus eine Komplementarität von Gattungsbruch und Gattungsversagen feststellbar ist?

Wie bereits gesagt, entstand diese Komplementarität dadurch, dass die nazistische Ideologie eine Transformationsmoral impliziert, die zu ihrem wesentlichen Bestandteil eine gattungsnegative Vernichtungsoption gegen das jüdische Volk in seiner Gesamtheit hat und die Konzeption eines neuen Menschentums essenziell mit dieser Option verbindet. So konnte eine Überzeugungsgemeinschaft entstehen, die, angestoßen von der Nazi-Elite, für weite Teile ihrer Anhängerschaft die Umsetzung der Vernichtungsoption ermöglichte und darüber hinaus auf weite Teile der Bevölkerung eine starke Anziehungskraft ausübte, die der tendenziellen Bereitschaft gleichkam, nach und nach herkömmliche moralische Schranken hinter sich zu lassen. In dieser Weise können wir die empirische Forschung in einem philosophischen Bezugsrahmen aufnehmen, für ihre Ergebnisse offen bleiben und gegebenenfalls begriffliche Modifikationen vornehmen. Umgekehrt muss sich die empirische Forschung einem selbstreflexiven Prozess der Überprüfung ihrer Interpretationskategorien stellen, die ohne das Einbeziehen einer moralphilosophischen Begrifflichkeit nicht auskommt.

Was wir am Beispiel der Untersuchung von Katz deutlich machen konnten, entspräche der Zugangsweise zur übrigen vergleichenden Genozidforschung, auf die ich nicht näher eingehen kann. Hierher würden auch Fragen gehören, die sich aus unterschiedlichen Genozidbegriffen ergeben, mit denen gearbeitet wird, seit Raphael Lemkin seinen Begriff des Genozids bzw. Völkermords in die UN-Konvention gegen den Völkermord (1948) eingebracht hat. Fragen, die sich daran knüpfen, betreffen Punkte des partiellen oder totalen Völkermords, Fragen der Einbeziehung religiöser Gruppen neben ethnischen oder nationalen Gruppen in das Spektrum genozidalen Geschehens und dergleichen mehr.[17]

Ebenso ergibt sich aus unserem philosophischen Bezugsrahmen das Interesse zur Aufnahme von moralisch relevanten Begriffen, zu deren Entwicklung die Problematik wie von selbst drängt, mit der sich die Genozidforschung befasst. Nachdem wir bei der Interpretation des nazistischen Gattungsbruchs auf die Unterscheidung zwischen Gattungsbrechern und gewöhnlichen Verbrechern gestoßen sind, ist es bemerkenswert zu sehen, wie in der Genozidforschung eine vergleichbare Unterscheidung auftaucht:

«Die Kategorie des ‹Genozidtäters› birgt gleich mehrere Differenzen im Vergleich zum individuellen Mörder. Dem oftmals betonten Geflecht von Gewissens- und Entscheidungsverlagerungen zur Tat‹erleichterung› oder auch einer grundsätzlichen Tatermöglichung steht in krassem Gegensatz die Zahl der Toten entgegen, die der Täter zu verantworten hat. Dem Problem, einige wenige Einzeltäter als Verantwortliche herauszuheben … steht die Problematik der Betonung von Struktureigenschaften gegenüber. Durch diese Ambivalenzen werden wir jedoch keineswegs zu analytischen Kompromissen gezwungen … es sollte vielmehr die gesellschaftliche Komplexität von Genozid deutlich werden und die Vielgestaltigkeit der Entscheidungs- und Durchführungsprozesse. Die Metaphorisierung von Auschwitz, die Symbolisierung der Gaskammern, darf nicht die Erschlagenen, Gefolterten, Erschossenen, Verhungerten, Verbrannten vergessen lassen. Es gibt nicht einen Mord und einen Mörder, es gibt eine Serie, eine Skala von vielfältigen und unterschiedlichen Mordverantwortlichen und *dazu* den individuellen Mörder.»[18]

Diesem Differenzierungsvorschlag kann man nur beipflichten, zumal er im Kontext einer Reflexion auf die Sozialwissenschaften steht, die Zweifel daran anmeldet, dass diese «in der Rettung ihres positivistischen Selbstbildes die Nähe von Moral und Ethik möglichst weit zu umgehen suchen». Dass dies nicht geht, haben wir sowohl durch unser Integrationspostulat von Empirie und Moral (in Fortschreibung des «Erzpositivisten» Max Weber) gezeigt als auch durch den Nachweis, dass die sozialwissenschaftliche Forschung zum Holocaust – bei welcher Fragestellung auch immer – aus sich selbst heraus zu einer Thematisierung von Moral und einer entsprechenden Begrifflichkeit drängt.

Dasselbe gilt für die Gefahr der Wiederholung von Auschwitz. Man kann diese Frage weder philosophisch noch sozialwissenschaftlich einkreisen, ohne auf Begriffe zurückzugreifen, die mit der Interpretation der moralischen Möglichkeiten von Menschen zu tun haben. Die moralphilosophische Interpretation zu Auschwitz, die wir unter Berücksichtigung der historischen Forschung erreicht haben, lässt keine Illusionen zu: Wir sind mit der Möglichkeit und den harten Realitäten eines moralischen Andersseins konfrontiert worden, das sicher geglaubte philosophische Vorstellungen vom Menschen auflöst und uns die geschichtliche Gebundenheit unserer Moral vor Augen führt. Hierfür steht das Begriffsfeld, das wir aus dem Zusammenhang von Gattungsbruch und Gattungsversagen entwickelt haben und das uns zwingt, den Riss im moralischen Bild des Menschen auch für die Zukunft zugrunde zu legen. Unsere Erkundungen zur Festigung und Ausbreitung der universalistischen Moral (historischer Universalismus) stehen unter dem unauflöslichen Vorbehalt, dass der Rückfall in eine Barbarei, die zu Auschwitz vergleichbar wäre, immer möglich bleibt.

Umso wichtiger ist daher, alle Potenziale der philosophischen Analyse und der sozialwissenschaftlichen Forschung zu nutzen, um in der Verbindung von retrospektiver wie prospektiver Blickrichtung eventuelle Gefahren zu diagnostizieren und einzugrenzen. Bereits Hannah Arendt hat hellsichtig auf die Gefahr der Wiederholung von Auschwitz hingewiesen[19], und es ist bezeichnend, dass insbesondere

Historiker, die sich mit dem Holocaust und dem Kontext befassen, in dem er steht, zu sicheren Urteilen über die oben bei Rüsen artikulierte Wiederholungsgefahr kommen. Auch Yehuda Bauer teilt diese Auffassung, weil «die menschliche Zivilisation dazu neigt, Ereignisse wie die Shoah möglich zu machen, wenn die Bedingungen dafür gegeben sind … Die Shoah kann sich wiederholen, natürlich nicht auf genau die gleiche Weise, nicht mit den Deutschen als Tätern und den Juden als Opfern, sondern überall. Beim letzten Mal waren es die Juden; wir wissen nicht, wer in der Position der Juden sein wird, sollte es zu einem nächsten Mal kommen.»[20]

Diese Diagnose ist bei Bauer verbunden mit einem wichtigen Punkt methodischer Art, der darin besteht, die Erklärbarkeit des Holocaust, so weit es irgend geht, mit Mitteln der rationalen Analyse und empirischen Forschung zu betreiben und von Mystifikationen abzusehen. Ob man je eine vollständige Erklärung erreichen wird, mag offen bleiben; doch gibt es zu der methodischen Maxime, diese anzustreben, keine rationale Alternative. Deshalb ist es gleichfalls richtig, wenn Christian Meier der ehrenwerten Auffassung von Dolf Sternberger widerspricht, der meinte, man könne Auschwitz nicht verstehen, ohne den Verstand zu verlieren, und könne daher nur darüber berichten, nicht zuletzt deshalb, weil ein solches «Verstehen» in virtuelle Mitschuld auszuarten drohe. Freilich war Sternberger reflektiert genug, dies als eine Art «Paradoxie» auszudrücken, sodass Meier zu Recht darauf verweisen kann, dass «das Verstehen des vielfachen Nicht-Verstehens» gerade versucht werden muss.[21]

Man kann moralische Ablehnung auch als moralisches Nichtverstehen ausdrücken, doch dies kann uns nicht daran hindern, das, was wir ablehnen, zu analysieren und auf möglichst deutliche Begriffe zu bringen. Nur wenn wir dies versuchen, lässt sich das 20. Jahrhundert weiterhin vor allem als «moralischer Narrativ»[22] entfalten, der Lehren für die Zukunft bereithalten kann.

Dass moralisches Anderssein, welches zu Rückfällen in Barbarei führen könnte, immer im Bereich des Möglichen bleibt, müssen wir unumwunden in Rechnung stellen. Diese Einsicht wäre weiter zu vertiefen in psychologischer und sozialpsychologischer Hinsicht.

Die Begriffsbildung der nazistischen Transformationsmoral verweist uns hierzu auf Analysen, die zu bestätigen scheinen, dass nicht schiere Amoralität, sondern moralisches Anderssein den Weg nach Auschwitz weist.[23]

Damit schließt sich für unsere Untersuchung auch ein methodischer Kreis. Zunächst konnten wir die methodische Funktion der Philosophie in praktischer Absicht dahin gehend bestimmen, dass sie Vorschläge zur Selbstinterpretation der menschlichen Existenz aus der Ich- und Wir-Perspektive entwickelt, die auf moralische und politische Selbstdefinitionen aus der Negation von Inhumanität verweisen (vgl. Kap. 1.3). Diese Selbstdefinitionen konnten wir in einen Begriff von moralischer Zeitgenossenschaft auseinander legen, der Moral, Politik und Gesellschaft gleichermaßen umgreift. Ohne Politik steht die Verhinderung von Barbarei auf tönernen Füßen, und ohne Sozialwissenschaft findet die Disposition zu gesellschaftlich rationaler Weltinterpretation keinen Halt. Nachdem darüber hinaus klar geworden ist, dass die objektiv-moralische Funktion der Sozialwissenschaft darin besteht, empirisch fundierte Resultate für die moralische und politische Urteilsbildung von autonomen Menschen bereitzustellen, die sich universalistisch verstehen, kann man den praktischen Sinn der Sozialwissenschaft darin sehen, dass sie die moralische und politische Urteilsfähigkeit von Menschen kultivieren hilft (vgl. Kap. 3.1). Wie wir gesehen haben, gilt dies gleichermaßen für philosophische Analysen, die im Wechselzusammenhang mit der Sozialwissenschaft stehen. Angesichts der ernüchternden Einschätzung zur Gefahr der Wiederholung von Auschwitz hängt sehr viel von der moralischen und politischen Urteilskraft ab, auf die wir angewiesen sind. Es wäre schön, wenn meine Untersuchung einen kleinen Beitrag zur Kultivierung solcher Urteilskraft leistet.

Anmerkungen Kapitel 3.1

1 Vgl. den Rückblick von M. Schmid mit Angaben zu allen relevanten Quellen: Der Positivismusstreit in der Deutschen Soziologie. 30 Jahre danach, in: Logos, N. F., Bd. 1, 1993, S. 35–81.

2 M. Weber, Gesammelte Aufsätze zur Wissenschaftslehre, a. a. O., S. 489. Einfache Seitenzahlen in Klammern beziehen sich im Folgenden auf diesen Band.

3 Vgl. als inzwischen klassische Quelle hierzu: H. v. Wright, Erklären und Verstehen, Frankfurt/M. 1974.

4 Man wundert sich daher, dass ein so herausragender Kenner Max Webers wie Wolfgang Schluchter (Unversöhnte Moderne, Frankfurt/M. 1996, S. 245 f.) noch zu Problematisierungen kommt, in denen nach der «intersubjektiven Gültigkeit» von «Wertbeziehungen» bzw. nach der Begründung für die «Entscheidung für eine bestimmte Wertbeziehung» gefragt wird. Mit einem unnötigen Umweg erreicht Schluchter (ebd., S. 251) dann doch noch das zutreffende Ergebnis, indem er zwischen «Objektivitäts- und Relevanzproblem» unterscheidet. Was ansonsten dafür spricht, Webers Position von der Rickerts zu lösen, zeigen G. Wagner/H. Zipprian, Wertfreiheit. Eine Studie zu Max Webers kulturwissenschaftlichem Formalismus, in: Zeitschrift für Soziologie 18/1989,1, S. 4–15. Auf Einzelheiten dieser Diskussionen brauchen wir hier nicht einzugehen. Max Weber jedenfalls liest sich eindeutig: «... ‹Wertbeziehung› in dem Sinn aber, wie sie in der Geschichte (im aller weitesten Sinn dieses Wortes) ausnahmslos in der Fragestellung liegt, ist das strikte Gegenteil alles Generalisierens.» (MWG, Brief an L. v. Bortkewiecz, Bd. II/5, Tübingen 1990, S. 46)

5 Unabhängig von editorischen Kontroversen zur MWG ist daher F. Tenbruck (Die Wissenschaftslehre Max Webers. Voraussetzungen zu ihrem Verständnis, in: G. Wagner/H. Zipprian (Hg.), Max Webers Wissenschaftslehre, Frankfurt/M. 1994, S. 367–389) zuzustimmen, wenn er die besondere Relevanz von Webers Arbeiten zur Wissenschaftslehre für Erkenntnisbegriff und Selbstverständnis der Sozialwissenschaften betont. Im Rückblick verwunderlich ist das Schwanken von D. Henrich (Die Einheit der Wissenschaftslehre Max Webers, Tübingen 1952, S. 2, 11 ff., 104) zwischen der Ablehnung einer Parallele zur kantischen Erkenntnistheorie und ihrer Bekräftigung.

6 Es ist das Verdienst von Wilhelm Hennis, mit aller Entschiedenheit den moralischen Kontext hervorzuheben, in dem das Postulat der Werturteilsfreiheit steht. Vgl. zuletzt: ders., Max Webers Wissenschaft vom Menschen, Tübingen 1996, S. 170.

7 Da dieser Schritt systematisch über Weber hinausgeht, ist er nicht mit Mitteln von immanenten Weber-Interpretationen erreichbar. Hieran wird auch die Grenze von G. Wagner/H. Zipprian, Wertfreiheit, a. a. O., deutlich. Entsprechendes gilt für die Verteidigung Max Webers, die H. Albert (Theorie und Praxis. Max Weber und das Problem der Wertfreiheit und der Rationalität, in: E. Oldenmeyer (Hg.), Die Philosophie und die Wissenschaften. Simon Moser zum 65. Geburtstag, Meisenheim 1967, S. 246–272) vornimmt, auch wenn er den Zusammenhang von Wissenschaft und Ethik betont. Wie dieser Zusammenhang auszusehen hat, bleibt jedoch unterbestimmt. Abgesehen von aller Polemik des damaligen Kontextes war Habermas insofern im Recht, als er auf einer uneingeschränkt rationalen Aufklärung der normativen Grundlagen und Probleme der Sozialwissenschaft bestand. Dass er mit seiner eigenen Theorie der Rationalität zu starke Ansprüche erhebt, steht auf einem anderen Blatt.

8 Dies trifft sich mit der Forderung von D. Käsler, Soziologie als «Moralwissenschaft»

wieder aufzunehmen (Suche nach der guten Gesellschaft, in: DIE ZEIT, 19.1.1996, S. 43).

9 M. Weber, Gesammelte Aufsätze zur Soziologie und Sozialpolitik, Tübingen 1988, S. 417.

10 Ebd., S. 419. Die Gefahr, dass die Sozialwissenschaft politisch gefügig werden könnte, sah Weber am Beispiel Gustav v. Schmollers, und die Beeinträchtigung wissenschaftlicher Standards durch «Professorenpropaganda» (ebd., S. 431, 445) war ihm ein ständiges Ärgernis seiner Zeit (vgl. zu diesem Kontext insbes. W. Hennis, ‹Die volle Nüchternheit des Urteils›. Max Weber zwischen Carl Menger und Gustav von Schmoller. Zum hochschulpolitischen Hintergrund des Wertfreiheitspostulats, in: G. Wagner/H. Zipprian (Hg.), Max Webers Wissenschaftslehre, a.a.O., S. 105–145; D. Käsler, Max Weber. Eine Einführung in Leben, Werk und Wirkung, Frankfurt/M. 1995, S. 234 ff.). Bekanntlich waren Webers wissenschafts- und universitätspolitischen Kämpfen geringe Erfolge beschieden, wohl deshalb, weil man nicht verstand, dass die analytisch richtige Trennung von Empirie und Moral nichts von ihrer Relevanz einbüßt, wenn faktische Vermengungen ständig vorkommen, und auch der Vorreiter dieser Trennung natürlich einräumen musste, dass ihm immer wieder solche Vermengungen unterlaufen. Außerdem war es offenbar schwer klar zu machen, dass es der analytischen Trennung von Empirie und Moral bzw. Wertung nicht widerspricht, erkenntnisleitende Wertgesichtspunkte herauszustellen oder im Interesse der Klarheit eigene Werturteile deutlich zu nennen.

11 M. Weber, Gesammelte Aufsätze zur Soziologie und Sozialpolitik, a.a.O., S. 449.

12 M. Weber, Gesammelte Aufsätze zur Wissenschaftslehre, a.a.O., S. 504 ff.

13 Vgl. zur differenzierten Erarbeitung moralischer Problemstellungen bei Max Weber: W. Schluchter, Religion und Lebensführung, Bd. 1, Teil II, a.a.O. Dazu auch oben Kap. 2.3, Anm. 2.

Anmerkungen Kapitel 3.2

1 D. Levy/N. Sznaider, Erinnerung im globalen Zeitalter: Der Holocaust, Frankfurt/M. 2001, S. 9 f. In diesem Unterkapitel beziehen sich einfache Seitenzahlen in Klammern auf diese Untersuchung.

2 U. Beck, Wie wird Demokratie im Zeitalter der Globalisierung möglich? – Eine Einleitung, in: ders. (Hg.), Politik der Globalisierung, Frankfurt/M. 1998, S. 12.

3 Vgl. Ch. S. Maier, Consigning the Twentieth Century to History: Alternative Narratives of the Modern Era, in: American Historical Review, June 2000, S. 807 ff.

4 Vgl. im Kontrast dazu die kritische Bestandsaufnahme zur «Amerikanisierung» des Holocaust von P. Novick, Nach dem Holocaust, a.a.O.

5 M. Zuckermann, Zweierlei Holocaust. Der Holocaust in den politischen Kulturen Israels und Deutschlands, Göttingen 1998, S. 16, 175 f. Zur Diskussion um «Schindlers Liste» vgl. L. Loshitzky (Hg.), Spielberg's Holocaust: Critical Perspectives on Schindler's List, Bloomington/Ind. 1997.

6 Vgl. ähnlich auch U. Beck, Wie Versöhnung möglich werden kann, in: DIE ZEIT, 10.7.2003, S. 29.

7 D. Diner, Zwischen Aporie und Apologie. Über Grenzen der Historisierbarkeit des Nationalsozialismus, in: ders. (Hg.), Ist der Nationalsozialismus Geschichte? Zu Historisierung und Historikerstreit, Frankfurt/M. 1987, S. 72; vgl. auch ders. (Hg.), Zi-

vilisationsbruch. Denken nach Auschwitz, Frankfurt/M. 1988, Vorwort, S. 7ff. Vgl. ders., Perspektivenwahl und Geschichtserfahrung. Bedarf es einer besonderen Historik des Nationalsozialismus?, in: W. H. Pehle (Hg.), Der historische Ort des Nationalsozialismus, Frankfurt/M. 1990.

8 D. Diner, Beyond the Conceivable. Studies on Germany, Nazism, and the Holocaust, London 2000, Kap. 6, 7.

9 Vgl. hierzu Th. Sandkühler, Aporetische Erinnerung und historisches Erzählen, in: H. Loewy (Hg.), Holocaust: Die Grenzen des Verstehens, Reinbek bei Hamburg 1992, S. 144–159.

10 D. Diner, Beyond the Conceivable, a.a.O., S. 137, Übersetzung R. Z.

11 Vgl. den Sammelband «Historikerstreit». Die Dokumentation der Kontroverse um die Einzigartigkeit der nationalsozialistischen Judenvernichtung, München 1987.

12 J. Rüsen, Zerbrechende Zeit. Über den Sinn der Geschichte, Köln/Weimar/Wien 2001, S. 222. Das folgende Zitat ebd., S. 233.

13 M. Broszat, Plädoyer für eine Historisierung des Nationalsozialismus, in: ders., Nach Hitler. Der schwierige Umgang mit unserer Geschichte, München 1986, S. 173.

14 J. Rüsen, a.a.O., S. 259f. Die folgenden Zitate ebd., S. 260, 304, 321, 324.

15 Zitiert nach J. Rüsen, ebd., S. 297.

16 St. T. Katz, The Holocaust in Historical Context, Vol. 1: The Holocaust and Mass Death before the Modern Age, New York/Oxford 1994, S. 25. Zwei weitere Bände sind angekündigt. Die folgenden Zitate ebd., S. 58, 28, 31f., 36. Übersetzung R. Z.

17 Vgl. Y. Bauer, a.a.O., S. 26ff. Vgl. außerdem den repräsentativen Sammelband: R. Gellately/B. Kiernan (Hg.), The Specter of Genocide. Mass Murder in Historical Perspective, Cambridge/Mass. 2003. Zur Übersicht ebenso: G. Heinsohn, Lexikon der Völkermorde, Reinbek bei Hamburg 1998.

18 K. Platt, Genozid und Moderne: Strukturen kollektiver Gewalt im 20. Jahrhundert. Einleitung, in: M. Dabag/K. Platt (Hg.), Genozid und Moderne, Bd. 1, Opladen 1998, S. 27f. Das folgende Zitat ebd., S. 36.

19 H. Arendt, Eichmann in Jerusalem, a.a.O., S. 322.

20 Y. Bauer, Die dunkle Seite der Geschichte, a.a.O., S. 74.

21 Ch. Meier, Von Athen bis Auschwitz, München 2002, S. 153.

22 Ch. S. Maier, Consigning the Twentieth Century to History, a.a.O., S. 811, 825ff.

23 Vgl. H. Welzer, Massenmord und Moral. Einige Überlegungen zu einem mißverständlichen Thema, in: M. Dabag/K. Platt (Hg.), Genozid und Moderne, a.a.O., S.254–272; ders., Härte und Rollendistanz. Zur Sozialpsychologie des Verwaltungsmassenmordes, in: Leviathan 21/3/1993, S. 358–373. Zur Frage der Erziehung zu einem moralischen Anderssein vgl. J. Matthäus/K. Kwiet/J. Förster/R. Breitmann, Ausbildungsziel Judenmord? ‹Weltanschauliche Erziehung› von SS, Polizei und Waffen-SS im Rahmen der ‹Endlösung›, Frankfurt/M. 2003.

LITERATUR

Ackerman, B., We the People, Bd. 1: Foundations, Cambridge, Mass./London 1991.

Ackerman, B., Ein neuer Anfang für Europa, Berlin 1993.

Ackerman, B., Rooted Cosmopolitanism, in: Ethics 104/1994, S. 517–535.

Ackerman, B., We the People, Bd. 2: Transformations, Cambridge, Mass./London 1998.

Adams, A. u. W. P. (Hg.), Die Amerikanische Revolution und die Verfassung 1754–1791, München 1987.

Adorno, Th. W., Ob nach Auschwitz sich noch leben lasse, hg. von R. Tiedemann, Frankfurt/M. 1997.

Adorno, Th. W., Negative Dialektik, Frankfurt/M. 1975.

Adorno, Th. W., Probleme der Moralphilosophie, Frankfurt/M. 1996.

Adorno, Th. W./Horkheimer, M., Dialektik der Aufklärung, Frankfurt/M. 1969.

Agamben, G., Homo Sacer. Die souveräne Macht und das nackte Leben, Frankfurt/M. 2002.

Agamben, G., Was von Auschwitz bleibt. Das Archiv und der Zeuge, Frankfurt/M. 2003.

Albert, H., Theorie und Praxis. Max Weber und das Problem der Wertfreiheit und der Rationalität, in: Oldenmeyer, E. (Hg.), Die Philosophie und die Wissenschaften. Simon Moser zum 65. Geburtstag, Meisenheim 1967, S. 246–272.

Alexy, R., Recht, Vernunft, Diskurs, Frankfurt/M. 1995.

Aly, G., «Endlösung». Völkerverschiebung und der Mord an den europäischen Juden, Frankfurt/M. 1995.

Aly, G./Heim, S., Vordenker der Vernichtung. Auschwitz und die deutschen Pläne für eine neue europäische Ordnung, Frankfurt/M. 2001 (4. Aufl.).

Améry, J., Ressentiments, in: Werke, Bd. 2, Stuttgart 2002, S. 118–148.

Apel, K.-O., Kann der postkantische Standpunkt der Moralität noch einmal in substantielle Sittlichkeit ‹aufgehoben› werden? Das geschichtsbezogene Anwendungsproblem der Diskursethik zwischen Utopie und Regression, in: Kuhlmann, W. (Hg.), Moralität und Sittlichkeit, Frankfurt/M. 1986.

Apel, K.-O., Diskurs und Verantwortung, Frankfurt/M. 1988.

Apel, K.-O., Zurück zur Normalität? Oder können wir aus der nationalen Katastrophe etwas Besonderes gelernt haben? Das Problem des (welt-)geschichtlichen Übergangs zur postkonventionellen Moral in spezifisch deutscher Sicht, in: Zerstörung des moralischen Selbstbewußtseins, Forum für Philosophie Bad Homburg, Frankfurt/M. 1988, S. 91–142.

Arendt, H., Besuch in Deutschland, Berlin 1993.

Arendt, H., Eichmann in Jerusalem. Ein Bericht von der Banalität des Bösen, München 1997 (7. Aufl.).

Arendt, H., Elemente und Ursprünge totaler Herrschaft, München 1996 (5. Aufl.).

Arendt, H., Nach Auschwitz. Essays und Kommentare I, Berlin 1989.

Bauer, Y., Die dunkle Seite der Geschichte. Die Shoah in historischer Sicht. Interpretationen und Re-Interpretationen, Frankfurt/M. 2001.

Beck, U., Wie wird Demokratie im Zeitalter der Globalisierung möglich? – Eine Einleitung, in: ders. (Hg.), Politik der Globalisierung, Frankfurt/M. 1998, S. 7–66.

Beck, U., Wie Versöhnung möglich werden kann, in: DIE ZEIT, 10.7.2003, S. 29.

Benhabib, S./Butler, J./Cornell, D./Fraser, N., Der Streit um Differenz. Feminismus und Postmoderne in der Gegenwart, Frankfurt/M. 1993.

Berg, N., Der Holocaust und die westdeutschen Historiker: Erforschung und Erinnerung, Göttingen 2003.

Berg, N./Jochimsen, J./ Stiegler, B. (Hg.), Shoah. Formen der Erinnerung, München 1996.

Bradley, P., Slavery, Propaganda, and the American Revolution, Jackson/Miss. 1998.

Brandom, R., Begründen und Begreifen, Frankfurt/M. 2001.

Broszat, M., Plädoyer für eine Historisierung des Nationalsozialismus, in: ders., Nach Hitler. Der schwierige Umgang mit unserer Geschichte, München 1986.

Brugger, W., Menschenrechtsethos und Verantwortungspolitik, Freiburg/München 1980.

Butler, J., Restaging the Universal: Hegemony and the Limits of Formalism, in: Butler, J./Laclau, E./Žižek, S., Contingency, Hegemony, Universality. Contemporary Dialogues on the Left, London/New York 2000.

Cohen, G. A., Reason, humanity, and the moral law, in: Korsgaard, Ch., The Sources of Normativity, Cambridge 1996, S. 167–188.

Condorcet, Entwurf einer historischen Darstellung der Fortschritte des menschlichen Geistes, Frankfurt/M. 1976.

Courtois, St. et al., Das Schwarzbuch des Kommunismus, München/Zürich 1998.

Derrida, J., Die unbedingte Universität, Frankfurt/M. 2001.

Diner, D. (Hg.), Zivilisationsbruch. Denken nach Auschwitz, Frankfurt/M. 1988.

Diner, D., Perspektivenwahl und Geschichtserfahrung. Bedarf es einer besonderen Historik des Nationalsozialismus?, in: Pehle, W. H. (Hg.), Der historische Ort des Nationalsozialismus, Frankfurt/M. 1990.

Diner, D., Zwischen Aporie und Apologie. Über Grenzen der Historisierbarkeit, in: ders. (Hg.), Ist der Nationalsozialismus Geschichte?, Frankfurt/M. 1992.

Diner, D., Beyond the Conceivable. Studies on Germany, Nazism, and the Holocaust, London 2000.
Dworetz, St. M., The unvarnished doctrine: Locke, liberalism and the American Revolution, Durham 1994.
Dworkin, R., Taking Rights Seriously, London 1977.
Dworkin, R., Bürgerrechte ernstgenommen, Frankfurt/M. 1984.
Dworkin, R., Law's Empire, Cambridge/Mass. 1986.
Dworkin, R., Freedom's Law. The Moral Reading of the American Constitution, Oxford 1996.
Dworkin, R., The Roots of Justice, in: Wesche, St./Zanetti, V. (Hg.), Dworkin. In der Diskussion, Paderborn 1999.
Elster, J., Mehrheitsprinzip und Individualrechte, in: Shute, St./Hurley, S. (Hg.), Die Idee der Menschenrechte, Frankfurt/M. 1996, S. 207–253.
Endreß, M., Max Weber zwischen Immanuel Kant und Jürgen Habermas. Kontexte und Probleme der Unterscheidung von Gesinnungs- und Verantwortungsethik, in: Bienfait, A./Wagner, G. (Hg.), Verantwortliches Handeln in gesellschaftlichen Ordnungen, Frankfurt/M. 1998.
Fackenheim, E. L., The Holocaust and Philosophy, in: The Journal of Philosophy, Bd. 82/1985, S. 505–515.
Fikentscher, W., Methoden des Rechts, Bd. IV, Tübingen 1977.
Finkielkraut, A., Verlust der Menschlichkeit, Versuch über das 20. Jahrhundert, München 2000.
Fraenkel, E., Das amerikanische Regierungssystem, Opladen 1981 (4. Aufl.).
Friedländer, S., Das Dritte Reich und die Juden, München 1998, Bd. 1 (2. Aufl.).
Friedländer, S., Probing the limits of representation: Nazism and the «final solution», Cambridge/Mass. 1992.
Früchtl, J., Demokratische und ästhetische Kultur, in: Schäfer, Th./ Tietz, U./ Zill, R. (Hg.), Hinter den Spiegeln. Beiträge zur Philosophie Richard Rortys, Frankfurt/M. 2001, S. 264–286.
Furet, F., 1789 – Jenseits des Mythos, Hamburg 1989.
Furet, F., Zur Historiographie der Französischen Revolution heute, München (Siemens-Stiftung) 1989.
Furet, F./Richet, D., Die Französische Revolution, München 1981.
Gauchet, M., Die Erklärung der Menschenrechte, Reinbek bei Hamburg 1991.
Gauck, J., Vom schwierigen Umgang mit der Wahrnehmung, in: Courtois, St. et al., Das Schwarzbuch des Kommunismus, München/Zürich 1998, S. 885–894.
Gellately, R. /Kiernan, B. (Hg.), The Specter of Genocide. Mass Murder in Historical Perspective, Cambridge/Mass. 2003.
Gellner, E., Nationalismus und Moderne, Berlin 1995.
Gerhard, U., Gleichheit ohne Angleichung: Frauen im Recht, München 1990.
Gerhard, U., Menschenrechte haben (k)ein Geschlecht, in: Batzli, St. et al. (Hg.), Menschenbilder Menschenrechte. Islam und Okzident: Kulturen im Konflikt, Zürich 1994.

Glover, J., Humanity. A Moral History of the Twentieth Century, London 2001.
Goethe, J. W., Brief an J. G. Herder, Weimarer Ausgabe, Bd. 10.
Goldhagen, D., Hitlers willige Vollstrecker. Ganz gewöhnliche Deutsche und der Holocaust, Berlin 1996.
Goodwin, A., Die Französische Revolution, Frankfurt/M. 1964.
Grab, W. (Hg.), Die Französische Revolution. Eine Dokumentation, München 1973.
Grimm, D., Rückkehr zum liberalen Grundrechtsverständnis?, in: ders., Die Zukunft der Verfassung, Frankfurt/M. 1991.
Grimm, D., Die Verfassung und die Politik, München 2001.
Guggenberger, B./Stein, T. (Hg.), Die Verfassungsdiskussion im Jahr der deutschen Einheit, München 1991.
Haas, P. J., Science and the Determination of the Good, in: Roth, J. K., Ethics after the Holocaust: Perspectives, Critiques, and Responses, St. Paul/Minn. 1999, S. 49–59.
Häberle, P., Verfassung als öffentlicher Prozess, Berlin 1996 (2. Aufl.).
Habermas, J., Diskursethik – Notizen zu einem Begründungsprogramm, in: ders.: Moralbewußtsein und kommunikatives Handeln, Frankfurt/M. 1983.
Habermas, J., Der philosophische Diskurs der Moderne, Frankfurt/M. 1985.
Habermas, J., Erläuterungen zur Diskursethik, Frankfurt/M. 1991.
Habermas, J., Faktizität und Geltung, Frankfurt/M. 1992.
Habermas, J., Die Einbeziehung des Anderen, Frankfurt/M. 1996.
Habermas, J., Versöhnung durch öffentlichen Vernunftgebrauch, in: Zur Idee des politischen Liberalismus. John Rawls in der Diskussion, hg. von der Philosophischen Gesellschaft Bad Homburg und W. Hinsch, Frankfurt/M. 1997, S. 169–195.
Habermas, J., Wahrheit und Rechtfertigung, Frankfurt/M. 1999.
Habermas, J., Der Zeigefinger. Die Deutschen und ihr Denkmal, in: ders., Zeit der Übergänge, Frankfurt/M. 2001, S. 47–59 (DIE ZEIT, 31.3.1999, S. 42–44).
Habermas, J., Die Zukunft der menschlichen Natur. Auf dem Weg zu einer liberalen Eugenik?, Frankfurt/M. 2001.
Hamilton, A./Madison, J./Jay, J., Die Federalist Papers, übersetzt, eingeleitet und mit Anmerkungen versehen von B. Zehnpfennig, Darmstadt 1993.
Hare, R. M., Freiheit und Vernunft, Frankfurt/M. 1983.
Heinsohn, G., Warum Auschwitz? Hitlers Plan und die Ratlosigkeit der Nachwelt, Reinbek bei Hamburg 1995.
Heinsohn, G., Lexikon der Völkermorde, Reinbek bei Hamburg 1998.
Hennis, W., Max Webers Wissenschaft vom Menschen, Tübingen 1996.
Hennis, W., ‹Die volle Nüchternheit des Urteils›. Max Weber zwischen Carl Menger und Gustav von Schmoller. Zum hochschulpolitischen Hintergrund des Wertfreiheitspostulats, in: Wagner, G./Zipprian, H. (Hg.), Max Webers Wissenschaftslehre, Frankfurt/M. 1994, S. 105–145.
Henrich, D., Die Einheit der Wissenschaftslehre Max Webers, Tübingen 1952.
Herbert, U., Best. Biographische Studien über Radikalismus, Weltanschauung und Vernunft 1903–1989, Bonn 1996.

Herbert, U., Der Holocaust und die deutsche Gesellschaft, in: Henke, K.-D. (Hg.), Auschwitz, Dresden 2001, S. 19–36.
Hilberg, R., Die Vernichtung der europäischen Juden. Die Gesamtgeschichte des Holocaust, Berlin 1982.
Hilberg, R., Unerbetene Erinnerung, Frankfurt/M. 1994.
«Historikerstreit». Die Dokumentation der Kontroverse um die Einzigartigkeit der nationalsozialistischen Judenvernichtung, München 1987.
Honneth, A. (Hg.), Kommunitarismus. Eine Debatte über die moralischen Grundlagen der Moderne, Berlin 1995.
Isensee, J., Das Volk als Grund der Verfassung – Mythos und Relevanz der Lehre von der verfassungsgebenden Gewalt, Opladen 1995.
Jäckel, E., Hitlers Weltanschauung, Stuttgart 1986 (3. Aufl.).
Jaspers, K., Die Schuldfrage, Heidelberg 1946.
Jefferson, Th., Betrachtungen über den Staat Virginia, Zürich 1989.
Jestaedt, M., Grundrechtsentfaltung im Gesetz, Tübingen 1999.
Kant, I., Grundlegung zur Metaphysik der Sitten, Akademieausgabe Bd. 4.
Kant, I., Die Religion innerhalb der Grenzen der bloßen Vernunft, Akademieausgabe Bd. 6.
Kant, I., Metaphysik der Sitten, Akademieausgabe Bd. 6.
Käsler, D., Max Weber. Eine Einführung in Leben, Werk und Wirkung, Frankfurt/M. 1995.
Käsler, D., Suche nach der guten Gesellschaft, in: DIE ZEIT, 19.1.1996, S. 43.
Katz, St. T., The Holocaust in Historical Context, Bd. 1, New York/Oxford 1994.
Korsgaard, Ch., The Sources of Normativity, Cambridge 1996.
Koselleck, R., Vergangene Zukunft, Frankfurt/M. 1984 (3. Aufl.).
Kuhlmann, H., Ohne Auschwitz, in: Internationale Zeitschrift für Philosophie 6/1997, S. 101–110.
Laqueur, W., The Holocaust Encyclopedia, New Haven/London 2001.
Leist, A., Die gute Handlung. Eine Einführung in die Ethik, Berlin 2000.
Lenk, H., Menschenrechte oder Menschlichkeitsanrechte?, in: Paul, G./Robertson-Wensauer, C. (Hg.), Traditionelle chinesische Kultur und Menschenrechtsfrage, Baden-Baden 1997.
Levi, P., Ist das ein Mensch? Ein autobiographischer Bericht, München 2001 (10. Aufl.).
Levin, D. M., Cinders, Traces, Shadows on the Page: The Holocaust in Derrida's Writing, in: Milchman, A./Rosenberg, A. (Hg.), Postmodernism and the Holocaust, Amsterdam/Atlanta 1998, S. 265–286.
Levy, P./Sznaider, N., Erinnerung im globalen Zeitalter: Der Holocaust, Frankfurt/M. 2001.
Loewy, H. (Hg.), Holocaust: Die Grenzen des Verstehens. Eine Debatte über die Grenzen der Geschichte, Frankfurt/M. 1992.
Longerich, P., Politik der Vernichtung. Eine Gesamtdarstellung der nationalsozialistischen Judenverfolgung, München 1998.

Loshitzky, L. (Hg.), Spielberg's Holocaust: Critical Perspectives on Schindler's List, Indiana 1997.

Lyotard, J.-F., Der Widerstreit, München 1989 (2. Aufl.).

Lyotard, J.-F., Streitgespräche, oder Sprechen nach «Auschwitz», Grafenau 1998.

MacKinnon, C. A., Feminism Unmodified: Discourses on Life and Law, Cambridge/Mass. 1987.

MacKinnon, C. A., Kriegsverbrechen – Friedensverbrechen, in: Shute, St./Hurley, S. (Hg.), Die Idee der Menschenrechte, Frankfurt/M. 1996, S. 104–143.

Maier, Ch. S., Consigning the Twentieth Century to History: Alternative Narratives of the Modern Era, in: American Historical Review, June 2000, S. 807–831.

Margalit, A., The Decent Society, Cambridge/Mass. 1996.

Margalit, A./Motzkin, G., Die Einzigartigkeit des Holocaust, in: Deutsche Zeitschrift für Philosophie 45/1997, S. 3–18.

Marx, K., Grundrisse der Kritik der politischen Ökonomie, Frankfurt/M. o. J.

Matthäus, J./Kwiet, K./Förster, J./Breitmann, R., Ausbildungsziel Judenmord? ‹Weltanschauliche Erziehung› von SS, Polizei und Waffen-SS im Rahmen der ‹Endlösung›, Frankfurt/M. 2003.

Maunz, Th./Dürig, G./Herzog, R., Grundgesetz, Kommentar, München 1991 (7. Aufl.).

McCumber, J., The Holocaust as Master Rupture: Foucault, Fackenheim, and «Postmodernity», in: Milchman, A./Rosenberg, A. (Hg.), Postmodernism and the Holocaust, Amsterdam/Atlanta 1998.

Meier, Ch., Von Athen bis Auschwitz, München 2002.

Menke, Ch., Spiegelungen der Gleichheit, Berlin 2000.

Menke, Ch., Grenzen der Gleichheit. Neutralität und Politik im Politischen Liberalismus, in: Deutsche Zeitschrift für Philosophie 50/2002, S. 897–906.

Milchman, A./Rosenberg, A. (Hg.), Martin Heidegger and the Holocaust, New Jersey 1996.

Milchman, A./Rosenberg, A. (Hg.), Postmodernism and the Holocaust, Amsterdam/Atlanta 1998.

Mommsen, W., Robert Michels und Max Weber. Gesinnungsethischer Fundamentalismus versus verantwortungsethischer Pragmatismus, in: Mommsen, W./Schwentker, W. (Hg.), Max Weber und seine Zeitgenossen, Göttingen 1988, S. 196–215.

Mommsen, W., Politik und politische Theorie bei Max Weber, in: Weiß, J. (Hg.), Max Weber heute, Frankfurt/M. 1989.

Morgan, E. S./Morgan, H. M., The Stamp Act Crisis. Prologue to Revolution, Chapel Hill/London 1995 (3. Aufl.).

Motzkin, G., Hannah Arendt: Von ethnischer Minderheit zu universeller Humanität, in: Smith, G. (Hg.), Hannah Arendt Revisited: ‹Eichmann in Jerusalem› und die Folgen, Frankfurt/M. 2000.

Nagel, Th., Universality and the reflective self, in: Korsgaard, Ch., The Sources of Normativity, Cambridge 1996, S. 200–209.

Neiman, S., Das Böse denken. Eine andere Geschichte der Philosophie, Frankfurt/M. 2004.

Novick, P., Nach dem Holocaust. Der Umgang mit dem Massenmord, Stuttgart/ München 2001 (2. Aufl.).

Nussbaum, M., Gerechtigkeit oder das gute Leben, Frankfurt/M. 1999.

Nussbaum, M., The Professor of Parody, in: New Republic, Vol. 220, Issue 8, 22.2.1999, S. 37.

Pauer-Studer, H., Freiheit und Gleichheit aus der Perspektive feministischer politischer Theorie, in: dies., Autonom leben, Frankfurt/M. 2000, S. 248–284.

Pieroth, J./Schlink, B., Grundrechte Staatsrecht II, Heidelberg 1996 (12. Aufl.).

Platt, K., Genozid und Moderne: Strukturen kollektiver Gewalt im 20. Jahrhundert. Einleitung, in: Dabag, M./Platt, K. (Hg.), Genozid und Moderne, Bd. 1, Opladen 1998, S. 5–37.

Porath, H.-J., Die Endlösung der europäischen Judenfrage – ein kulturgeschichtlich bedeutsames Ereignis und ein kulturwissenschaftliches Erklärungsproblem. Vortrag am Jüdischen Historischen Institut Warschau, 16.5.2003.

Rauschning, H., Gespräche mit Hitler, Wien 1988.

Rawls, J., Erwiderung auf Habermas, in: Zur Idee des politischen Liberalismus. John Rawls in der Diskussion, hg. von der Philosophischen Gesellschaft Bad Homburg und W. Hinsch, Frankfurt/M. 1997, S. 196–262.

Rawls, J., Politischer Liberalismus, Frankfurt/M. 1998.

Rensch, Th., Die Konstitution der Moralität. Transzendentale Anthropologie und praktische Philosophie, Frankfurt/M. 1999.

Rorty, R., Solidarität oder Objektivität?, Stuttgart 1988.

Rorty, R., Kontingenz, Ironie und Solidarität, Frankfurt/M. 1989.

Rorty, R., Hoffnung statt Erkenntnis. Eine Einführung in die pragmatische Philosophie, Wien 1994.

Rorty, R., Wahrheit und Fortschritt, Frankfurt/M. 2000.

Rorty, R., Response to Jürgen Habermas, in: Brandom, R. (Hg.), Rorty and his Critics, Oxford 2000, S. 56–64.

Rorty, R., Response to Robert Brandom, in: Brandom, R. (Hg.), Rorty and his Critics, Oxford 2000, S. 183–190.

Rorty, R., Die Schönheit, die Erhabenheit und die Gemeinschaft der Philosophen, Frankfurt/M. 2000.

Rorty, R., Gefangen zwischen Kant und Dewey. Die gegenwärtige Lage der Moralphilosophie, in: Deutsche Zeitschrift für Philosophie 49/2001, S. 179–196.

Rorty, R., Erwiderung auf Udo Tietz, in: Schäfer, Th./ Tietz, U./Zill, R. (Hg.), Hinter den Spiegeln. Beiträge zur Philosophie Richard Rortys, Frankfurt/M. 2001, S. 107–113.

Rorty, R., Erwiderung auf Josef Früchtl, ebd., S. 287–291.

Rosenberg, A./Marcus, P., The Holocaust as a Test of Philosophy, in: Rosenberg, A./ Meyers, G. E. (Hg.), Echoes from the Holocaust. Philosophical Reflections on a Dark Time, Philadelphia 1988, S. 201–222.

Roth, J. K. (Hg.), Ethics after the Holocaust, St. Paul/Minn. 1999.
Rüsen, J., Zerbrechende Zeit. Über den Sinn der Geschichte, Köln/Weimar/Wien 2001.
Sammons, J. L. (Hg.), Die Protokolle der Weisen von Zion. Die Grundlage des modernen Antisemitismus – eine Fälschung. Text und Kommentar, Göttingen 1998.
Sandkühler, Th., Aporetische Erinnerung und historisches Erzählen, in: Loewy, H. (Hg.), Holocaust: Die Grenzen des Verstehens, Reinbek bei Hamburg 1992, S. 144–159.
Schäfer, M., *Die* Rationalität, *die* Moderne und der Holocaust, in: Dabag, M./Platt, K. (Hg.), Genozid und Moderne, Bd. 1, Opladen 1998, S. 100–122.
Schäfer, M., Der philosophische und soziologische Diskurs der Moderne und der Nationalsozialismus, in: Graevenitz, G. v. (Hg.), Konzepte der Moderne, Stuttgart 1999, S. 565–592.
Schlink, B., Vergangenheitsschuld und gegenwärtiges Recht, Frankfurt/M. 2002.
Schluchter, W., Religion und Lebensführung, Bd. 1, Frankfurt/M. 1988.
Schluchter, W., Einleitung, in: MWG I/17, Tübingen 1992, S. 1–46.
Schluchter, W., Unversöhnte Moderne, Frankfurt/M. 1996.
Schluchter, W., Individualismus, Verantwortungsethik und Vielfalt, Weilerswist 2000.
Schmid, M., Der Positivismusstreit in der Deutschen Soziologie. 30 Jahre danach, in: Logos, N. F., Bd. 1, 1993, S. 35–81.
Schmitz, H., Adolf Hitler in der Geschichte, Bonn 1999.
Schnädelbach, H., Über Rationalität und Begründung, in: ders., Zur Rehabilitierung des animal rationale. Vorträge und Abhandlungen 2, Frankfurt/M. 1992, S. 61–78.
Schulte, Ch., radikal böse. Die Karriere des Bösen von Kant bis Nietzsche, München 1988.
Schweppenhäuser, G., Ethik nach Auschwitz. Adornos negative Moralphilosophie, Hamburg 1993.
Seel, M., Versuch über die Form des Glücks, Frankfurt/M. 1995.
Seel, M., Sich bestimmen lassen, Frankfurt/M. 2002.
Sieyès, E. J., Was ist der Dritte Stand?, hg. von O. Dann, Essen 1988.
Silbermann, A./ Stoffers, M., Auschwitz: Nie davon gehört?, Berlin 2000.
Soboul, A., Die Große Französische Revolution, Frankfurt/M. 1983.
Sternberger, D., Nicht alle Staatsgewalt geht vom Volke aus, Stuttgart 1971.
Sternberger, D., Herrschaft und Vereinbarung, Frankfurt/M. 1986.
Strawson, P. F., Freiheit und Übelnehmen, in: U. Pothast (Hg.), Seminar: Freies Handeln und Determinismus, Frankfurt/M. 1978.
Syring, E., Hitler. Seine politische Utopie, Frankfurt/M. 1994.
Szczypiorski, A., Das Ende aller Zivilisation, in: DIE ZEIT, 24. 3. 1995, S. 64.
Taylor, Ch., Das Unbehagen an der Moderne, Frankfurt/M. 1995.
Taylor, Ch., Quellen des Selbst, Frankfurt/M. 1999 (3. Aufl.).

Tenbruck, F., Die Wissenschaftslehre Max Webers. Voraussetzungen zu ihrem Verständnis, in: Wagner, G./Zipprian, H. (Hg.), Max Webers Wissenschaftslehre, Frankfurt/M. 1994, S. 367–389.

Traverso, E., Nach Auschwitz: die Linke und die Aufarbeitung des NS-Völkermords, Köln 2000.

Traverso, E., Auschwitz denken: die Intellektuellen und die Shoah, Hamburg 2000.

Tugendhat, E., Philosophische Aufsätze, Frankfurt/M. 1992.

Tugendhat, E., Vorlesungen über Ethik, Frankfurt/M. 1993.

Tugendhat, E., Dialog in Leticia, Frankfurt/M. 1997.

Tugendhat, E., Aufsätze 1992–2000, Frankfurt/M. 2001.

Wagner, G./Zipprian, H., Wertfreiheit. Eine Studie zu Max Webers kulturwissenschaftlichem Formalismus, in: Zeitschrift für Soziologie 18/1989, S. 4–15.

Walzer, M., Lokale Kritik – globale Standards, Berlin 1996.

Weber, M., Gesammelte Aufsätze zur Wissenschaftslehre, Tübingen 1973 (4. Aufl.).

Weber, M., Wirtschaft und Gesellschaft, Studienausgabe, Tübingen 1976 (5. Aufl.).

Weber, M., Gesammelte Politische Schriften, Tübingen 1988 (5. Aufl.).

Weber, M., Gesammelte Aufsätze zur Soziologie und Sozialpolitik, Tübingen 1988 (2. Aufl.).

Weber, M., Brief an L. v. Bortkiewicz, in: MWG, Bd. II/5, Tübingen 1990, S. 45–47

Wellmer, A., Kommentar zu Richard Rortys «Die Schönheit, die Erhabenheit und die Gemeinschaft der Philosophen», in: Rorty, R., Die Schönheit, die Erhabenheit und die Gemeinschaft der Philosophen, Frankfurt/M. 2000, S. 43–56.

Welzer, H., Härte und Rollendistanz. Zur Sozialpsychologie des Verwaltungsmassenmordes, in: Leviathan 21/1993, S. 358–373.

Welzer, H., Massenmord und Moral. Einige Überlegungen zu einem mißverständlichen Thema, in: Dabag, M./Platt, K. (Hg.), Genozid und Moderne, Opladen 1998, S. 254–272.

Wendel, S., Zeugnis für das Undarstellbare. Die Rezeption jüdischer Traditionen in der postmodernen Philosophie Jean-François Lyotards, in: Valentin, J./Wendel, S. (Hg.), Jüdische Traditionen in der Philosophie des 20. Jahrhunderts, Darmstadt 2000, S. 264–278.

Wesche, St., Robert Alexys diskursethische Menschenrechtsbegründung, in: Rechtstheorie 30/1999, S. 79–93.

Wiesel, E., Die Nacht, Freiburg i. Br. 1996.

Wolf, U., Die Philosophie und die Frage nach dem guten Leben, Reinbek bei Hamburg 1999.

Wolters, G., Der «Führer» und seine Denker. Zur Philosophie des «Dritten Reichs», in: Deutsche Zeitschrift für Philosophie 47/1999, S. 223–251.

Wright, H. v., Erklären und Verstehen, Frankfurt/M. 1974.

Wyrwa, U., ‹Holocaust›. Notizen zur Begriffsgeschichte, in: Jahrbuch zur Antisemitismusforschung 8/1999, S. 300–311.

Zimmermann, R., Utopie – Rationalität – Politik. Zu Kritik, Rekonstruktion und

Systematik einer emanzipatorischen Gesellschaftstheorie bei Marx und Habermas, Freiburg/München 1985.
Zimmermann, R., Historischer Universalismus. Eine hermeneutische Transformation von Richard Rortys geschichtlich-existenziellem Paradigma, in: Deutsche Zeitschrift für Philosophie 50/2002, S. 505–518.
Zimmermann, R., Gattungsbruch. Die Bedeutung des Holocaust für die Ethik, in: Deutsche Zeitschrift für Philosophie 52/2004, S. 667–690.
Zitelmann, R., Hitler. Selbstverständnis eines Revolutionärs, Stuttgart 1991.
Zuckermann, M., Zweierlei Holocaust. Der Holocaust in den politischen Kulturen Israels und Deutschlands, Göttingen 1998.
Zumbini, M. F., Die Wurzeln des Bösen. Gründerjahre des Antisemitismus: Von der Bismarckzeit zu Hitler, Frankfurt/M. 2003.

PERSONENREGISTER

Eine Auswahl

Aristoteles
Metaphysik (55544)
Politik (55545)

Vladimir Biti
Literatur- und Kulturtheorie
Ein Handbuch gegenwärtiger Begriffe (55631)

Hartmut Böhme / Peter Matussek / Lothar Müller
Orientierung Kulturwissenschaft
Was sie kann, was sie will (55608)

Eberhard Braun / Felix Heine / Uwe Opolka
Politische Philosophie
Ein Lesebuch. Texte, Analysen, Kommentare (55406)

Simone Dietz
Die Kunst des Lügens
Eine sprachliche Fähigkeit
und ihr moralischer Wert (55652)

Ferdinand Fellmann
Lebensphilosophie
Elemente einer Theorie der Selbsterfahrung (55533)
Orientierung Philosophie
Was sie kann, was sie will (55601)

Ferdinand Fellmann (Hg.)
Geschichte der Philosophie im 19. Jahrhundert
Positivismus, Linkshegelianismus, Existenzphilosophie,
Neukantianismus, Lebensphilosophie (55540)

Manfred Geier
Das Sprachspiel der Philosophen
Von Parmenides bis Wittgenstein (55500)
Orientierung Linguistik
Was sie kann, was sie will (55602)
Fake
Leben in künstlichen Welten
Mythos, Literatur, Wissenschaft (55632)

Anton Hügli / Poul Lübcke (Hg.)
Philosophie im 20. Jahrhundert
Band 1: Phänomenologie, Hermeneutik, Existenzphilosophie und Kritische Theorie (55455)
Band 2: Wissenschaftstheorie und Analytische Philosophie (55456)
Philosophielexikon
Personen und Begriffe der abendländischen Philosophie von der Antike bis zur Gegenwart (55453)

Ekkehard Martens / Herbert Schnädelbach (Hg.)
Philosophie
Ein Grundkurs. 2 Bde. (55457)

Nicolas Pethes / Jens Ruchatz (Hg.)
Gedächtnis und Erinnerung
Ein interdisziplinäres Lexikon (55636)

Platon
Sämtliche Werke
Band 1 (55561), Band 2 (55562), Band 3 (55563), Band 4 (55564)

Siegfried J. Schmidt
Geschichten & Diskurse
Abschied vom Konstruktivismus (55660)

Benjamin Lee Whorf
Sprache – Denken – Wirklichkeit
Beiträge zur Metalinguistik und Sprachphilosophie (55403)

Ursula Wolf
Die Suche nach dem guten Leben
Platons Frühdialoge (55570)
Die Philosophie und die Frage nach dem guten Leben (55572)

Christoph Wulf
Anthropologie
Geschichte – Kultur – Philosophie (55664)

12 / 2004